高等职业教育旅游类专业新形态教材

康乐服务与管理

（第2版）

主　编　张智慧　谢　玮　闫晓燕
副主编　邓小辉　门宏姿　张胜华

北京理工大学出版社
BEIJING INSTITUTE OF TECHNOLOGY PRESS

内 容 提 要

本书第 2 版系统地阐述了康乐服务与管理的相关理论知识及其在实践中的应用，详细介绍了不同康乐项目的基本内容和服务方式。全书共分为 11 章，主要内容包括绪论、运动类项目的服务与管理、保健类项目的服务与管理、娱乐类项目的服务与管理、室外康乐项目的服务与管理、康乐部经营与管理、康乐服务质量管理、康乐部人力资源管理、康乐部财务管理、康乐部物资及设施设备管理、康乐部安全管理。

本书可作为高职高专院校旅游管理专业教材，也可作为企事业单位、从事旅游企业经营管理和旅游开发等相关从业人员培训、自学的参考用书。

版权专有　侵权必究

图书在版编目（CIP）数据

康乐服务与管理 / 张智慧，谢玮，闫晓燕主编 . —2 版 .—北京：北京理工大学出版社，2016.8（2024.1 重印）
ISBN 978-7-5682-2883-1

Ⅰ . ①康… Ⅱ . ①张… ②谢… ③闫… Ⅲ . ①休闲娱乐－商业服务－高等学校－教材 ②休闲娱乐－商业管理－高等学校－教材　Ⅳ . ① F719.5

中国版本图书馆 CIP 数据核字（2016）第 197258 号

责任编辑：李玉昌		文案编辑：李玉昌	
责任校对：周瑞红		责任印制：边心超	

出版发行 / 北京理工大学出版社有限责任公司
社　　址 / 北京市丰台区四合庄路 6 号
邮　　编 / 100070
电　　话 /（010）68914026（教材售后服务热线）
　　　　　（010）68944437（课件资源服务热线）
网　　址 / http：//www.bitpress.com.cn
版 印 次 / 2024 年 1 月第 2 版第 6 次印刷
印　　刷 / 北京紫瑞利印刷有限公司
开　　本 / 787 mm×1092 mm　1/16
印　　张 / 15.5
字　　数 / 327 千字
定　　价 / 45.00 元

图书出现印装质量问题，请拨打售后服务热线，负责调换

第2版前言
Preface

康乐行业的产生和发展，是随着社会经济的发展而产生和发展的，在欧美、日本等经济发达国家，康乐业的发展比较成熟。在一些发展中国家，康乐业的发展正在加快速度。目前，虽然我国康乐业的发展水平与国际先进水平还有一定的差距，但这种差距正在迅速缩小，而且有些项目的发展已经跻身世界前列。可以肯定地说，我国康乐业正在突飞猛进地发展，必将迎来一个崭新的时代。

本书修订以第1版为基础进行编写。修订时坚持以"理论知识够用"为度，遵循"立足实用、打好基础、强化能力"的原则，以应用为目的，结合大量的典型案例和社会实际问题来分析讲解，可以激发学生的学习兴趣，培养学生发现问题、分析问题和解决问题的能力。

为方便教师的教学和学生的学习，本次修订时对各章节内容进行了必要更新，并结合广大读者、专家的意见和建议，对书中的错误与不合适之处进行了修订；还对各章节的"本章导读""学习目标"进行了适当的修改，明确了学习目标，便于教学重点的掌握；对"思考与练习"进行了适当补充，强化学生用所学理论知识解决实际问题的能力。

本书由河北旅游职业学院张智慧、烟台南山学院谢玮、河北劳动关系职业学院闫晓燕担任主编，由广安职业技术学院邓小辉、河北旅游职业学院门宏姿、四川警安职业学院张胜华担任副主编。具体编写分工如下：第一章、第二章、第三章由张智慧编写，第四章、第五章由谢玮编写，第六章、第七章由闫晓燕编写，第八章、第九章由邓小辉编写，第十章由门宏姿编写，第十一章由张胜华编写。

在本书修订过程中，参阅了国内同行的多部著作，部分高等院校的老师提出了很多宝贵的意见供我们参考，在此表示衷心的感谢！对于参与本书第1版编写但未参与本书修订的老师、专家和学者，本次修订的所有编写人员向你们表示敬意，感谢你们对高等职业教育教学改革做出的不懈努力，希望你们对本书保持持续关注并提出更多宝贵意见。

本书虽经反复讨论修改，但限于编者的学识及专业水平和实践经验，修订后的图书仍难免有疏漏和不妥之处，恳请广大读者指正。

编 者

第1版前言
Preface

随着世界经济的不断发展,旅游产业成为一项重要的朝阳产业。康乐业作为旅游产业的一个重要分支,也在不断发展壮大,为世界经济的发展做出了越来越突出的贡献。在欧美和日本等经济发达国家,康乐行业已经发展得比较成熟,同时,康乐场所也逐渐成为文化交流的聚集地。据此,有关专家提出了"康乐文化"的新观点。在有些城市或者地区,康乐行业已经成为当地经济发展的支柱产业,形成了"康乐经济"。

改革开放以来,我国的旅游饭店业呈现出突飞猛进的发展态势,特别是近几年的发展更令人瞩目,康乐活动发展成消费大市场已经成为不争的事实。康乐业的快速发展,促进了康乐企业对管理人才的需求,也促进了关于这方面的培训和教学的需求。但市场上有关康乐管理方面的论著还不多,现有图书又有不少相似之处,有独到见解并能适用于大专院校教学和康乐部管理岗位培训的教材就更少,这使编者不得不从新的角度来考虑本书的编写。

本书主要特点有以下三个方面:

一是详细阐述了有关康乐项目的知识。本书主要介绍了康乐产品设施,让学生了解设施的特点、性能,运动的要求、规则,场地设施设备的作用、保养和管理,同时还能对康乐项目进行示范、陪练,以便毕业上岗后将康乐服务和管理工作做得更好,成为康乐部门的复合型人才。

二是阐述了康乐部(企业)的日常管理内容。主要是从人、财、物等方面具体介绍了康乐部在实际运行过程中所涉及的管理内容,为康乐部经营者的工作提供了很好的借鉴。

三是为了适应旅游职业教育的教学原则,立足于提高学生的整体素质和培养学生的综合能力,侧重于理论指导下的管理实务与运作,适当增加了典型案例等内容,可锻炼学生解决问题和分析问题的能力。

本书由河北旅游职业学院张智慧、河北劳动关系职业学院闫晓燕担任主编,由河北旅游职业学院门宏姿、四川警安职业学院张胜华担任副主编。具体编写分工如下:张智慧负责编写第一、二、三章,闫晓燕负责编写第四、五、六章,门宏姿负责编写第七、八章,张胜华负责编写第九、十、十一章。

由于时间仓促,编者水平有限,书中不足之处在所难免,敬请广大读者批评指正。

编　者

目录 Contents

第一章　绪论 …………………… 1

第一节　康乐活动概述 …………… 2
一、康乐活动的含义与特点 ………… 2
二、康乐活动的起源与发展 ………… 3
三、康乐活动在现代社会中的作用 … 4

第二节　康乐行业的现状与发展前景 … 4
一、康乐行业的现状 ………………… 4
二、我国康乐行业的发展前景 ……… 7

第三节　康乐项目的设置 …………… 9
一、康乐项目的分类及特点 ………… 9
二、康乐项目设置的基本原则 ……… 10
三、康乐项目设置的依据 …………… 11

第二章　运动类项目的服务与管理 … 13

第一节　游泳项目的服务与管理 …… 14
一、游泳运动概述 …………………… 14
二、游泳池的设置 …………………… 15
三、游泳池的服务与管理 …………… 18

第二节　健身项目的服务与管理 …… 20
一、健身运动概述 …………………… 20
二、健身房设备及使用方法 ………… 21
三、健身房的设计与环境布局要求 … 25
四、健身房的服务与管理 …………… 26

第三节　台球项目的服务与管理 …… 28
一、台球运动概述 …………………… 28
二、台球室的设计与布局 …………… 28
三、台球室的管理与服务 …………… 34

第四节　保龄球项目的服务与管理 … 36
一、保龄球运动概述 ………………… 36
二、保龄球馆的设置 ………………… 37
三、保龄球馆的服务与管理 ………… 40

第五节　高尔夫项目的服务与管理 … 42
一、高尔夫运动概述 ………………… 42
二、高尔夫球场设施 ………………… 42
三、高尔夫球场的服务与管理 ……… 45

第六节　网球项目的服务与管理 …… 46
一、网球运动概述 …………………… 46
二、网球场的设置 …………………… 47
三、网球场的服务与管理 …………… 48

第三章　保健类项目的服务与管理 … 51

第一节　桑拿浴项目的服务与管理 … 52
一、桑拿浴概述 ……………………… 52
二、桑拿房的设施设备 ……………… 53
三、桑拿浴的服务与管理 …………… 53

第二节　温泉浴项目的服务与管理 … 55
一、温泉浴概述 ……………………… 55
二、温泉浴的服务与管理 …………… 56

第三节 足浴项目的服务与管理 …… 58
    一、足浴概述 …………………… 58
    二、足浴的服务与管理 ………… 58

第四节 按摩项目的服务与管理 …… 59
    一、按摩项目概述 ……………… 59
    二、按摩的服务与管理 ………… 62

第五节 美容美发项目的服务与管理 …………………………… 63
    一、美容美发概述 ……………… 63
    二、美容美发的设施设备 ……… 64
    三、美容美发的服务与管理 …… 65

第四章 娱乐类项目的服务与管理 …… 67

第一节 歌舞项目的服务与管理 …… 68
    一、歌舞厅的种类 ……………… 68
    二、歌舞厅的服务与管理 ……… 70

第二节 棋牌项目的服务与管理 …… 71
    一、棋牌游戏的种类 …………… 71
    二、棋牌室的服务与管理 ……… 79

第三节 游艺项目的服务与管理 …… 81
    一、游艺厅的设置 ……………… 81
    二、游艺机的发展与分类 ……… 81
    三、游艺厅的服务与管理 ……… 82

第四节 酒吧项目的服务与管理 …… 82
    一、酒吧的类型 ………………… 82
    二、酒吧用品的配置 …………… 84
    三、酒吧的服务与管理 ………… 84

第五章 室外康乐项目的服务与管理 …………………………… 86

第一节 户外运动项目的服务与管理 …………………………… 87
    一、登山运动 …………………… 87
    二、攀岩运动 …………………… 91
    三、徒步穿越运动 ……………… 97
    四、漂流运动 …………………… 100
    五、溯溪休闲运动 ……………… 103
    六、潜水运动 …………………… 105

第二节 室外游乐项目的服务与管理 …………………………… 107
    一、室外游乐项目的类型 ……… 107
    二、室外游乐项目的服务程序 … 111

第六章 康乐部经营与管理 ………… 113

第一节 康乐部的经营 ……………… 114
    一、康乐部的经营特点 ………… 114
    二、康乐项目的经营策略 ……… 119

第二节 康乐部的管理 ……………… 126
    一、康乐部管理的原则 ………… 126
    二、康乐部管理的方法 ………… 130

第七章 康乐服务质量管理 ………… 135

第一节 康乐服务质量管理概述 …… 136
    一、康乐服务质量的含义 ……… 136
    二、康乐服务质量管理的原则 … 136
    三、康乐服务质量的内容 ……… 138
    四、提高康乐服务质量的方法 … 139
    五、影响康乐服务质量的因素 … 140

第二节 康乐部的优质服务 ………… 141
    一、优质服务的定义及特征 …… 142
    二、优质服务的内涵 …………… 145
    三、优质服务的提供 …………… 149
    四、服务质量的评定和非优质服务的改进 …………………… 150

第三节 康乐服务的投诉处理 ……… 153
    一、康乐服务投诉 ……………… 153

二、康乐服务的投诉处理 ············ 155

第八章　康乐部人力资源管理········ 160

第一节　康乐部人力资源管理概述 ··· 161
一、康乐部人力资源管理的概念 ····· 161
二、康乐部人力资源管理的原理 ····· 161
三、康乐部人力资源管理的构成 ····· 163
四、康乐部人力资源管理的特征与
　　目标 ························ 165

第二节　康乐部组织机构的设置 ······ 167
一、康乐部组织机构的设置原则 ····· 167
二、康乐部机构的设置方法 ········· 168

第三节　康乐部员工的管理 ········ 171
一、员工的招聘 ··················· 171
二、员工调配与人力资源控制 ······· 175
三、员工的培训 ··················· 176
四、员工的业绩考核 ··············· 179
五、员工的激励 ··················· 180

第九章　康乐部财务管理············ 185

第一节　康乐部财务管理概述 ······ 186
一、康乐部财务管理的概念 ········· 186
二、康乐部财务管理的任务 ········· 188
三、康乐部财务管理的内容 ········· 189
四、康乐部财务管理的方法 ········· 191

第二节　康乐部营业收入管理 ······ 192
一、康乐部营业收入管理的重要性 ··· 192
二、康乐部营业收入的分类 ········· 192
三、康乐部营业收入的管理 ········· 195

第三节　康乐部的成本管理 ········ 198
一、康乐部成本管理的意义 ········· 198
二、康乐部成本费用的构成 ········· 199
三、康乐部的成本控制 ············ 200

第四节　康乐部的利润管理 ········ 201
一、康乐部的利润构成 ············ 201
二、康乐部的利润考核 ············ 202
三、康乐部增加利润的途径 ········ 204

第十章　康乐部物资及设施设备
　　　　管理························ 205

第一节　康乐部物资管理 ·········· 206
一、康乐物资的种类 ··············· 206
二、康乐物资的保管 ··············· 206
三、康乐物资的领发 ··············· 207

第二节　康乐部设施设备管理 ······ 207
一、康乐设施设备的含义 ··········· 208
二、康乐设施设备管理的作用 ······· 209
三、康乐设施设备管理的任务及特点··· 209
四、康乐设施设备管理的基本程序和
　　方法 ······················ 211
五、康乐设施设备的保养与维修 ····· 213

第十一章　康乐部安全管理········· 217

第一节　康乐部安全管理事故的
　　　　　发生 ···················· 218
一、设施设备质量欠佳 ············ 218
二、设施设备维修保养不到位 ······ 219
三、顾客使用方法和活动方式不当 ··· 220

第二节　康乐部安全管理的任务和
　　　　　目标 ···················· 220
一、保证顾客的人身和财产安全是康乐
　　安全工作的首要任务 ·········· 220
二、做好安全管理的组织工作，保证业务
　　经营活动的顺利开展 ·········· 221
三、加强设施设备的技术管理，保证
　　安全 ························ 221

四、做好消防检查和维修工作，预防火灾
　　　　事故 ………………………………… 221
　　五、加强食品卫生管理，预防食物中毒和
　　　　疾病传染 …………………………… 221
第三节　康乐部安全事故的预防 …… 222
　　一、增强安全意识，加强安全管理 …… 222
　　二、建立完善的安全制度和安全管理
　　　　体系 ………………………………… 223
第四节　康乐部安全事故的处理 …… 225
　　一、溺水事故的处理 …………………… 225
　　二、骨伤的处理 ………………………… 225
　　三、烫伤与烧伤的处理 ………………… 226
　　四、扭伤和拉伤的处理 ………………… 226
　　五、擦伤或切割伤的处理 ……………… 226

　　六、停电事故的处理 …………………… 227
　　七、顾客报失的处理 …………………… 227
　　八、顾客死亡、意外受伤的处理 ……… 227
　　九、火灾事故的应急处理 ……………… 228
　　十、食物中毒事故的处理 ……………… 228
　　十一、治安事故的处理 ………………… 229
第五节　康乐部卫生安全管理 ……… 229
　　一、康乐部卫生安全管理概述 ………… 229
　　二、运动健身类项目卫生管理 ………… 230
　　三、保健类项目卫生管理 ……………… 235
　　四、娱乐类项目卫生管理 ……………… 236

参考文献 ………………………………… **238**

第一章　绪　论

本章导读

➡ 康乐项目是伴随着经济的发展而产生的一种新兴事物。在全球经济不断发展的大背景下，竞争导致了整个社会紧张局面的形成。人们一方面享受着经济发展和社会进步所带来的丰厚的物质成果，另一方面也承受着更多的压力。人们需要一种缓解或释放压力的工具，康乐项目便逐渐进入人们的视线。经过几十年的发展，康乐项目多种多样，康乐业也逐渐成熟。本章主要对康乐项目的起源、发展与设置作初步论述。

学习目标

➡ 了解康乐活动的起源。
➡ 领会康乐活动在现代社会中的作用。
➡ 掌握康乐行业的现状与发展前景。
➡ 熟记康乐项目设置的基本原则。

章前案例

扭亏为盈的康乐项目

上海某一星级饭店位于近郊，具有一定规模的康乐项目设施设备，但由于交通不是很方便，客源较少，使其经营十分困难。近来辟通了交通环线，由于紧靠环线，交通环境变得相当便利，饭店的顾客增加了。康乐部管理者决定抓住这一机遇，从以下几个方面入手：一是积极做好广告宣传，并协同其他部门，在保证原有客源的基础上，开发家庭周末度假康乐旅游等活动；二是加强康乐部的管理，协调其与餐饮、客房间的关系，做到热情接待、规范服务，同时降低康乐项目活动的价格，提出高档消费、低档价格；三是定期组织专业人员进行康乐活动指导，如家庭健美操运动的短期培训、保龄球活动的速成培训等，以适应目前一般市民对康乐活动的兴趣与参与的欲望，从而改善康乐部及至饭店的经营状况。

问题

除了上述三点,你觉得该饭店还可以从哪些方面着手发展康乐项目?

案例分析

除了案例中提到的做好广告宣传、加强康乐部的管理及聘请专业人员对康乐活动进行指导外,还可以从其他方面努力。作为服务业,最重要的莫过于服务人员的服务技能及服务态度。通过专业人员的指导,可以不断提高服务人员的服务技能。但对于良好服务态度的养成,则需要消耗较大的精力。饭店在平时应加强该方面对服务人员的训练,可以采用一些情景模拟的训练让服务人员在应对突发事件时,具备一个良好的态度,赢得顾客的信任。另外,饭店应根据顾客的需求,对康乐项目进行多样化设置,不断迎合消费者的口味。

第一节 康乐活动概述

一、康乐活动的含义与特点

1. 康乐活动的含义

康乐,即康体、娱乐,是伴随着人类社会的发展而产生和发展的。在我国,康乐的词源含义可追溯到前秦时期,在《楚辞·离骚》中就已提到"日康娱以自忘兮",其"康娱"即为欢娱安乐的意思。近年来,随着康乐成为人们生活中不可或缺的一部分,人们对其认识不仅停留在康体活动和娱乐活动,更涉及休闲活动、保健活动、文艺活动、美容活动等多项内容。因此,康乐活动是指人们为追求肉体和心灵的放松,达到身心健康愉悦,以一定的设施设备和活动场所为基础,以优美的环境和个性化的服务为依托,在闲暇时间进行康体保健类、运动健身类、娱乐休闲类等快乐消遣性活动的各种行为方式的总和。

2. 康乐活动的特点

随着新型价值观逐步取代传统价值观,人们生活不再为工作服务,相反,工作是为了生活。随着"休闲时代"的到来,人们收入水平和闲暇时间逐渐增多,康乐设施设备逐步完善和多样化,康乐活动成为现代人们生活中不可缺少的重要组成部分。同时,在现代社会中,生活节奏加快,工作竞争激烈,使人们迫切需要通过一定的方式调节身心,消除疲劳,从而恢复身心平衡,达到身心愉悦。康乐活动内容涉及人们生活的方方面面,因此,也具有多方面的特点和性质。

(1)康乐活动的保健性。康乐活动是人们借助一定的康体设备和环境,通过自己积极地参与,达到康体健身、养生保健、减轻压力、放松身心、陶冶情操等保健作用,满足人们在康体健身等方面的心理需求,达到身体健康和心理健康的和谐统一。

(2)康乐活动的适应性。康乐活动的内容形式多样,适合各类人参与其中。例如,老年人可选择门球、棋牌等节奏较慢的活动;青年人可选择歌舞、蹦极、过山车等刺激性的活动;儿童可选择摩天轮等活动。

（3）康乐活动的新颖性。随着社会的进步和科技的发展，康乐活动也随之越来越具有新颖性。如PTV，是在KTV的基础上发展起来的，配置更专业的演出灯光和音响，使顾客不仅能看到自己与碟片中音乐背景融合在一起，还可以看到自己与原唱歌手同台的情景，给顾客带来一场生动的视觉盛宴。

（4）康乐活动的运动性。康乐活动包含各类运动项目，但不同于专项体育项目，是一些具有运动性、代表性、趣味性，且不破坏身体承受能力的运动。

（5）康乐活动的刺激性。康乐活动中不乏蹦极、跳伞、过山车等极具刺激性的活动项目，使人们可以挑战自己的极限。

二、康乐活动的起源与发展

康乐活动的产生可追溯到原始社会时期，伴随着人类的发展而发展，自人类产生以来，就有了不同程度和形式的康乐需求与康乐活动。

1. 康乐活动的萌芽时期

早在原始时期，人类就记录和总结走、跑、跳、掷、攀登、爬越、游泳、涉猎等生产劳作和生活技能，并传授给下一代。这些人类早期的生存技能便为康乐活动的萌芽奠定了基础。

2. 康乐活动的自发展时期

随着人类的进步，人们更积极地寻求快乐、追求精神愉悦。原始社会时期，人们的康乐活动包括唱歌、舞蹈、在崖壁上绘画、在陶器上刻画虫鱼鸟兽等，例如，在广西壮族自治区宁明县花山崖壁上刻画的乐舞场面和云南苍源地区崖画上的舞蹈形象，记载了最早的一种原生态的康乐活动项目。到了封建社会时期，康乐活动的内容和形式也逐渐丰富起来，例如，马球、杂技、狩猎、行宫、赛马、放风筝、斗蟋蟀、斗鸡、下棋、弹琴等多种活动。其中，斗蟋蟀和斗鸡活动是我国康乐活动走向多元化的重要转折点，并沿用至今。

3. 康乐活动的普及发展时期

20世纪科学技术的飞速发展，将人类从繁重的体力劳动中解放出来，并且一些西方国家开始实行8 h工作制，我国自1995年5月起，开始实行5天工作制，人们开始拥有充裕的闲暇时间，并随着可自由支配收入的提高，以及人们对精神生活的不断追求，各种俱乐部、歌舞厅、球馆、洗浴中心等快速发展起来，康乐项目种类迅速增加，人民大众逐渐参与其中，康乐活动得到了普及和发展。

4. 康乐活动的专业化时期

随着社会的进步，生产力得到极大的提高，到20世纪90年代，人们已经拥有41％的时间享受各种消遣。随着物质生活水平的极大提高，人们对康乐活动也提出了更高的要求。随着经济、科技、文化、交通、休闲等方面发展奠定的基础，康乐活动消费的大市场也已形成。康乐设施和康乐服务向多功能、配套化、专业化、系列化、个性化方向发展。康乐产业逐渐成为国民经济新的增长点，各酒店也将康乐部作为酒店的重要部门来经营，为顾客提供专业化的优质服务，在满足顾客康乐需求的同时也增加了酒店的收入。

随着人们对康乐活动不断的需求和提出的更高要求，不同规模、不同设施的康乐场所也应运而生，如遍布中国各个大小城市的健身房、俱乐部、歌舞厅、室外游乐场、美容美发沙龙、桑拿洗浴中心、足底按摩等独立于酒店的康乐场所。另外，还有很多专营或主营康乐项目的大型机构，如上海迪士尼主题乐园、深圳东部华侨城、香港海洋公园以及各大型游乐场，其中不仅包括各种运动性、刺激性、观赏性、新颖性的康乐娱乐项目，有些甚至涵盖了酒店住宿、餐饮美食、休闲购物、康体养生等多项内容。康乐活动逐步走向了高端化、专业化、系列化、普及化的发展阶段，康乐活动的经营与服务业随之趋于综合化和多样化。

三、康乐活动在现代社会中的作用

康乐活动在社会生活中的重要性日益突显，已成为人们日常生活和交际不可或缺的内容。在紧张的工作、学习之余，定期从事康乐活动，已成为许多人的一种生活习惯。

1. 康乐活动有助于消除疲劳

康乐活动丰富多样，男女老少都能找到自己喜爱的活动形式。它能使人们暂时忘记生活烦恼和工作压力，得到精神和体力上的休息和恢复，从而在工作中保持较高的效率。

2. 康乐活动有助于改变不良的社会风气

在一些地区，由于没有丰富的娱乐活动，人们只能用一些不良的娱乐活动来消磨时间，以致黄、赌、毒盛行，导致家庭破裂、刑事案件增加，这已成为严重的社会问题。如果社会能够提供足够的娱乐设施，引导人们用健康向上的康乐活动进行消遣，便能在一定程度上丰富人们的业余生活，纠正不良的社会风气。

3. 康乐活动能增强旅游地的吸引力

对旅游者而言，他们希望在外出旅游的过程中最大限度地利用这段有限的时间，尽情地享受，使旅游活动更加丰富多彩。"白天看庙、晚上睡觉"式的传统旅游方式已不能满足人们的需求，康乐活动正好可以弥补许多旅游地的这一缺陷，为旅游者提供丰富的夜生活，充实旅游中的空闲时间。

4. 康乐活动能为社会创造巨大的经济效益

康乐活动需要专门的设施设备，给生产厂家和商家提供了机遇。康乐活动相对消费较高，变动成本小，服务附加价值高，康乐企业如果经营得当，能产生良好的经济效益，并能向国家上缴利税，因此，康乐企业的经营状况往往是一个地区经济发展的晴雨表。

第二节 康乐行业的现状与发展前景

一、康乐行业的现状

1. 康乐项目开发能力强，新颖项目层出不穷

目前，世界上新兴的娱乐项目几乎都是西方国家开发的，且项目开发速度越来越快，

开发周期越来越短。随着社会的进步和经济的发展，人们对康乐活动的需求在不断地增加；并且国内外的实践经验也告诉我们，康乐行业的生命力在于不断地自我更新。这两方面的情况都促使康乐行业不断推出新项目，以促进康乐行业的发展。例如，高尔夫球本是一个传统的康体项目，但由于其自身、客观条件的限制而不易普遍推广。在这种情况下，西方发达国家又先后开发了城市高尔夫球（也称微型高尔夫球或迷你高尔夫球）和模拟高尔夫球，之后日本又开发出了木杆高尔夫球。桑拿浴是个传统的保健项目，近些年来，一些经营者又陆续开发了光波浴、瀑布浴、泥浴、沙浴、药水浴、酵素浴、牛奶浴、米酒浴、茶水浴、花水浴、桑叶浴等，几乎要形成洗浴文化了。另外，康乐行业又推出了火箭蹦极、室内攀岩、滑草、沙弧球等新兴的康乐项目。新项目的不断涌现，给康乐行业带来了活力，促进了康乐行业的发展。

2. 康乐活动的文化色彩日益浓厚

康乐消费是一种高雅的精神消费，为人们提供的主要是消除疲劳、缓解压力、舒畅心情、恢复精力、提高兴致、陶冶情操等方面的精神享受。因此，康乐经营和消费不仅要以一定的经济条件为基础，而且需要一定的文化色彩。只有这样，人们才能从康乐活动中获得更多的益处。例如，高尔夫球历来被认为是一种文明、高雅的康体项目，人们置身于由蓝天、绿草、树丛、水塘、沙地构成的球场之中，呼吸着清新的空气，做出优美、潇洒的击球动作。在这种舒适、和谐的环境中，人们的情趣和言行会得到陶冶。与大多数事物的发展规律一致，康乐活动的发展也是由低层次向高层次发展的。其发展表现在越来越具有文化色彩，例如，风靡于世界且经久不衰的迪士尼乐园就具有很浓重的童话电影色彩；美国著名旅游城市拉斯维加斯的米高梅大酒店有个令人印象深刻的娱乐表演——海盗大战，它歌颂的是勇敢和无畏的精神；中国著名旅游城市西安有个唐乐宫大酒店，那里的仿唐乐舞夜总会曾经使许多旅游者从中领略到中国唐代宫廷乐舞和饮食文化的魅力；中国无锡有个占地1 600余亩的主题公园——无锡影视基地，是个以展示中国电影文化和弘扬民族文化传统为特色的主题公园。凡此种种，都可以看出康乐活动的文化色彩越来越浓厚。

3. 康乐项目设计水平高，同时越来越突出主题

在康乐活动快速发展的今天，经营者们更加注意研究如何拓展经营空间。经营者们在很大程度上已经达成共识：除开发新颖的设备、扩大经营规模外，在经营理念上更应注意突出主题。这种理念在美国尤为盛行，例如，在以电影为主题的游乐园中，"迪士尼"和"环球"是两个较大的乐园，拥有经验丰富的管理人员，它们能把影片"丹波"（Dumbo）和"狭路"（Jaw）成功地转换成主题乐园的游乐设施。这种协同作用的市场潜力，首先由"华纳"和"派拉蒙"公司提出，"六面旗"和"国王"也参与了合作。在"六面旗"的乐园中，以电影为主题的游乐设施有"蝙蝠侠"和"超人"；"派拉蒙"乐园中则有"神枪"和"星际畅游"等游乐设施。

在美国，还有用其他主题创意的游乐设施，如"布什花园""谢达博览""布莱梅""莫瑞""旨耐坞""银圆城"以及"诺茨"等乐园。它们的主题内容并不复杂，通常以卡通艺术为特点。

亚洲主题公园的建设也不示弱，已经建成的大型主题公园就有好几个，例如，2001年

3月建成的"日本环球片场"、2001年9月建成的"东京迪士尼海洋乐园"、2005年建成的"香港迪士尼乐园";2008年3月,深圳欢乐谷位居"亚洲十大主题公园"的第九名,荣登全球主题公园"光荣榜",成为中国内地唯一入选"亚洲十大主题公园"的旅游景区。这都意味着主题公园经营的趋势在扩大。

另外,从各国对主题公园的投资情况来分析,也可以看出经营者对主题经营的重视程度。2000年国际游协的"年度投资调查"表明,该年度全球游乐业计划投资项目的资金总额为5亿美元。2009年国际游协的"年度投资调查"表明,该投资总额上升至9.8亿美元。以前的发展趋势说明,年实际投资额通常大于计划额。从"调查"中还可以看出,主题游乐园的投资(计划和实际)高于其他类康乐项目。

中国的主题公园发展也很快,据国家旅游局资源开发司统计,至2005年我国主题公园数量已经达到2 500多个。例如,锦绣中华、民俗文化村、世界之窗和欢乐谷等,都是典型的主题乐园。我国的主题乐园具有很鲜明的特色,以苏州乐园为例,其市场定位很鲜明,就是以家庭游乐为主要客源市场。在这里,从小小世界到太空历险,从苏格兰庄园到欧洲城镇,从百狮园到时空飞船,各种年龄层次的游客都能找到适合自己的游乐天地。苏州乐园在经营中把主题经营的理念向更深层次发掘,举办了一系列主题活动,其内容有俄罗斯水上芭蕾表演、露天广场音乐会、五月歌会、假日、探宝大行动、夏威夷风情节、啤酒节、桂花节、圣诞狂欢节等。

有很多夜总会也具有鲜明的主题特色,例如,北京的"大铁塔梦幻剧场"是以模仿法国"红磨坊夜总会"为特色。另外,还有西安"仿唐乐舞夜总会"等,在此不再赘述。

从上面的实例中可以看出,无论在国外还是在国内,主题公园经营的理念都很受重视,并被付诸实践。

4. 康乐项目推广普及率高,设施和经营主体大幅增加

随着世界经济的不断发展,康乐行业也在不断发展。我国经济近二十年来的发展速度一直高于世界同期速度,经济的高速发展带动了康乐行业的快速发展,康乐设施和经营主体大幅增加。其主要表现在以下几个方面:

(1)经营主体增加。随着人们对康乐活动需求的增加,经营康乐项目的主体已从高星级饭店向度假村、康乐中心扩展,还出现了许多专营康乐项目的企业。以室内水上乐园为例,现在许多城市都建设了这类项目,例如,哈尔滨的"梦幻乐园"、吉林的"格林梦嬉水乐园"、石家庄的"水上乐园"、济南的"齐天水上乐园"、南京的"太阳宫水上乐园"等,并且出现了一批大规模的综合康乐企业,使我国的康乐业出现了百舸争流的局面。

(2)经营规模不断扩大。无论从国际方面看还是从国内方面看,康乐经营的规模都在不断扩大。水上乐园项目发展初期,国际上室内水上乐园的面积都只有大概几千平方米,如今已发展到几万平方米甚至几十万平方米。如日本宫崎的"海洋巨蛋"室内水上乐园面积约有20万平方米,其海滩横跨四个街区;大厅相当于十个奥运游泳池的面积,大厅上部由四片活动的屋顶组成,能够按照要求打开或合上,每片屋顶有四个网球场大小;水上乐园的餐厅也很大,能够在短时间内提供几万份套餐。国内的室内水上乐园虽然没有前面所述的那样大,但与国际水平的差距越来越小,例如,哈尔滨的"梦幻乐园",其面积有3.2万平方米；吉林的"格林梦嬉水乐园"，面积有0.7万平方米等。不仅室内水上乐园是这样，其他项目也是如此。十几年前，保龄球在我国还是个新兴项目，人们对它还有些陌生，那时候全国的保龄球馆合计才有100多条球道。据不完全统计，现在全国已有2.2万多条球道投入营业，并且有的球馆已独立设置了上百条球道。以上的事例都能够说明康乐经营的规模在不断扩大。

5. 参与康乐活动的人越来越多

随着经济的发展和社会文化水平的提高，人们的康乐需求也不断提高，越来越多的人希望在闲暇时参与一些有益于身心健康的康乐活动。据不完全统计，2008年8月12日，位于巴黎郊区的欧洲迪士尼乐园迎来了开业以来的第2亿名游客。2008年9月底，欧洲迪士尼乐园在过去一个财政年度内共接待游客1 530万人次，比上一财政年度增加80万人次，再创历史新高。

另外，康乐需求的扩大促进了康乐服务人员的增加，而康乐服务人员的增加又有力地证明了参与康乐活动的人数越来越多。在我国台湾地区，20多所高等院校都开设了高尔夫选修课，如今选修高尔夫的学生越来越多，高尔夫球已成为体育教学中最受欢迎的科目。大陆在这方面的发展也很快，北京在前些年就已经开设了专业高尔夫专业课和台球专业课，一些高等旅游院校也开设了康乐服务与管理的专业课。这些学校源源不断地培养着康乐服务人员和管理人员，为康乐行业扩大经营输送了大量人才。

6. 康乐项目向大众方向发展，收费水平趋于合理

在过去，康乐项目的收费不太合理，有些项目的消费价格很高，有的甚至高得离谱。但是，随着市场经济的发展和人们消费观念的转变，康乐项目的收费水平越来越合理，大多数康乐企业都能从我国消费者的实际收入情况出发，制订出符合实际的收费标准，采取降低收费的经营策略，为广大中、低收入者提供了享受现代生活、感受现代康乐项目所带来乐趣的机会和条件。这样，一些原先属于"贵族"的康乐项目开始大规模地走向寻常百姓。例如台球，中国的平民百姓在改革开放以前只能从外国电影上看到，在其传入中国的初期，也只是在高档饭店才有。当时，有很多经营者看到了发展契机，大规模地拓展台球经营，使台球活动很快普及，其经营场所也从高档饭店走向大众消费场所，甚至走向街头路边。很多城市，包括一些中小城镇的街头都能看到台球营业摊点，其收费在10元左右甚至更低。又如保龄球，每个地方的收费标准不一样，例如在武汉，一般都是按局收费，一般就是每局每人8～10元，这个价位完全可以被工薪阶层所接受。

这里还应当指出，康乐消费的价格应维持一个适中的水平，不应当过高，也不应当过低，因为过高的价格会吓退大部分消费者，消费者减少会使经营者无利可图，不利于康乐行业的发展；过低的价格则可能使经营者无利可图甚至亏本，也不利于康乐行业的发展。

二、康乐行业的发展前景

1. 康乐经营在经济活动中所占的比重将会增加

从世界角度看，康乐行业进入经济活动始于西方经济发达国家，后来又逐渐发展并占

据了较重要的经济地位。我国康乐行业的发展，是随着改革开放的大潮、国民经济的发展而发展的，在国民经济中也占据一定的地位。

我国是一个发展中国家，人均收入水平不高，与西方发达国家相比还有很大的差距，GDP在国际经济大家庭中所占的比例还不算高。这种情况使我国康乐行业的发展受到了一定的影响。但是，改革开放以来，我国经济的发展速度突飞猛进，与发达国家之间的经济差距正在缩小。经济的高速发展促进了康乐行业的发展，使其成为一项新兴的产业，并使其在国民经济中占有越来越重要的地位。改革开放三十多年的历史也完全能证明这一点，据不完全统计，2004年上海娱乐业（电子游戏、卡拉OK、舞厅等大众娱乐消费场所）主营收入近430亿元，营业机构6 654家，从业人员近10万人。

统计数字令人信服地表明：改革开放30多年来，我国康乐行业从无到有、从小到大，得到了迅猛的发展，取得了辉煌的成绩，在国民经济中所处的地位越来越重要。

2. 康乐消费在人们生活消费中所占的比例将会增长

在我国，随着物质生活水平的提高，人们的消费观念和消费结构都在发生着变化。

我国经济近些年来一直保持较快的发展速度，国民收入的增长也很快。以北京为例，在"十一五"期间，职工实际工资平均每年增长8%，到2010年年底，年均工资达到3.17万元。全国大部分人口已解决了温饱问题，并且有相当一部分人达到了较富裕的生活标准。这就意味着人们将会有越来越多的资金用于普通消费以外的康乐消费；人们已不再满足于一般的温饱型生活，而产生了较高层次的需求。康乐消费就是这种需求的一部分。康乐消费是一种休闲性的消费，要求消费者有余钱和闲暇。西方经济发达国家康乐行业的发展除与其国民收入较高有关外，还与其实行较多的休假制度有关。现在我国已实行了每周5天工作制，再加上其他公共节假日和各企、事业单位自行规定的休假，人们有了较充裕的休息时间，为满足人们不断扩大的康乐需求提供了充足的时间。

经济的发展既刺激了人们的康乐需求，又为满足这种需求提供了资金条件和时间条件。可以肯定地说，随着生活水平的不断提高，康乐消费在人们生活消费中所占的比例将会继续增长。

3. 康乐服务和管理水平将会明显提高

随着改革开放的不断深入、我国经济的持续发展、科学技术的突飞猛进、人民物质文化生活的不断提高，康乐企业在数量上不断增多，其经营规模不断扩大。

随着康乐行业的发展，康乐服务和康乐管理也由不规范向比较规范不断进步。在康乐行业形成的初始阶段，服务和管理水平很低，这是由于经营管理人员缺乏康乐项目的专业知识，而大多数康乐项目的操作、服务都具有较强的专业性，如果缺乏这方面的知识就很难使康乐经营走上正轨。经营管理人员缺乏较系统的康乐管理知识，因为在改革开放以前，康乐管理几乎是一片空白，新出现的康乐企业的管理人员都是由其他行业转行的，谁也没有管理经验，大家都在"摸着石头过河"。康乐服务人员缺乏必要的服务技能培训，因为没有这方面的培训教材和培训教师。缺少相关的政策、法规，有关的管理部门还来不及制定相关的政策、法规，出现了立法滞后的现象。

现在，我国康乐行业已经有了长足的发展，康乐管理也开始由经验管理型向科学管理型的方向进步，其主要表现是：经常举办康乐服务和管理的培训班；职高、中专、高职开始设置康乐服务和康乐管理专业；关于康乐服务和管理的专业论著和教材也不断出版，使康乐管理趋于规范化和系统化；关于康乐经营的政策法规正在不断完善，为经营者的合法经营规定了方向。回顾我国康乐行业所走过的道路，可以看出其发展趋势，从而得出结论：我国康乐行业的服务和管理水平必将不断提高，并将达到发达国家的水平。

4. 康乐设备的科技含量将会不断提高

随着科学技术的进步和市场需求的增加，康乐设备的科技含量会越来越高，其性能也将越来越先进，设备的现代化会使原有的康乐项目日臻完善。例如前面提到的模拟高尔夫球场，早期的场景是用幻灯机投射出来的，而现在则是由高清晰度投影电视机投射出来的；卡拉OK设备从录音机到录像机，又从LD影碟机到DVD影碟机，再从单碟机到可同时存放上百张影碟的多碟机；电子游艺机已经凝聚了较多的科技含量，现在又诞生了更新一代的电子游艺机即虚拟现实游艺机，这是融合了计算机模拟、自动化控制、人机交流等多门先进技术而研制的电子游艺机，在中国科技馆的展厅中已占有一席之地。另外，很多较简单的康乐设备在发展中虽然没有明显的外形变化，但其制造材料却在不断地提高科技含量，例如，制造网球拍和壁球拍的材料已经由木材到金属再到高分子材料，现在已使用了碳纤维，这种纤维最早是航天飞机上使用的高科技材料。

可以预见，随着科学技术的进步和康乐事业的发展，康乐设备的科技含量将会更高。

第三节　康乐项目的设置

一、康乐项目的分类及特点

康乐活动是人们在闲暇时间进行的一种娱乐性极强的消遣活动，它既是一种对心理的娱乐，也是一种对身体的锻炼。随着社会的进步、科技的发展、饭店实力的增强，康乐项目的种类日益增多，为了便于管理，必须对康乐项目进行必要的分类。一般按功能特征将其分为运动类、娱乐类、保健类。

1. 运动类项目

运动类项目是人们借助一定的康体设施设备和环境，为人们锻炼身体、增强体质而设定的健身项目。运动类项目有别于专业体育项目，它不需要专业体育项目那么强的专业性、技巧性，人们参与运动类项目，只为达到锻炼目的，并从中享受到一定的乐趣。运动类项目的特点如下：

（1）必须借助一定的设施和场所，如乒乓球室、游泳场等。

（2）不是以竞技为主，而是为了达到特定的目的，如健美、减肥等。

（3）运动中讲究科学方法，即运动有一定的规律性、时间和运动量适中等。

2. 娱乐类项目

娱乐类项目是人们以趣味性、轻松愉快的方式，在一定的设施环境中进行各种类型的既有利于身体健康，又放松精神、陶冶情操的活动项目。这种项目往往既可以提高人的智力、锻炼毅力、培养兴趣，又可以达到放松身心、恢复体力、振作精神的目的。娱乐类项目的特点如下：

（1）借助特定的设施和服务，如棋牌室、酒吧等。

（2）运动不激烈，趣味性、技巧性强，如电子游戏厅等。

（3）环境氛围感要求强，如卡拉OK厅、大型多功能厅等。

（4）寓享受于消闲娱乐之中，强调一种精神上的满足。

3. 保健类项目

保健类项目是指利用一定的环境设施和服务，使人们能积极主动、全身心投入地得到身心放松和精神满足的活动项目。保健类项目的特点如下：

（1）借助特定的设备和服务，有严格的操作程序，如桑拿室。

（2）服务技术含量要求高，如足疗、保健按摩。

（3）文化气息浓，时尚感强，如美容、美发。

二、康乐项目设置的基本原则

1. 经济效益原则

在市场经济环境下，人们从事经营活动的主要目的是取得经济利益。设置康乐项目也不例外，它是在满足顾客康乐需求的过程中追求利润最大化。康乐项目的经济效益来自两个方面，即直接经济效益和间接经济效益。

目前，大部分康乐项目是单独收费的，例如，保龄球、台球、美容美发等。这些项目的经济效益比较容易统计，因而被称为直接经济效益。

另外，很多饭店在经营康乐项目时采用少收费或不收费的方式，而将应收费用计在客房费用当中，通过这种隐性收费的方式使顾客感到实惠，从而提高客房出租率，增加经济效益。通过这种方式获取的经济效益是一种间接的经济效益。

2. 社会效益原则

饭店设置康乐项目不但要注重经济效益，同时，还应注重社会效益，并应积极响应政府有关部门提出的加强全民健身运动、提倡健康娱乐活动的号召，尽量满足社会对康乐活动的需求。

现在，有很多饭店的康乐部对外开放，它们在对住店顾客提供康乐服务的同时，还对非住店顾客开放，同时取得了很好的经济效益和社会效益。

3. 满足顾客需求的原则

随着现代文明的日益进步，旅游顾客对吃、住、行的要求不断提高，则有了康乐方面的较高需求。他们不再把旅游度假看成是游玩的代名词，而是把它当成丰富精神生活、锻炼身体、增加知识的途径，饭店在设置康乐项目时，应尽量满足顾客的这一需求。现代康乐项目发展迅速、种类繁多，不同顾客对康乐项目的选择各不相同。如青少年喜欢光顾迪厅、舞厅、卡拉OK厅，青年人喜欢保龄球、台球，女性喜欢健身、美容等。单个康乐企业是很难包罗万象的，所以应该根据目标顾客的层次、消费习惯、喜好、消费水平等多方面的因素来选择既有文化品味又受顾客欢迎的康乐项目，以此来提高企业的赢利水平。

4. 因地、因店、因时、因人制宜的原则

康乐项目的建设要根据康乐企业的地理位置、环境条件、顾客数量和顾客层次的不同特点而设置，并尽可能满足顾客的不同需求。因此，康乐设施的配置都要因时、因地不同而有所不同。例如，受场地限制的饭店不可能设置占地面积很大的乡村高尔夫项目，最好是建立模拟高尔夫球场或城市高尔夫球场；如果饭店的规模较小，就不必设夜总会这样的项目；寒冷地区的饭店一般不宜建设室外泳池，如果拟建冬泳露天泳池，则应考虑我国北方冬季风沙较大、清洁水质的工作量大、冬季池水结冰有可能损坏池壁等各种不利因素。

5. 突出经营特色的原则

任何康乐企业在项目设立时都应该考虑将地区的民族特色和传统特色文化与现代康乐活动结合起来，形成全新、独特的娱乐方式来吸引消费者；或者在引进项目时，以高档次、高消费、高规模来突出其特色；也可以用特殊的、有创造性的服务方式吸引顾客，从而达到提高企业竞争力的目的。

三、康乐项目设置的依据

1. 市场需求

从市场总体来看，消费者的需求不可能得到完全满足，总会有一些未被满足的需求。另外，市场需求会随着人口、经济收入、文化、竞争、规模、商品供应量和价格、资源开发等因素的变化而变化。过去我国饭店能够提供的康乐项目很少，满足不了住店顾客的需求，为此，许多旅游饭店引进了酒吧、闭路电视、台球、保龄球、高尔夫球、网球、卡拉OK厅、夜总会等康体娱乐项目。因此，设置康乐项目的目的首先是满足市场需求，在掌握市场需求后，还要分析每个服务项目的市场需求量，即服务项目的利用率，防止某个项目因规模和接待能力过大或不足而影响经济效益。

2. 国家政策

康体娱乐作为具有现代意识的健身新观念，越来越受到人们的重视。在西方国家，明文规定，"休假性饭店"和"公寓式饭店"要有健身、娱乐设施，并附设康乐部，如果达不到标准，饭店就会"降星"。在我国，国家技术监督局新颁布的《涉外饭店星级的划分及评定标准》中，就明确要求三星级饭店必须有舞厅、按摩室、美发厅、多功能厅，四星级饭店还要增设游泳池，五星级饭店需增加网球场。可见，饭店康乐项目的设置还应该依据国家有关规定而确定。

3. 资金能力

康乐项目的设置应该依据投资者投入的资金情况量力而行。建设一个综合性娱乐项目所需的资金可能和建一座相当规模的饭店所投入的资金大致相当,但建一个适度规模的康乐部则不然。因此,投资者、设计者要心中有数,使有限的资金发挥到极致。

4. 客源层次

设置饭店康乐项目,要在调查研究的基础上根据客源层次及其相应需求来决定,也就是说,市场定位要准,要注意区分工薪阶层与商务阶层的不同需求,以及商务顾客与纯度假旅游顾客的不同需求,根据不同顾客的不同需求设置相应的康乐项目。如企业所面对的市场主要是商务顾客,则应该考虑其需求,设置一些高档次、高消费的康体设施,如高尔夫球等;如果是工薪阶层,则应选择一些大众化、低消费的康体设施。

5. 客房接待能力

一般情况下,根据饭店客房接待能力可推算出饭店康乐部的接待能力,以此确定康乐项目的设置规模。如果饭店康乐部同时接待店外散客,就要考虑市场半径内的客流量,以此为依据确定饭店康乐部的规模。

6. 康乐项目的发展趋势

随着人们物质文明和精神文明的提高,对康乐活动的需求和要求也越来越高,促进了康乐业的发展。因此,在设置康乐项目时,应关注康乐行业的发展,适时推出能赶上潮流、让消费者满意的康乐项目,使企业获得最大效益。

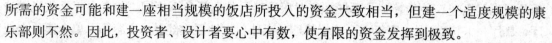

康乐行业应从哪些方面来适应目前的康乐消费市场?

以小组为单位,对本市的某高星级酒店的康乐部进行市场调研,收集关于该酒店康乐部的规模、结构及运行情况,并形成报告。

1. 康乐项目的构成主要有哪几种?设置这些项目的原则和依据是什么?
2. 如何看待康乐行业的发展前景?

第二章　运动类项目的服务与管理

本章导读

➡ 康乐运动类项目就是借助一定的设施、设备和场所，通过自己的积极参与，达到锻炼身体、增强体质的目的。康乐部所涉及的运动类项目不同于专业的体育项目，如田径运动、体操、足球运动等，而只是体育项目中的一小部分，是一些具有代表性的、易于接受的、趣味性很强的项目。

学习目标

➡ 了解各种运动类项目设施、设备的使用管理知识。
➡ 熟悉运动类项目的活动规则。
➡ 掌握运动类项目服务管理的知识与技能。

如此随意的服务人员！

某酒店台球室在服务人员工作章程上明文规定：服务人员必须化淡妆上岗。新来的服务人员小葛是从另外一家台球馆跳槽过来的，还没有很快适应高星级酒店对服务人员的种种要求，总是忘记这条规定。一天，当她来到中心换工作装时，发现自己又忘了化妆。因为上班时间已到，于是打卡上班后，小葛悄悄躲进接待顾客的小包间内开始化妆。没想到，当天的第一批顾客来得很早，门口的迎宾员直接就将他们带到了这个包间。一打开门，顾客和迎宾员都看到了正在对镜化妆的小葛。顾客很是意外，连声询问："你们酒店的服务人员在上班时间也可以如此随意吗？"顾客结账时对领班说："没想到五星级酒店的服务人员竟然在上班时间也是如此随意，看来你们酒店对外宣传的服务品质有点不实啊。"领班无言以对，只好陪着笑将顾客送出门外，向顾客表示道歉并欢迎顾客再次光临。

问题

你如何看待小葛的这种行为？能从中得到什么启示？

案例分析

小葛的这种做法是错误的。服务人员化工作妆，一般应当在上岗之前进行，而不允许在工作岗位上进行。上班之时化妆，既不尊重自己，也不尊重顾客，会给顾客留下过于随意的印象。

酒店的软件与硬件设施都很重要，直接影响顾客对酒店的印象。化妆乃是一种私人行为，即便确实需要，也应找一个不会直接与顾客正面接触的场所和时间进行，以免使顾客产生负面印象。当发生此类事件时，迅速与顾客沟通，从而挽回酒店形象是十分重要的。

第一节 游泳项目的服务与管理

游泳作为一种体育运动，为人们提供了竞技的舞台；作为一种娱乐项目，带给人们健康和活力。游泳具有悠久的历史，群众基础好，既锻炼身体又愉悦身心，是大众喜闻乐见的康乐项目之一。许多高档酒店都提供游泳设施和服务，是高档饭店不可缺少的康体设施。在国家技术监督局新颁布的《涉外饭店星级的划分及评定标准》中就明确要求四星级饭店必须有游泳池。实际上，很多三星级饭店和度假村也都建有游泳池。由于游泳运动能给人们带来诸多益处，所以热衷于这项运动的人越来越多。在国外，许多家庭都建有私人游泳池。

一、游泳运动概述

（一）游泳运动的发展史

游泳是古代人类在同大自然作斗争中为了求生而产生的。根据现有历史资料考证，国内外比较一致的看法是，古代游泳产生于居住在江、河、湖、海一带的古代人。这些古代人为了生存，必然要和水打交道，如渡水、在水中捕捉水鸟和鱼类作为食物，他们在长期的生产活动和同大自然的斗争中，逐渐学会了游泳。据《史记》记载，中国早在春秋时期即有关于泅水（游泳）的活动了，至唐、宋已成为一种体育活动。

现代游泳运动起源于英国。据史料记载，17世纪60年代，英国很多地区的游泳活动就开展得相当活跃。随着游泳活动的日益普及，1828年，英国在利物浦乔治码头建造了第一个室内游泳池。现代游泳在产生和发展过程中，不仅逐渐形成了自由泳、仰泳、蛙泳和蝶泳等，而且成为康体休闲的重要项目之一。经常进行游泳锻炼，能使神经、呼吸和循环系统的机能得到改善，而且能促进身体匀称、协调和全面的发展。一般的游泳场所有海滩、湖泊、天然泉水、江河、激流等新开发出来的天然游泳设施和各种室内外游泳池。

（二）游泳运动的作用

游泳运动是一项很好的体育锻炼项目，它能增强内脏各器官功能，提高肌体适应外界环境变化的能力。其优点为：首先，水是一个特殊的环境，导热能力比空气大23倍，人们在游泳时，由于必须尽快地补充所散发的热量，来抵御冷水的刺激，从而促进了体内的新陈代谢，使人的体温调节机能得到改善；其次，在水的压力作用下，迫使人的呼吸肌必须用更大的力量来完成呼吸动作，这样，不仅增大呼吸肌的力量，而且能扩大肺的容量，提高呼吸系统的机能；同时，心跳频率加快，血管壁厚度增加，弹性增大，每搏输出的血量增多，使心率比一般的人慢而有力；还有，坚持游泳锻炼，能有效促进身体全面、匀称、协调地发展，并使肌肉发达、富有弹性。因此游泳运动被人们所钟爱和重视，受到人们的欢迎。

游泳运动

二、游泳池的设置

目前，游泳池有室内游泳池、室外游泳池、戏水池等多种类型，它们的设计与布局是不同的。

（一）室内游泳池的设计与布局

1. 游泳池设备的设计与布局

（1）游泳池设计美观，建筑面积宽敞，层顶高大，采光良好。大小、形状、深度应根据客流多寡的实际情况确定，但水平面最小尺寸为120 m²（8 m×15 m），实际上，一般都不会小于144 m²（8 m×18 m）。按我国星级评定标准，游泳池水区200 m²以上得5分，200 m²以下得2分。

（2）池底设低压（12 V或24 V供电）防爆照明灯。底边满铺瓷砖，四周设防溢排水槽。

（3）游泳池深度应有醒目的水深标志，分深水区、浅水区和儿童嬉水区。深水区水在1.8～2.4 m，浅水区在1.2～1.8 m，儿童嬉水区深度不超过0.48 m。

（4）设有自动池水消毒、循环、过滤、池底的清洁系统和加热、溢流和补水设施。

（5）周围平台应留出不小于4.5 m的尺寸，池边地面要使用防滑材料，满铺利于清洁的不浸水地毯，设躺椅、座椅。大型盆栽盆景点缀其间，以便于提供酒水服务。

（6）游泳池应设在顾客不必经由大堂与其他公共场所就能到达的位置，方便顾客前来游泳。

（7）游泳池应尽量隔绝与外界的一切通透视线，可采用单向适光玻璃。

（8）日光能直接照射进室内游泳池。在北方地区，还要考虑游泳池的朝向。

（9）游泳池设有专用出入通道，入口处设有浸脚消毒池。

（10）游泳池区各种设施设备配套，美观舒适，完好无损，其完好率不低于98%。

（11）室内游泳池应布局在远离客房走廊及公用场所的地方，以防游泳池周围空气的温度及所含氯气给不游泳的顾客造成不愉快的环境。

（12）池壁和地面用装饰性图案和鲜艳的色彩装修。

（13）在合理的部位装有安全的泳池梯和跳水板。

（14）高级的游泳池还应配有水温不同的游泳训练按摩池，供人们进行预备运动及运动后的小憩。

2. 游泳池配套设施的设计与布局

（1）游泳池旁边有与接待能力（档次与数量）相应的男女更衣室、淋浴室、酒吧和卫生间。

（2）更衣室配带锁更衣柜、挂衣钩、衣架、鞋架与长凳，并提供低值易耗品和棉织品。

（3）淋浴室各间互相隔离。配冷热双温水喷头、浴帘。

（4）卫生间配离式抽水马桶、挂斗式便池、盥洗台、镜子及固定式吹风机等卫生设备。

（5）各配套设施墙面、地面均应满铺瓷砖或大理石，设有防滑措施。

（6）游泳区内应设饮水处。

（7）各种配备设施材料的选样和装修，应与游泳池设施设备相适应。

（8）各种配套设备的完好率不低于98%。

（9）周围要设置圆桌凳和防水的躺椅、磅秤。

3. 游泳池环境的设计与布局

（1）游泳池环境美观、舒适、大方、优雅。

（2）游泳池门口设营业时间、顾客须知、价格表等标志标牌。

（3）标志标牌应有中英文对照，字迹清楚。

（4）室内游泳池、休息区、配套设施整体布局合理、协调，空气新鲜，通风良好，阳光充足。

（5）室内换气量应不少于30立方米／（人·小时）。

（6）室内自然采光率应不低于30%。

（7）室内温度保持为25 ℃～30 ℃，水温低于室内温度1℃。

（8）室内相对湿度应保持在50%～90%。

（9）休息区躺椅、座椅、餐桌摆放整齐、美观，大型盆栽盆景舒适、干净。

4. 游泳池卫生的设计与布局

（1）顶层玻璃与墙面干净、整洁，地面无积水。

（2）休息区地面、躺椅、餐桌、座椅、用具等无尘土。

（3）边角无卫生死角。

（4）更衣室、淋浴室、卫生间的天花板光洁明亮。墙面、地面整洁，无灰尘、蜘蛛网，地面干燥，卫生间无异味。

（5）所有金属件光亮如新，镜面光洁。

（6）更衣柜内无尘土、垃圾。

（7）游泳池水质清澈、透明，无污物、毛发。

（8）池水定期消毒、更换。

（9）饮用水无色、透明，清洁卫生，符合国家卫生标准。

（二）室外游泳池的设计与布局

室外游泳池基本上与室内游泳池的要求一致，但由于自身的特殊性，还应注意以下问题：

（1）根据《旅游饭店星级的划分及评定》（GB/T 14308—2010）的要求，星级饭店室外游泳池水面面积至少为100 m^2。

（2）注意顾客安全，避免非适龄儿童或者未使用专用滑水板（垫）以及戴眼镜的顾客进入高速水流的盘旋滑水道，并应注意让顾客进入滑水道应拉开15 m以上的距离。

（3）室外游泳场面积较大，给安全防护带来一定困难，因此，救生员必须划区分工，保证自己负责区域内顾客的安全，不得私窜岗位。

（4）无论是否是营业高峰时间，都应该迅速提供饮料、食品。这是大型水上游乐场和室外游泳场顾客投诉较多的事项之一。

（5）室外游泳场应提供足够的遮阳伞，并且保持其整洁。

（6）保持浸脚消毒池的清洁，及时按规定更换消毒液。

（7）室外游泳池和大型水上游乐场受气候及尘土、落叶的影响较大，因此，更要加强保持池水清洁的服务管理工作。

（8）注意相应设施的配套，如更衣室、淋浴室、卫生间的合理布局，并设流动酒吧，配备一定数量的遮阳伞。

（9）水上游乐场的假山区、平台区是卫生管理的难点，应加强巡视，随时、随地、随手收拾地面、茶几、座位上的杂物。

（三）戏水池、鼓浪池、跌落池的设置

（1）戏水池一般指供儿童及其家长嬉戏的浅水池，水深在20～60 cm，池中可设置喷泉、儿童水滑梯、气泡涌泉等休闲娱乐设备。戏水池的面积可视预计的客流量而定。

（2）鼓浪池是人工模拟海浪的设施，对顾客很有吸引力。鼓浪池的深度由鼓浪口向岸边从1.8 m渐渐趋浅，最浅处是只有10 cm深的浅滩。鼓浪池的面积不宜太小，应在400 m^2以上，大者可达上千平方米甚至上万平方米。

知识链接

游泳池

（3）溅落池是在水滑梯出口所设的较浅水池，其作用是使坐水滑梯者落入其中时不致摔伤。溅落池深度应在100 cm左右，太浅或太深都不利于顾客的安全。溅落池的长度从水滑梯出口到岸边不应小于5 m，宽度应是水滑梯宽度的1.5倍。

三、游泳池的服务与管理

游泳池服务人员必须有较强的思想政治觉悟，热爱本职工作；懂得游泳池管理的一般知识，掌握游泳运动和游泳保健知识；具有较好的游泳和游泳救生技能。

1. 准备工作

（1）仪表整洁，做好准备。服务员工作前应按规定换好工作服，佩戴工号牌，检查自身仪表仪容，准时到岗，通过班前会接受任务，服从工作安排，有责任感，到岗应及时查看交接班记录，从思想上、精神上做好接待服务准备。

（2）做好水温调节、水质处理工作。检查游泳池水温（一般保持为26 ℃～28 ℃），化验水质（余氯控制为0.4 mg/L，pH值为6.5～8.5），并做好记录，检测人员与化验人员要签名。根据化验情况，合理地投放氯酸钠和定量的明矾，分别开启药水循环过滤泵，消毒池水。约1 h，关闭药泵。根据国家卫生部规定，定期检测尿素含量（不得超过3.5 mg/L）和大肠菌群（不得超过18个/升）。用水下吸尘器清除水底沉积物，保持水质的纯净、卫生。查看机房、泵房，保持机械设备无积尘，工具摆放整齐。冲洗消毒浸脚池，并换好药水。

（3）做好服务准备工作。整理好服务吧台，准备足量的酒水、小食品。用清洗消毒液按1∶200兑水后对池边的躺椅、座椅和圆桌以及更衣室椅子等进行消毒，按规定摆放烟灰缸、撑起太阳伞、竖起酒水牌。

（4）做好卫生工作，检查设施。池边卫生，用快洁布清洗游泳池边的瓷砖、跳台等。清洁淋浴间的地面、镜子和卫生间的洁具。同时检查顾客将使用的设施、设备是否完好，如淋浴的冷热水开关、更衣柜的锁等，有损坏及时修复。

（5）做好淋浴房准备工作。清查核对更衣柜钥匙并分成单号类、双号类，在登记册上写清场次、时间，补充好更衣柜里的棉织品、易耗品（大浴巾、小浴巾、毛巾、沐浴液、洗发水等）。

2. 接待服务

（1）热情迎宾，规范服务。迎宾时，服务人员应仪表整洁，精神饱满，热情、大方，面带微笑。顾客到来时，应表示欢迎。进行验票时，如是住宿顾客，请顾客用客房钥匙换更衣柜的钥匙，并为顾客指示更衣柜位置。对带小孩的顾客应提醒注意照管好自己的小孩，根据具体情况，须有提供救生圈等服务。

（2）关心顾客，严格管理。要求进入游泳池区域的顾客在进游泳池前先冲淋，并经过浸脚池消毒；对喝酒过量的顾客，或患有皮肤病的顾客则谢绝其进入游泳池。禁止顾客带入酒精饮料和玻璃瓶饮料。

（3）精神集中，注意安全。顾客进行游泳活动时，各救生岗要做到不脱人，救生员应时刻注意水中的情况，集中精力，视线应有规律地巡视，特别是深水区；如有初学者要关照他们注意安全。对带小孩的顾客要提醒他注意照看好自己的孩子，不要让小孩到深水区去。

（4）细心观察，做好服务。非救生岗的服务人员，应经常围游泳池一周巡视，看顾客是否要酒水和送餐服务，根据顾客的需要适时提供饮料和小食品，要问清种类、数量，开好饮料单，用托盘送给顾客。做好服务、卫生工作，及时更换烟缸，同时收回不用的浴巾、救生圈等物。

（5）主动做好顾客离场服务。顾客离场时，服务员应主动、准确地用客房钥匙向顾客换回更衣柜钥匙，同时根据具体情况向顾客说明吹风机的使用方法，并主动与顾客道别。

3. 结束工作

（1）结束工作一丝不苟。顾客离场后，应及时检查、清洁更衣柜，查看有无顾客遗忘的东西，如有，应向领导汇报，以便及时归还顾客。同时清查核对钥匙，做好游泳池安全清场工作。如正常，可准备迎接下一场的顾客到来。每班结束后，将查清的钥匙分好单、双，登记在交接班日记本的每日发放栏上，写清场次、时间。吧台清点酒水，做好营业报表。

（2）清理场地，做好检查记录。将用过的布草装车运到指定地点。对泳池周围、过道、淋浴场地的地面进行冲洗。收起太阳伞，整齐地竖放于规定的地方，下班前，还要抽检一次余氯量，并做好余氯量和游泳人数的记录，以此作为净化池水的依据。

（3）注意消除安全隐患。停止机房一切机械的运转，安全检查后，关好电源与门、窗。

4. 游泳池服务礼貌用语

（1）您好！欢迎光临，请您打开票（请您出示房卡）。先生（女士），这是您的更衣柜钥匙。

（2）先生（女士）对不起，请稍等，现在里边正在打扫，到点会准时开场，请原谅。

（3）请把更衣柜锁好，并把钥匙戴在手腕上，以免丢失，谢谢配合。

（4）请您换好泳装，冲淋后向里面走进入游泳池，小心路滑，谢谢配合。

（5）请您带好自己的小孩，不要到深水区去，注意安全，谢谢配合。

（6）请您抓紧时间沐浴，我们还要为下一场做准备，谢谢配合。

（7）请您带好自己的物品，不要丢失。欢迎您下次再来，再见。

知识链接　游泳池的治安管理制度

（1）治安人员必须经常巡视场内外，发现问题及时解决。

（2）人员高峰时，协助门卫检票。

（3）对酗酒及闹事者进行劝阻，维护游泳池良好的治安环境。

（4）对不寄存衣物的游泳者进行提醒并劝其寄存。

（5）保护游泳者人身安全，如遇求助应热情服务并及时解决问题。

第二节 健身项目的服务与管理

健身运动是康体运动项目的一种，室内健身运动往往集中在一个多功能健身房内。健身房环境设计具有一定的要求，可以使运动者如同在大自然中运动健身。健身房内设有各种具有模拟运动的器械，提供运动衣、运动鞋，配有健身教练，并会为每个会员做出科学、详细的健身计划。健身房往往集田径、体操、举重等活动为一体，不同健身项目可以达到不同的健身效果。参加者可以根据自身情况自行选择和有计划地进行康体活动。

一、健身运动概述

（一）健身运动的作用

健身运动是适合饭店康乐部和度假村开设的运动项目之一。它的主要优点是：

（1）综合性强，集多项运动于一体。它能够提供科学的、齐全的、安全的各种体育训练设备，是一种综合运动场所。它能使训练者锻炼体魄，解除工作疲劳和精神压力，使人精神抖擞、容光焕发，具有显著的健身健美功能。

（2）占地面积较小。由于各种健身器械具有模拟运动的特点，所有每项运动所需要的场地都比较小。有的器械还具有多项目运动组合在一起的功能，每一单项所占空间更小。这对于节约场地、提高场地利用率非常有利。

（3）适应性强。健身对各种体质、年龄、性别的人都适用。其所用器材种类多，运动量、运动速度都是可调的，无论什么人都可以找到与其体质相适应的运动项目。

（二）健身运动的种类

1. 心肺功能训练项目

（1）跑踏步运动。这类运动是指通过使用踏步机、跑步机、登山机等运动器械达到增强心肺功能、增强体质目的的健身运动。训练者使用相应的运动器械，就可以原地进行踏步、快速短跑、长跑，甚至可以进行马拉松式和登山式跑步运动。这类器械的跑踏板非常灵敏，训练者可以自己掌握训练节奏的快慢和训练的强度和方式。当跑步者需要停下来时，只要用手按一下扶手，跑踏板就可以自动急刹车，以避免发生危险。进行这类健身运动的器械往往配合热量消耗显示和心率监测装置。这样，训练者既可以直接了解每次训练所消耗的热量，又能及时掌握训练时的脉搏次数，以便随时控制训练强度。这类运动根据顾客的要求和器械类型可以分为踏步运动、登山运动、跑步运动等。需要特别指出的是，增强心肺功能的健身运动并非像许多人认为的跑得越快、越长就越好，而是需要训练者的脉搏保持在一个最佳的范围并持续一定的时间才能达到最佳的健身效果。

（2）骑车运动，又叫骑自行车运动。这种运动是蹬踏原地不动的、类似于自行车的运动器械，通过模拟骑自行车上下坡和平地运行的逼真感觉，达到运动健身目的的运动项目。这种自行车有电子显示器，可以准确地记录骑车的速度、地势以及运动员心跳的速度。运动者还可以根据需要自动调节地势和骑车速度。

（3）划船运动。这是通过原地不动的、类似于船舶功能的运动器械，进行模拟划船比赛的康体运动。在这种活动中，顾客如同坐在一条长凳上，运动时，脚的蹬动和手的拉力等感受与划船一样，对增强心肺功能和锻炼手臂肌肉是十分有利的。

这里所说的跑踏步、骑车、划船等康体运动不同于一般的跑步、走步和登山运动，这种运动可以使训练者在进行跑踏步时，通过手臂推拉上下协同训练，使身体75%以上的肌肉得到锻炼，其锻炼强度和效果是一般的骑车、划船所无法比拟的。进行这种运动时，其空间范围是有限的，位置是固定的，因此可以一边看电视、听音乐，一边进行训练，是集健身和娱乐为一体的好项目。

总之，心肺功能训练健身项目既可以提高人的心肺功能，又可以锻炼肌肉，还可以增强人的神经系统的敏捷性。同时，还可以使人身心舒畅，每天保持一个好心情。

2. 力量训练项目

力量训练项目是任何标准健身房均不可缺少的运动项目，与心肺功能训练项目配合，相辅相成。力量训练项目大致包括举重运动和健美运动两类运动。

（1）举重运动。这是通过推动可调节重量级的举重架，达到举重效果的一种运动方式。这种运动在增加重量级时，只要将举重架后架上的铁块插入举重者所需要的重量处即可。这种运动是一种训练臂力和胸部等力量型的运动，也是极为方便的运动。

（2）健美运动。这是在多功能组合健身架上完成多种动作的康体运动。这种运动所用的器械使用非常简便，既有单一功能训练某一部位的，也有综合训练各个部位的，并且具有多功能组合型和占地小的特点，很受顾客喜爱。这项运动可以达到健美、健身、减肥的目的。人体美的标准是体格健壮、体型匀称、肌肉丰满、精神饱满、姿态端正、举止灵敏而又洒脱，充满青春的活力。在健身房有计划地进行健美运动，能使人体的肌肉变得健壮有力、匀称美观。

知识链接

健身运动

无论是心肺功能训练项目还是力量训练项目，都是在特设的健身房内实现的。随着人们需求的不断增加和科学技术的迅速发展，各种新的健身器材将会不断产生，康体运动项目将会更完美。

二、健身房设备及使用方法

健身房是进行室内体育锻炼的场所，通常分为有器械和无器械两类。近年来健身房的器械设施、设备更新换代速度加快。现代饭店的星级考核标准中，对健身房有明确的要求。一般饭店健身房分为体能测试中心、健身房、体操房等。

1. 体能测试中心

顾客到健身房运动，首先应该接受健身房专业指导人员的检查，对体能、体质、体形的状况有一些了解，并根据每人的不同情况提出相应的锻炼方式的建议和指导。目前健身房中较先进的身体检查器械有：电子脂肪测定仪（其是利用先进的激光技术，迅速而准确地分析体内脂肪、水分及肌肉分布，可印制健身报告表），心率、血压及重量组合仪（可测试运动者的心率、血压及重量），电子心率显示仪（其独立式的感应带，可固定在运动者的手腕上，随时显示运动者的心率），肺功能分析仪（能准确测量肺排气量）等。这些器械能准确地评估顾客的体能、体质、体形，使运动者能正确地了解自己身体的状态和条件，以利于有效地锻炼并避免在活动时受伤，使训练更准确、更安全，较快地达到训练目的。

2. 健身房

健身房是为顾客提供各种先进的器械设备，以进行力量训练、肌肉训练和心肺功能训练的场所。健身房场地面积一般要求不大，装修上也只要求简洁、整齐，墙面配镜子，地面是木板或地毯。各种器械一般功能全，性能先进。目前健身房常用的器械设备如下：

（1）自行车练习器，如图2-1所示。这是在自行车上设置不同的阻力来进行锻炼。目前饭店较先进的自行车训练器械上有一个电视屏幕，上面可模拟外景和路况并显示当前的坡度、阻力和车速，可用科学的方法测量并显示运动者的心率，用红外线电子调速器调控自行车的阻力负荷，使运动强度始终和顾客的身体状态相符。还可在运动之前，事先将顾客的体能测量结果输入屏幕，产生建议训练程序，自行车就会在不同的阶段自动地转换地形，改变阻力负荷。自行车练习器还装有紧急制动系统，可设置最高心率指标，一旦顾客的心率超出这一指标，自行车就会自动停止运动。自行车练习器可锻炼身体的腹部肌肉、腿部肌肉和心肺功能。

户外健身自行车　　　　　　　　　自行车健身器材

图2-1　自行车练习器

（2）跑步机，如图2-2所示。这是根据人们标准的跑步运动设计的，让人在特定的滚动皮带上跑步的设备。跑步机通过设置不同的皮带运动来模拟不同的地形，在正前方设有计算机屏幕和键盘，显示外景设计锻炼程序及道路倾斜度，同时显示顾客的跑步速度、距离、时间、所消耗的能量和顾客的心率。两侧或前置扶手装有紧急制动装置，以避免顾客发生意外。跑步机可锻炼腿部肌肉和心肺功能。运动时可自行调节跑步速度的快慢等，适用性较强。

图2-2 跑步机

（3）划船机，如图2-3所示。这是模拟划船运动的装置，由一个可前后移动的坐凳、两个固定的脚踏板、一个弹簧或液压拉力手柄和计算机屏幕组成。这种运动几乎是全身性的，对扩张心肺、增加呼吸量和进行手部、腰部、腿部等肌肉的锻炼是十分有利的。

图2-3 划船机

（4）台阶练习机，如图2-4所示。由一高一低两个踏板，形成双脚相对上下运动，通过调节设置脚踏板的阻力，来模拟攀登不同高度的台阶。前方设置电子屏幕，显示运动者的运动状态与心率、脉搏等。

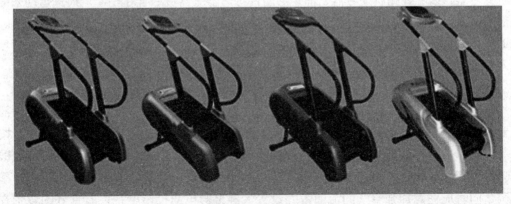

图2-4 台阶练习机

（5）模拟游泳训练器，如图2-5所示。这是一个简单的设备，运动者伏于卧板上，卧板只支撑人体的中间部分，运动者双手套在可调节的弹簧拉力皮带上，按预先设定的计算机程序做游泳训练。这样的训练可锻炼运动者的手部、腿部、胸部、腹部的肌肉，而且可以有效地校正运动者游泳中的不规范动作。

图2-5　模拟游泳训练器

（6）攀岩练习器。这是用来模拟垂直攀登运动的器械。通过调节岩壁的垂直角度和岩壁胶带的向下运动速度来改变攀登的难度，可锻炼运动者的臂部、腿部、腰部的肌肉和全身动作的协调性，并能培养运动者的耐力、毅力和顽强的意志。

（7）多功能综合训练器。这是一种力量训练器械，是通过运动件、钢丝绳、滑轮、重力调节块等把二头肌／三头肌训练器、侧肩／背肩训练器、蝴蝶式训练器、胸肌练习器、腹肌练习器、内／外腿肌练习器、前／后腿部练习器等器械综合在一起，通过运动来锻炼局部的肌肉力量。该训练器可帮助运动者减少脂肪，锻炼体形，使身段更健壮、优美。力量训练器械是任何标准健身房均不可缺少的器械之一。近几年来许多单功能的健身器械已进入普通家庭。

3. 体操房

体操房是进行徒手体操以及各种健美操的场所，是康乐部、度假村和健美俱乐部的主要设施。它没有器械健身房的众多设施、设备，只有简单的哑铃、舞板、软垫、按摩器等设施，装修格调要求简洁明快，四壁要有落地镜子，以有利于顾客观察自己的锻炼姿势是否正确、优美，镜前要设体操把杆，地面要铺有弹性的木制地板或地毯。四季有空调，同时应注意加强空气的流通，并设置大屏幕彩电或投影电视，有良好的背景音响系统。

顾客在开始健美活动之前，康乐部专业技术人员都要对其进行常规的体能、体质、体形的测量，并按顾客的活动目的和要求，提出建议活动方案和锻炼计划。体操房还要为顾客提供更衣室、更衣柜、浴室、酒吧等。

各种徒手健美操又称为有氧操，起源于20世纪六七十年代的美国。它通过各种身体动作的编排，有一定的训练强度，使心率达到一定的水平，从而达到消耗体内多余脂肪、提高心肺功能、增强肌肉柔韧性、改善体形的目的。

有氧操是有氧代谢运动的一种。所谓有氧代谢运动，是指在运动过程中，通过心肺的代谢，使呼吸和心跳加快、血流加快、血氧浓度提高，以满足全身肌肉对氧气的需求。在整个运动过程中，体内氧的需求与供给处于动态的平衡。有氧代谢运动属于耐久力的运动项目。健美操以及上面提到的自行车练习器、跑步机、划船机、台阶练习机等器械上进行的运动，均属此类运动。

知识链接

健身房

三、健身房的设计与环境布局要求

1. 位置要求

健身房的位置十分重要，应该设于接待处附近，使参观者不用进入器械室内亦能参观其中的设施，同时又不会打扰顾客，使人感觉到整个健身房的活力所在。

2. 面积要求

健身房的设计与布局应根据企业大小及实际需要而定，可建成50～100 m^2不等。内设慢跑自行车（原地）、划船机（原地）等各类健身机和健身器。

3. 设备要求

（1）健身器材不少于5种，各种健身设备摆放整齐，位置适当，顾客有足够的活动空间。

（2）设备性能良好，用途明确。

（3）配有配套体重秤。

（4）在四周墙面的适当位置挂立镜，最好配有山水风光画，使运动者仿佛置身于自然环境中，并配有使用健身器材的文字说明和录像带。

（5）各种健身器材始终保持完好、安全，其完好率达100％。

（6）设备设施若有损坏或故障，应停止使用，及时维修。

4. 配套设施要求

（1）健身房旁边要有与接待能力（档次与数量）相应的男、女更衣室、卫生间。

（2）更衣室配带锁更衣柜及挂衣钩、衣架、鞋架、长凳等。

（3）淋浴室各间互相隔离，配冷热双温水喷头、浴帘。

（4）卫生间配隔离式抽水马桶、挂斗式便池、盥洗台、大镜及固定式吹风机等卫生设备。

(5) 各配套设施墙面、地面均满铺瓷砖或大理石，有防滑措施。

(6) 健身房内设饮水处。

(7) 各种配套设施材料的选择和装修，应与健身设施设备相适应。

(8) 配套设施设备完好率不低于98%。

5. 环境质量要求

(1) 健身房门口应设置顾客须知、营业时间、价目表等标志标牌。

(2) 标牌设计要求美观、大方，有中英文对照、文字清楚、摆放位置得当、摆放整齐。

(3) 健身房内照明充足，自然采光度不低于80 lx，灯光照度不低于60 lx。

(4) 室温应保持在18 ℃～20 ℃。

(5) 室内相对湿度应保持在50%～60%。

(6) 室内有通风装置，换气量不低于40立方米/（人·小时）。

(7) 适当位置要有足够数量的常绿植物，以调节室内小气候。

(8) 整个环境美观、整洁、舒适、布局合理、空气新鲜。

6. 卫生标准要求

(1) 健身房天花板光洁、明亮，无蛛网、灰尘。

(2) 地面粘贴高级墙纸，美观大方，无灰尘、污迹、脱皮现象。

(3) 地面无灰尘、垃圾、废纸。

(4) 所有健身器材表面始终保持光洁、明亮，无污迹、汗迹、手印。

(5) 各种设备均无沙尘、印迹。

(6) 饮用水透明、洁净，符合国家卫生标准。

(7) 其他要求。如健身房尽可能安装玻璃窗，使顾客能看到房外的景观。

四、健身房的服务与管理

健身房服务人员必须有较强的思想政治觉悟，热爱本职工作；掌握饭店康乐部服务的基本知识和技巧，掌握健身房服务程序与服务规范，具有较丰富的体育锻炼常识，懂得健身机理，能根据顾客的具体情况帮助制订健身计划；掌握健身房每台设备的性能和功用，具有较好的运动和运动指导的技巧、技能。

1. 准备工作

（1）仪表整洁，准时到岗。服务员工作前应按规定换好工作服，佩戴工号牌，检查自身仪表仪容，准时到岗；通过班前会接受任务，服从工作安排；有责任感，到岗应及时查看交接班记录，从思想上、精神上做好接待服务准备。

（2）检查、创设健身房环境。健身房整体环境应美观、整洁、舒适、空气清新。健身房门口的宾客须知、营业时间、价格表等设计美观，中英文对照清楚，服务台设计简洁、高雅，各种健身器械摆放整齐，位置适当，各种健身器械的使用说明准确无误，设施、设备性能始终保持良好。

打开健身房及过道的灯,室内采光均匀,符合照度规定,一般控制为80～120 lx,开启空调,使室内温度保持为18 ℃～22 ℃,相对湿度保持为50%～60%,通风量不低于40立方米/(人·小时),并在适当位置摆放常绿植物,以美化环境和调节小气候。打开音响设备,调试背景音乐效果。

(3) 做好健身房清洁工作。用吸尘器、抹布清洁地面、墙面、沙发、茶几、镜子、电视、音响等,使环境清洁、明亮。墙面、地面洁净。保证饮用水洁净,符合国家卫生标准。

(4) 保养、清洁健身房器械。按顺时针方向进行,用干布抹器械,用半湿布抹器械踏脚部件与部位。对不锈钢器械应先喷上不锈钢清洁剂,然后用干毛巾擦至无污迹、光亮为止。如有故障,应做好标志,及时报修。设施、设备的可使用完好率应是100%。

(5) 做好物料准备。服务台的各种单据、表格及文具等准备到位。准备好吧台的餐具、饮品。补充纯净水、纸杯和顾客用的大毛巾、小毛巾,毛巾应按规定叠好,店标朝外。

2. 接待服务

(1) 热情规范,做好接待。健身房服务人员应仪表整洁、精神饱满、充满活力。服务台服务时,顾客预定或咨询电话打进来时,应在铃响3声之内接听,准确记录预定人、预定内容、预定时间。顾客来到时,应主动热情欢迎,上前问好,核对票券、房卡或会员证,做好记录。发放更衣柜的钥匙,配合专业医师为顾客进行体能初检,设计运动计划,建立健康档案。

(2) 准确、适时地做好服务。健身房服务员按顾客要求,发放必要用品,引导顾客到他们所需要的活动项目器械前。如顾客对所提供的设施、设备在使用方法上有不明白的地方,服务员应作适当、简单的讲解。如顾客所选的项目已有他人占用,服务员应引导顾客做其他相关项目的运动。

(3) 细心周到、注意运动安全。对于初次到来的顾客要礼貌、细心地讲解器械运动的性能、效用、使用方法。主动为顾客做好机械设备的调试,检查锻炼强度是否合适,并在必要时做示范动作,注意顾客健身活动的动态,随时给予正确的指导,确保顾客安全运动,严格执行健身房规定,礼貌地劝阻一切违反规定的行为。

(4) 保持健身房场地的清洁卫生。及时清理顾客用过的毛巾、纸杯等物,并询问顾客是否需要饮料。当顾客要求用饮料时,应听清顾客要求,服务及时准确。对比赛的顾客要热情地为他们做好记分、排列名次的工作。

3. 结束工作

(1) 做好卫生,检查物品。顾客离开时应主动向其道别。打扫健身房场地卫生,检查器械是否完好无损,清点杂志、球鞋等是否齐全。

(2) 清理布草,做好记录。将顾客用过的毛巾、浴巾等收回,点清数量,送布草间。核对当日所有营业用单据,并做好记录。

(3) 消除安全隐患。切断所有电器的电源,关闭所有空调、照明,安全检查后,关好门窗。

第三节　台球项目的服务与管理

一、台球运动概述

台球运动也被称为桌球或打落袋，是一项具有绅士风度的高雅运动项目。台球爱好者必须具有良好的学识和修养，才能成为一名良好的台球运动员。台球运动最早起源于14世纪的英国，到16世纪，台球在法国已十分盛行。经过几个世纪的流传，在20世纪台球运动被越来越多的人所接受，也传播到世界各地，这使台球运动的生命力更加旺盛。

在我国，台球运动真正传入是在20世纪20年代，那时的上海就有好几家台球房。不过，当时打英式斯诺克台球的人很少，一般只打法式开伦球，称为弹子，所以台球房当时称为弹子房。那时的台球只有少数富商名流才玩得起，普通人很少涉足。20世纪70年代末，又出现了台球房，并很快被人们所接受。台球房的经营已从饭店康乐部发展到专业经营单位，不仅大城市有，甚至小乡村也有。到目前为止，台球运动已成为一项颇受欢迎的大众娱乐活动。

台球

台球运动的优点有：首先，这是一种脑力和体力相结合的康乐运动。打台球无须剧烈的对抗，既不像其他球类运动项目的运动量那么大，又不像桌上棋类活动那么静。它是静中有动，动中有静的高雅活动。其次，环境典雅舒适，设施高档豪华，台球运动讲究礼貌和文明，所以能陶冶人们的情操。再次，这种运动不仅是体力的较量，更是意志力、耐力、自控力的较量，其无穷的奥妙吸引着各个阶层的人士参与，是一项大众活动，有益于身心的健康和智力的开发。

二、台球室的设计与布局

（一）台球室的空间布置要求

台球是一项优雅而技术高深的室内体育活动，其独特的竞赛方法使顾客在打球的过程中充满挑战性和思考的乐趣。加之台球室静谧的环境、温和的灯光以及有关服务设施所形成的优雅的环境氛围，受到了社会白领阶层的喜爱。饭店作为所在地区时尚消费的带领者和高档消费的集散地，台球运动在饭店康乐部的经营中总是占有一席之地。

台球室在饭店康乐部中往往处于一种较为特殊的位置，台球室的环境布置应该采用西方古典装饰风格，以突出台球的古典绅士风度，如图2-6所示。由于台球发展存在一些问题，在台球活动中要遵守相当严格的游戏规则并且运用相当的脑力，使台球远不如其他娱乐项目吸引人。大部分饭店在进行台球室装潢布置时，出于节省成本及增加台球运动的娱乐性考虑，在设计时以较轻松的风格来对台球室进行装饰，通过空间布置和设计来为顾客提供一个既可进行台球游戏、又可放松的场所。整个台球室的场地要求平坦、干净、明亮、通风条件良好,否则有损健康。

图2-6 台球室

1. 台球室的空间布局要合理

台球运动是一项室内运动,台球室在设计时应充分考虑台球运动的活动规则和经营特点。在台球室的装潢布局上应采用灵活多变的布局方式。既要保证顾客在台球运动时获得标准的竞赛条件,又要使顾客享受到台球运动独特的魅力,以达到休闲娱乐的目的。

台球室通常划分为接待区、酒吧区、球台区和休息区。

(1)接待区和酒吧区。接待区是康乐部用来迎接顾客、提供台球服务的区域,一般以柜台形式设于台球室入口处。柜台是台球室接待顾客的第一个窗口,其设计和设备配置都应方便工作、美观,能够吸引顾客,理想的柜台高度是1.1 m左右。接待处要使用亮度适宜的光线,配备不同层次、类型的灯光,以保证良好的光照效果。光照的强弱变化要和整个饭店的灯光设计相结合,使顾客可以适应灯光的变化。接待处的色彩多采用暖色调,以烘托豪华、宁静的气氛,适应接待员的工作和顾客对台球室环境的要求,创造出台球室特有的安静、轻松的气氛。目前在饭店康乐部,为了方便对台球器材的管理、减少人工成本,通常会将插杆架放置于接待处。当顾客办理了必要的登记手续后,由接待员帮助顾客挑选球杆。

酒吧区位于接待区的附近。作为健康生活方式的活动场所,台球室的酒吧区主要经营形式表现为服务吧,供应的品种较为简单,只提供简易的酒水饮料和小食品。

(2)球台区和休息区。球台区当然是整个台球室的核心,摆设有球台、计分器等台球设备。球台区的面积应根据所用的球台规格来确定。根据球台的长和宽、在球台四周应最少留出一个标准球杆的长度。再加上服务人员和其他顾客的走动面积，应再在刚才的基础上增加最少1.5 m的公共区域。球台区的面积可通过以下公式计算：

$$实际球台区面积＝标准球台的长×宽＋标准球杆的长度＋公共区域$$

球台区的布局重点是球台和顾客的击球区域。要特别注意在进行装饰布局时，无论是灯光照明还是色彩的使用，都要避免影响顾客的击球情绪。一般在球台上方75 cm的地方悬挂300 W左右的灯具，并外加长方形的大灯罩。这主要是为了控制灯光的照明范围，避免灯光散射，同时也可以避免刺眼、使顾客在击球时得到充足的灯光照明。在球台区色彩装饰上尽量选用和谐的色调，减弱周围环境对击球者的影响。

2. 台球室的室内装饰摆设要典雅

台球是一项高雅的运动，对于台球室的装潢设计也有着较高的要求，要求塑造出一种典雅的室内气氛。在台球室的室内装饰上要体现饭店的档次和特色，使用具有西方古典风格的家具、装饰物以及色彩来突出台球运动特有的绅士风度。

3. 台球室要配备优良的设施设备

台球运动对台球的设备要求很严格，从台球的平稳度、台面的平整到球杆的长度、重量和平直都是顾客所关注的。要吸引顾客来此消费，就必须为顾客提供标准而高质量的设备。

4. 台球室要有适宜的空气质量

由于台球运动是一项静中取动、体力和智力相结合的康体运动，因而对室内的温度和湿度要求较严格，否则会影响顾客在击球时的发挥。台球室的温度、湿度要维持在人体舒适的度数，温度一般为22 ℃～24 ℃，湿度为40%～60%。

（二）台球室的设施

1. 球台（亦称台盘）

球台是台球室的基本设施，按制作原理的不同可分为许多种类，但都要求台面十分平整。台面底部应铺上厚厚的大理石，使其既平整又有相应的重量，不易移动。石上应蒙上一层绷得很紧的绿色细呢绒，使球在台面上运行时不会随意转弯。

球台一般分为"法式球台"和"英式球台"。

法式球台有两种大小：一种是137.16 cm×274.3 cm（包边）；另一种是152.4 cm×304.8 cm（包边）。法式开伦球的球台没有球袋。无袋的开伦球台现今使用较少。英式15球及9球的球台一般为127 cm×254 cm。英式斯诺克台球则要求台面大些，一般达到182.88 cm×365.76 cm。英式（美式）球台在球台四角及两侧的中部各有一个直径10 cm或13 cm的袋，中袋稍大一点，为14.2 cm。袋向台面的开口有一定的规格（9～11 cm）。台面四周设有硬橡皮条的库，分为：顶库，即相对于开球区的另一端的台边；边库，即左右两侧的台边（左边库、右边库）；底库，即开球区一端的台边。台边的弹力要求从开球区以中等力度击球，使球经顶库折回底库，再经顶库回到底库，将近两个来回为标准。

球台的高度一般为80～85 cm，便于打球者伏于台面击球。

2. 球与球杆、架杆

现代台球室所用球，一般都是用高能聚酯制成，色泽纯正、表面光滑、弹性和韧性好，而且球的重心和中心保证重合。球杆一般用坚实的硬木制成，长短可按个人习惯选用。还有长短架杆，即当用加长杆或用左手做支架不能击到稍远的球时，可用其架起球杆。

3. 三角框、定位器、巧克粉与扑手粉

三角框是斯诺克打法中用于红球定位的。

定位器是用于准确地将球复归原击球位的工具。

蓝色巧克粉用来擦球杆头，防止击球打滑。

扑手粉是用来擦在球员左手上的滑粉，用以减少球杆与作为支架的左手之间的摩擦系数。

4. 插杆架、记分牌与灯光照明

在台球室里一般都有插杆架，具有既方便存取，又能保护好球杆的作用。

记分牌一般是上下两档的横式算盘或数字标尺，供计算积分用。

灯光照明是台球运动中不可缺少的重要设施。打台球时，要求光线必须从上而下均匀地照射在整个球台的台面上，不能有散射光线直接刺射运动者的眼睛，所以要求用专用的大型灯罩。

（三）台球的基本技术

1. 握杆技术和身体姿势

握杆是台球学习的第一步。握杆的正确与否，会影响到击球的质量。

（1）握杆位置。握杆的位置对击球效果有直接影响，最佳的握杆位置由3个因素决定：一是球杆的重心位置；二是击球力量；三是被击主球的位置。其中，球杆的重心是关键性因素，找到球杆的重心，握杆的最佳位置也就基本可以确定了，具体方法是将球杆放在食指上，通过调整找到球杆在指上的平衡，此时食指与球杆的接触点便是球杆的重心点。从这个重心点向杆后移动6～9 cm，便是握杆的合适位置。当然，击球时握杆的位置可以根据具体情况偏前或偏后些。一般来说，当主球较远时握杆要靠近杆尾处；用大力击球时，握杆手也可稍稍往后握一些，以便在手架前留出长杆头部的长度。当主球靠近台边或贴台边时，握杆手则需向杆中间移动一些，以保证动作的正确。

（2）握杆方法。当找到握杆的位置后，接下来就应该正确地握杆。正确的握法是（以右手为例）：拇指、食指和中指在虎口处用轻力握住球杆，其余两个手指虚握，既要握牢球杆，不使球杆滑动，又要使手处于松弛状态。切忌5个手指用力握杆，否则运杆时动作会显得僵硬，球杆上下起伏明显。握杆时手腕要自然垂下，既不要外翻，也不要内收，防止出杆时手腕转动。握杆的手要接近腰部并与腰部保持一定的间隔，以便球杆前后运动时不被身体影响。

（3）身体姿势。身体姿势与击球效果密切相关。击球时，身体要面向所击的主球与目标球。例如，右手握杆，站立时左脚在前，右脚稍后一点，左膝稍微弯曲，右膝直立，两脚之间形成八字，也可以站成丁字，两脚开立应与肩齐宽，使身体平衡。击球时要全身放

松，身体向前俯，重心压在脚上，而不能压在手上，头抬起，球杆与下颌正中轻轻相贴，头部与球杆在一条线上，双眼保持顺球杆方向水平前视。右肩因上体右转后下俯，从正面看右肩是藏于头后的。并使右肘部提起与肩保持在一个垂直面上。握杆的手与肘关节点处在同一条与地面相垂直的线上。

2. 击球的技术动作

台球的击球动作包括架杆、运杆、杆触球、随势跟进4个环节。

（1）架杆。架杆就是用手或杆架给球杆一个稳定支撑和对杆头在主球的击球点进行调节的姿势。常见的架杆方法有如下4种。

①平背式：先将整个手掌放在台面上，掌心向下，五指自然分开，手背稍微弓起，拇指翘起用其第二指关节和食指的根部相贴形成一个"V"形的夹角，球杆放在"V"形夹角内。手指弯曲和手掌向上抬起，可以调节架杆的高度。

②凤眼式：左手手指张开，指尖微向内弯曲，用拇指和食指扣成一个指环，并与球杆成直角，手掌和中指、无名指、小指构成稳定支撑。

③特殊姿势：当主球贴台边时，架杆手需要用四指压在台边上，当主球和台边有一定的距离时，架杆手可以用四指紧抓住台边，当主球后有一其他球时，架杆手需将四指立起来，避免球杆碰到主球后的其他球。

④用杆架法：用长柄杆架打球时，既不能握杆也不能捏杆，而是像拿钢笔那样用拇指、食指、中指3个手指和无名指擎着球杆击球。

（2）运杆。在确定击打主球的部位后，要试着做几次往返进退杆的运杆动作，运杆的目的是使手臂和手腕对球有一个击点和力度上的预先感受，并适当放松，以获得击球的准确性，因此，运杆时要求身体保持稳定，持杆后摆的幅度大小取决于所需要的击球力量和杆头与主球间的距离，后摆动作要做到稳和慢，出杆前控制好杆的平稳，一定要使其线路平直。

（3）杆触球。杆触球是球杆在后摆、停顿后完成的动作。以肘关节为轴，前臂向前送出，击球瞬间，动作要果断、清晰，对手腕力量的使用根据击球目的加以控制。

（4）随势跟进。击球后球杆要随势跟进。该动作是为了保证击球力量充分作用在主球上和保持击球动作的协调连贯性。

3. 击球方法

（1）选择主球击球点。主球击球点是球杆撞击主球某一部位的点，如图2-7所示。主球上的击球点最基本的有5个，即正中点①、中上点②、中下点③、中左点④、中右点⑤。另外，还有4个常用的击球点，即左上⑥、右上⑦、左下⑧、右下⑨。击球时撞击不同的点，主球可产生不同的运动效果。

（2）瞄准方法。要想把目标球打入球袋，就需要有精确的瞄准。最基本的瞄准方法是：球杆、主球、目标球在同一直线上。虽然实战中情况多变，瞄准姿势多样，但基

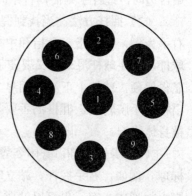

图2-7 主球击球点

本原理不变。

（3）主球运动的特点。球杆撞击不同的击球点，主球就有不同的运动方向，依其击球点和球杆位置形成两种基本运动方向。

①第一种基本运动方向：当球杆撞击主球的中上点、正中点、中下点时，主球运动方向与球杆中轴线一致，但其运动特征不同，表现在以下3个方面。

第一，速度特征。主球依其击球点不同，用同一力度撞击主球时，其速度特征表现为：击中上点的速度轻快，正中点次之，中下点较慢。

第二，旋转特征。当球杆撞击主球的中上部时，主球随即以正上旋形式向前运动；当球杆撞击主球的正中部时，主球开始是无旋转形式向前滑行，然后以正上旋形式向前运动；当球杆撞击主球的中下部时，主球开始以无旋转形式向前做瞬间滑行后便以反下旋形式向前运动，经过一段距离后，球仍然以正上旋形式向前运动。

第三，力量特征。当用同一力度分别撞击主球的中上点、正中点和中下点时，由于击球点不同，主球的速度和旋转形式不同，主球运动时受到台面的摩擦力影响程度不同，主球撞击目标球的力量也不同。

②第二种基本运动方向：当球杆撞击主球的左部或右部时，主球运动方向与球杆中轴线一致，主球产生顺时针或逆时针的自身旋转向前运动。

（4）安全击球区。不同的击球点使主球产生不同的运动形式。在撞击主球除中点外的任何一点时，都可能产生滑杆，因球杆击球时，越是靠近中间部位，杆头与球的接触面就越大，反之越小，当杆头与球的接触面小到了极限以下时，就会产生滑杆。所谓安全击球区，就是以主球的正中点为中心，以球半径的3/5为半径画圆的区域，在这个范围内击打主球是不会出现滑杆的，故把半径的3/5～7/10的区域称为极限圈。

4. 主球与目标球

台球运动是运用球杆撞击主球，通过主球将目标球撞击入袋或通过主球撞击目标球而得分的一项运动。主球与目标球的关系简述如下。

（1）正球与偏球。正球是主球的中心击球点、目标球的撞击点和袋口的中心都在一条直线上使目标球落袋得分的击打方法。偏球是用主球撞击目标球的侧面，以达到改变主球与目标球的运动路线，使目标球落袋或击球得分的击球方法。

（2）厚球与薄球。偏球击法又以偏侧的程度不同分为厚球与薄球。厚球与薄球是由撞击时主球与目标球的重叠程度来决定的，以1/2为分界线，重叠部分正好是1/2的称为半球或二分球，重叠部分多于1/2的称为厚球，重叠部分少于1/2的称为薄球，主球与目标球全部重叠的就是上述的正球。在用偏球击法打厚球时，其瞄准点是目标球击球点向外延长一个球半径处与主球中心点纵向运动方向延长线的交点。

（3）主球与目标球撞击后球的运动方向和运动轨迹。击打偏球的厚薄取决于两个因素：一个是目标球的运行方向；另一个是主球与目标球的位置。主球与目标球撞击后，不管厚薄如何，主球都会偏离原来的运动方向。从理论上讲，碰撞后主球与目标球运动方向的夹角必定是90°，但是由于台面的摩擦力、主球的旋转、球的运行目标等因素不同，主球与目标球运动方向的夹角不可能一定是90°，而是有所变化的。

5. 球与台边

灵活地利用球台边框的技巧，是台球技术中的基本技术。根据物理学原理，在击出的主球没有旋转的情况下，主球与台边碰撞，入射角等于反射角。但在台球技击中，由于目的不同，球杆撞击主球的击球点也不同，台边反弹球的情况也不同。

（1）击主球中心点或中上点。主球直线向前运动，碰到台边时由于台边的反作用，主球又沿原来的线路返回，返回距离与撞击主球的力量成正比。

（2）击主球中下点。当击主球的中下点时，反射角一般大于入射角。

（3）击主球左侧或右侧。当击主球的左侧时，球产生顺时针方向自旋，球碰台边后反射角小于入射角，即右旋向左偏；当击主球的右侧时，球产生逆时针方向的自旋，球碰台边后反射角大于入射角，即左旋向右偏。

（4）不同力量击球。当击主球的力量不同时，反射角也不同。重击时，主球的反射角与入射角几乎相等或稍大些；轻击时，主球的反射角小于入射角。

三、台球室的管理与服务

台球室服务人员必须有较强的思想政治觉悟，热爱本职工作；掌握饭店康乐部服务的基本知识和技巧，具有较强的台球服务知识和技能，能为顾客提供满意的服务；懂台球运动的知识和规则，能担任一般台球运动的裁判，并掌握一定的台球运动技能。

1. 准备工作

（1）检查仪表、签到上岗。服务员工作前应按规定换好工作服，佩戴工号牌，检查自身仪表仪容，准时到岗，通过班前会接受任务，服从工作安排，有责任感，到岗应及时查看交接班记录，从思想上、精神上做好接待服务准备。

（2）整理台球室环境。用抹布清洁门窗、高背椅、茶几，在每个茶几上放一盆绿色植物（注意花盆、垫片及植物叶面的清洁），杯垫、烟缸各一个（店标朝外）。做好衣架、杆架、记分牌、灯罩等的清洁卫生与地面的吸尘工作。

（3）做好吧台整理。吧台整洁，台面、杯架、柜内饮料、酒品、香烟按规定摆设整齐。冰箱使用正常，内外洁净，饮料等整齐有序地摆放，不存放过期的饮品。吧椅完好，金属部分光亮。

（4）检查整理台球设施、设备。使用专用台面刷清洁台面，在前侧正中台沿摆放巧克粉两个。保持球袋、球轨的完好，球台架杆完好、铜色光亮。三脚架完好整洁，悬挂在后架杆上。灯罩完好整洁，穗帘梳理整齐，灯光照明正常。备用球杆、架杆摆放到位，其要求是：

右侧：108寸长杆、96寸架杆各一支。
左侧：90寸长杆、84寸架杆各一支。
前侧：十字架杆一支。
后侧：高架杆一支。

球完好整洁，整齐摆放在球盘上，放于吧台内。球杆两套12支配齐，擦好巧克粉，杆头朝上直立于杆架上。记分牌使用正常，分数标归零位。

（5）顾客活动用品准备。在温箱内整齐地摆放好毛巾（无破损、无污迹）。配备足量的客用白手套（整洁无破损）。

2. 接待服务

（1）热情友好，礼貌待客。迎宾服务员应面带微笑，直立站好，双手自然握在腹前，能正确地运用礼貌服务用语，对常客要热情打招呼，欢迎顾客，并引导进入台球室。柜台服务员应根据顾客的需要登记、开单，并根据情况收取一定的押金。服务时应语言文明、礼貌热情、准确快捷。

（2）协助顾客做好活动准备。台球服务员应根据服务台安排引导顾客来到指定的球台，帮顾客挑选球杆，并为球杆头上粉，根据顾客选定的打法，将球按规定摆好，同时问顾客是否需要手套，如顾客需要，应根据顾客情况及时提供。当顾客开始打球后，台球服务员应站在不影响顾客打球的位置上，随时注意顾客的其他需求。

（3）认真做好比赛服务。顾客活动时应配合进行计分，如彩球进袋应主动拾球并定位，注意台球活动的情况，当顾客需要杆架时，能及时、准确地服务。

（4）做好台球室一般服务。询问顾客需要的饮料，要问清种类、数量，开好饮料单，用托盘送给顾客，报上饮料名，注意要放在茶几上，不能放在球台的台帮上。每局前应递上毛巾（冬温夏凉），及时添加饮料茶水，迅速清理好台面。

（5）掌握分寸，做好陪练。当顾客需要示范或陪打服务时，球台服务员应礼貌、认真地服务，并根据顾客的心理要求掌握输赢尺度。

3. 结束工作

（1）做好结束检查，结账准备。顾客结束台球活动时，应及时、礼貌地检查设施、设备是否完好，如有问题应及时报告服务台，以便按规定处理。及时结清顾客台球活动、饮料等的费用，用托盘将账单递给顾客，请顾客过目后，交至服务台。顾客结账后，服务台服务员应向顾客致谢、道别，欢迎顾客再次光临。

（2）清理设施，做好卫生。及时清理球台，将球、球杆摆好，并做好球台及其周围的清洁工作。如发现顾客遗忘的物品，应尽快设法交还顾客或交保安部处理。

做好台球室的清洁卫生，再次检查设施、设备是否完好，并做好记录和安全消防检查，关好窗、门、灯。

4. 台球室礼貌服务用语

（1）您好！欢迎光临，请问是打台球吗？

（2）对不起，您是打英式还是美式？费用都是1小时××元。

（3）请问您需要贵宾房吗？贵宾房1小时是××元。

（4）对不起，按规定请您先付×××元押金。

（5）请问您需要什么饮料？

（6）您想用哪张台子？

（7）那是您要的台子，球已摆好，您可以过去了。

（8）您有什么要求可随时叫我们。

（9）对不起，您的台子已经到时间了，您还要续时吗？

（10）您一共打了××小时，共××钱，这是找您的钱。谢谢！

（11）欢迎您再来（再见）！

知识链接 台呢保养

台呢保养的两个最重要的方法是刷拭和熨烫，其目的均在于尽量避免对羊毛方向的破坏。

（1）刷拭台呢。规律性地使用专用台呢刷刷拭台呢是台呢保养方法中必不可少的步骤。它不仅可以除去台呢表面的灰尘和残留的巧克粉末，更可以匡助台呢绒毛恢复原有的方向性，从而保证台呢具有理想的外观及功用，并可以在很大程度上延长台呢的使用寿命。在刷拭台呢的过程中一定要顺着台呢绒毛原来的方向刷（绒毛方向应从开球弧指向七分点方向），不可横向刷拭，更不可反向擦拭，否则，台呢绒毛的方向性将被破坏甚至消失，台呢的羊毛纤维会纠缠到一起而影响球速及走位的正确性，这就是我们通常说的"起球"。另外，刷拭台呢一定要轻柔，以免损伤台呢纤维。

（2）熨烫台呢。不定期地在刷拭台呢后顺着绒毛的方向熨烫台呢，可以提高球在台呢上的动弹速度。熨烫次数取决于球桌的使用频率及室内的温度。在湿润的环境中应适当增加台呢的熨烫次数。

熨烫台呢前一定要保证台呢已经经过正确的刷拭，所以不但要干净，而且绒毛及纤维要向着准确的方向。否则，台呢上的任何污物或是不准确的绒毛方向将会在熨烫过程中被永久地留在台呢上。在使用熨斗以前，一定要先在报纸上测试熨斗的温度。假如熨斗在报纸上留下任何轻微的烙印，应等到熨斗的温度降下后再使用于台呢上。库边台呢不需要熨烫，但必须时常刷拭。

第四节 保龄球项目的服务与管理

一、保龄球运动概述

保龄球起源于7000多年前古埃及的一种用大理石制的球来打倒石柱的游艺。11世纪，曾在英国盛行过在草坪上游艺的草坪保龄球。最初的保龄球活动并没有统一的规则，球的大小和柱的形状各不相同，球道的距离也长短不一，这就阻碍了保龄球运动的发展。到了1875年，美国纽约地区9个保龄球俱乐部的27名代表组成了世界上第一个保龄球协会。这个组织做了两件极有意义的事：一是规定了球道的长短；二是决定了柱子的大小。从此以后，形形色色的保龄球活动规则和设施、设备得到了统一。美国为保龄球运动的发展和推广做出了很大的努力。此后，保龄球运动不仅仅在美国、欧洲等地受人们欢迎，而且在亚洲各国也得以普及和发展。

保龄球运动于20世纪80年代初期传入我国，当时由于消费水平较高，加之深藏于高档饭店之中，普通老百姓难以问津，那时全国的保龄球道数量还不到500条。但是，保龄球市场发展非常快，现在仅北京、上海和深圳三个城市就有5 000多条球道。这说明保龄球运动已被越来越多的人所接受。目前，国内有条件的饭店、宾馆都已建有保龄球馆。

保龄球运动的魅力在于：第一，趣味性强，可缓解紧张的生活、工作、学习给人们带来的精神压力，而且具有竞争性，通过每局积分提高进取心和自信心，或通过比赛在竞争的气氛中获得良好的娱乐效果；第二，运动量适中，参与者不受体质限制，体质稍差与年龄稍大的人都可以参加保龄球运动；第三，具有宣泄功能，能缓解现代社会中紧张生活给人们带来的压力；第四，不受年龄限制，从8～80岁年龄段的所有人都可以参加这项运动；第五，不受天气变化的限制，这是因为它是室内运动，无论哪个季节、哪种天气条件，都不会对保龄球运动产生影响。

 知识链接 保龄球礼仪

（1）进入投球区时，必须更换保龄球专用鞋。
（2）只使用自己选定好的保龄球。
（3）等到球瓶完全置好之后再投球，切勿打击清理横杆。
（4）不可以进入旁边的投球区。
（5）不可以随便地进入本投球区。
（6）先让已经准备好投球姿势的人投球。
（7）在遇到同时进入投球动作的情况时，由右边的人优先进行投球。
（8）在投球区，投球的预备姿势不可以太久。
（9）投球动作结束之后，不可以长久地留在投球区。
（10）禁止高抛式投球。
（11）不可以干扰正在投球的人的注意力，当别人投球时，应停止练习。
（12）不可以在投球区挥动保龄球。
（13）成绩不好，不要埋怨器材。
（14）不可以批判别人的缺点。
（15）不可以把水洒落在投球区上。

二、保龄球馆的设置

（一）保龄球馆的主要设施

保龄球设施、设备，随着时代的发展和科技的进步不断得到更新、完善。现代保龄球的主要设施、设备如下所述。

1. 球道和助跑道

球道是专门为球滚动、滑动和旋转而设置的，有一定的长度、宽度和球道质地要求。保龄球球道长1 915.63 cm，宽104.2～106.6 cm，发球区和竖瓶区用高级的加拿大枫木板条拼接而成，其余的用松木板条拼成。在离犯规线457.2 cm范围内，有7个目标箭头和10个引导目标点；竖瓶区从1号木瓶中心线到底部为86.83 cm，10个瓶位间隔距离各为30.48 cm且呈正三角形排列。球道两边为球沟，宽24.1 cm。相邻两条球道间的下面有公有回球道。球道和助跑道之间有0.95 cm宽的犯规线和光控犯规器。从犯规线到助跑道底线为助跑道，长457.2 cm，宽152.2～152.9 cm。在助跑道内，距离犯规线5.08～15.23 cm范围内，嵌有7个滑步标点；离犯规线335.5～335.9 cm和426.9～457.4 cm范围内，嵌有两排共14个站位标点。这些标点和目标箭头都在同一块木板条上，它们可帮助球员掌握起步位置和正确的落球点位置。

2. 保龄球

球是保龄球运动员的武器，也是保龄球设施、设备中最重要的活动工具之一，因此在保龄球的发展过程中，对球的改进从未间断过。最原始的保龄球是石制的，后来改用木制的，当时球的直径不大，无指孔，用一只手便可抓握。到了19世纪20年代，出现了胶木球，球的大小有两种，大球上有拇指孔和中指孔，小球上没有指孔。胶木球硬而脆，很容易破裂，所以后来改用硬橡胶球。可橡胶球又有一定的柔软性和弹性，同样不理想。到了20世纪40年代，又制成一种塑胶球，为了便于投掷和技术的发挥，在上面钻了三个指孔。20世纪50年代后期，球的材料又有了新的发展，出现了塑胶树脂高分子合成球。近几年来人们又进一步采用尤录丁纤维胶等材料，制成了适合于保龄球运动的软性球、中性球、硬性球。

保龄球是由球核、重量堡垒和外壳三部分组成的。球核是确保标准重量的塑胶填充物。重量堡垒是重质塑胶粒子合成体，有堡垒、方块和酒杯等形状。设计这一结构的目的，在于保证球体钻孔后有一重量的补偿。外壳用尤录丁纤维胶或树脂为原料。这三部分通过高精度的工艺技术合在一起，成为表面光滑、具有一定硬度和标准重量的球体。球的直径为21.8 cm，圆周不大于68.5 cm，表面除球的商标、编号、**重量堡垒识别标记**外，不允许有任何凹凸不平的现象，要求光滑、具有一定硬度。球的重量从6～16磅共有11种规格（只计整数）。

保龄球活动对球的选择有球的硬度、不平衡重量、指孔位置、指孔深度和球的重量等几个方面。

保龄球的硬度是指球的表面硬度，不同硬度的球适用于不同的球道，选择硬度合适的球对保证球员正确地发挥技术、技巧，准确地掌握投球的角度、力量和控制球的速度、旋转，以达到预期的效果，是十分重要的。硬度的标准单位是度，按国际保龄球联合会的规定，在23 ℃的常温下，用硬度表分别在球的前后左右四处进行检查，最低硬度不能低于72度。72度到76度为软性球，一般适用于塑胶制和油多的快速球道；77度到85度为中性球，一般适用于常规球道；86度到90度为硬性球，一般适用于木制或油少的慢速球道；

超过90度的极硬性球一般很少使用。

不平衡重量是通过重量堡垒放置在不同的位置，使球的重量在球体上分布不均匀。在允许的范围内积极平衡重量有助于增大球的滑行距离，使球的轨迹由旋转而形成曲线，并能使球进入球瓶区的偏离度小，而冲击力较大。一个新球根据指孔的位置，可产生出四种不平衡重量：左侧不平衡重量，右侧不平衡重量，中指、无名指不平衡重量，拇指不平衡重量。允许的不平衡重量范围一般是10~16磅球的顶部和底部不平衡重量正负不得超过3盎司（85.048 5 g），前后、左右正负不得超过1盎司（28.349 5 g），6~9磅的球各方位正负均不得超过3/4盎司。不平衡重量有积极重量和消极重量两种，当然，参与者所需要的是符合规定的积极重量。保龄球还可分为通用球和专用球两类。一般饭店康乐部用的都是通用球，也称娱乐用球。球上标有重量，三个指孔的距离接近，中指、无名指孔深入至二指关节为限。它抓握容易，便于投直线球和斜线球。当有一定技术后，可根据自己的体重、体力、握力等各种因素制定最适合于自己使用的球。如作为比赛用球，其重量、硬度和不平衡重量等指标都要经过严格检测，并取得合格证书，这样的保龄球才能作为比赛用球。

娱乐时，选择保龄球的重量，一般以自己体重的1/10为依据来选择。如体重在45 kg，选10磅（4.54 kg）；体重在50 kg，选11磅（4.99 kg）；体重在60 kg，选13磅（5.90 kg）等。选好后，一般不要再更改。

3. 木瓶

木瓶是保龄球投掷的目标，每一次投掷都需要有10个木瓶作为目标，它们分置于不同的位置，各有不同的瓶号（1~10号瓶）。在现代保龄球系统中，每条球道有两级共20个木瓶。木瓶以枫木为主要材料，经钻孔、粘合、打磨定形和喷涂等特殊工艺加工而成。木瓶表面呈极为圆滑的曲线，重1.26~1.45 kg，高38.85 cm，最大部位直径为12.1 cm。

4. 自动化竖瓶、记分系统

自动化竖瓶系统由程序控制箱控制，通过各机械装置来完成扫瓶、送瓶、夹瓶、竖瓶和回球、升球等工作，并将瓶位信号、补中信号通过计算机记分系统显示于地面记分台和悬挂式彩色记分显示器。

5. 其他附属设备、设施

保龄球馆附属设备、设施，包括球员休息座椅、观众座椅、茶几、公用鞋存放柜、公用球存放架、备用球、球道打磨机、加油机，还有客用私人物品存放柜、饮料吧台等。

6. 备用物品

（1）保龄球鞋。保龄球鞋有通用鞋和阴阳鞋两种。通用鞋左右脚的鞋底部用皮革制成，左手球员和右手球员均可使用。而阴阳鞋则是右手球员用的左鞋底用皮革，右鞋底用橡胶，右鞋底尖部有一块皮革，以确保助跑和滑步的稳定性，左手球员则相反。鞋全部用线缝制。

（2）护腕。保龄球运动十分依赖于手腕的控制，用力的微小变化都会影响到投掷的质量，护腕对于手腕具有很好的保护作用。

（3）各种粉。保龄球活动时，若手出汗就会影响球的把握和投掷的方向、力度，为保持手的干燥，除用干毛巾擦拭外，还可在大拇指、中指和无名指上使用不同的粉，如干粉、防滑粉和滑粉等，这也是保龄球馆必备的用品。

（二）保龄球馆的布局

1. 保龄球馆的面积

一般保龄球馆的使用面积可根据球道和机器的尺寸求出。国际标准保龄球道的长度是60 in；球道后区又有置瓶区和升瓶机及回球机，这部分的长度应按7.2 in计算；机器后面还应留出5 in宽的维修通道；在球道的始端应留出19 in长的发球区和12 in长的球员休息区（在休息区外还应留出不少于12 in的通道），这样全部加起来总长度为103.2 in，约合31.5 m。也就是说，球馆使用面积的纵向尺寸不应小于31.5 m。球馆的横向尺寸是根据每条球道的宽度加上回球通道的宽度再乘以球道的数量而得出的。一般每两条球道共用一条回球通道，它们的宽度为11.4 in。在球道两侧，还应各留出5 m宽的维修通道。若以24条球道为例，则球馆的宽度就为146.8 in，约合44.7 m。

保龄球馆

2. 保龄球馆天花板的高度

按标准要求应为10～14 in，折算后为3.05～4.27 m。前文所述的尺寸为净使用面积尺寸，如果馆内有柱子，则应减去柱子宽度乘以球场长度所占的面积。因此，在建筑结构上还应注意尽量减少大厅的柱子。

三、保龄球馆的服务与管理

保龄球馆服务人员必须有较强的思想政治觉悟，热爱本职工作；掌握饭店康乐部服务的基本知识和技巧，具有较强的保龄球服务知识和技能，能为顾客提供满意的服务；掌握保龄球活动知识和规则；会操作计算机记分及掌握一般的保龄球投掷技巧，能指导顾客进行保龄球活动，并能根据顾客的性别、年龄和体重帮助顾客选择不同重量的保龄球；熟悉保龄球馆各设施、设备的结构、性能和运转原理，既会使用又会保养。

1. 准备工作

（1）检查仪表，签到上岗。服务员工作前应按规定换好工作服，佩戴工号牌，检查自身仪表仪容，准时到岗，通过班前会接受任务，服从工作安排，有责任感，到岗应及时查看交接班记录，从思想上、精神上做好接待服务准备。

（2）检查保龄球机械系统运转是否正常。由掌握设施、设备工作原理的专业人员操作，做好机械设备的清洁保养工作。检查各球道球瓶数；检查电动机、齿轮、链条、链轮等传动件运转是否正常，并给各传动件按规定加油；检查置瓶盘、升瓶器架等是否有松动；检查电器控制箱、电磁铁等是否有效及清洁；并保持计算机计分系统准确无误，同时清零；检查置瓶器、两侧板、橡胶皮、挡球板，使其处于良好的工作状态；做好回球机的清洁、保养工作，使其运转正常。

（3）做好球道清洁卫生工作。用拖把清洁球道木板地面以及球沟。用抹布依次清洁座椅、记分台、茶几、送球机口、架、保龄球、公用球存放架、服务台、鞋架等，保持清洁无积灰。按规定给球道打蜡或上球道油。

（4）做好物料准备。服务台做好营业准备，检查表格、铅笔等物品的准备，对公用鞋进行消毒，按号码排列，整齐地摆放在鞋架上，并备足一次性袜套。吧台准备好饮料等物。在送球机上按规定摆放有店标的干毛巾，以备顾客擦球用。

2. 接待服务

（1）礼貌待客，规范服务。保龄球馆服务人员应仪表整洁，精神饱满，顾客到来时应热情友好，主动问候欢迎。当顾客到柜台办理打球手续时，服务台工作人员要有礼貌地招呼顾客，请顾客出示住房卡或房间钥匙，并问清是否预订，如果预订了，应确定预订内容。而后办理开道手续，同时向顾客简要介绍保龄球馆的设施、收费标准及为顾客提供的服务。对未预订的顾客，如果满道时，要有礼貌地请顾客排队休息等候，同时告诉顾客在保龄球活动高峰时段需提前预订，以免在时间上发生冲突。

（2）宾客至上，做好服务。保龄球活动一般是先到服务台购球局，每人最少购一局。在为顾客开道时，如果球道未满，顾客可选用他们所喜欢的球道，顾客办妥打球手续后，服务人员应礼貌地招呼顾客办理租鞋、领一次性袜套，而后指引顾客到已安排好的球道上。如顾客需要陪打或教练，则应做出相应安排。

（3）球道服务细心、周到、规范。球道服务人员有义务帮助顾客挑选公用保龄球，对记分方法，如顾客需要，服务人员应作适当地讲解；打球时如遇设施、设备故障，服务人员应马上赶到现场，请顾客稍候，并尽快通知维修人员排除故障；顾客所购球局已满时，应通知顾客，如顾客欲继续打球，可视情况允许其在同一球道打球；对于初次打保龄球的顾客，服务人员应主动讲解简单的保龄球知识和打法及保龄球机的使用常识，以防初学者因不规范的操作导致球道、扫瓶板或机器损坏。服务人员应随时注意顾客的活动情况，提供合理、规范的服务。

（4）保持良好环境，做好日常服务。保持保龄球馆的清洁卫生，及时清理顾客用过的毛巾、饮料罐及烟缸等物件，并经常询问顾客是否需要饮料，当顾客要求用酒水饮料时，应听清顾客要求，准确及时地做好服务工作，也可根据顾客要求，按餐饮服务标准，提供送餐服务。

3. 结束工作

（1）做好部分球道结束服务工作。顾客打球结束，服务人员应提醒顾客将公用鞋交回服务台，服务台应随即关闭机器，向顾客致谢，欢迎顾客再次光临。球道工作人员应检查顾客有无遗忘的物品，同时清洁该球道的座位区、地面、记分台、烟灰缸等。

（2）做好全场结束服务工作。营业结束后，服务人员应对保龄球馆整体环境进行清洁。将公用球按序放回球架。检查清理保龄球鞋，如有损坏，应及时修补或更换。核对当日所有球道营业和酒水饮料单据，填写报表。在交接本上注明顾客活动情况和维修情况。

（3）做好结束安全检查。注意安全，检查馆内是否有火种隐患，切断所有电器的电源，关闭空调、照明，关好门窗。

第五节　高尔夫项目的服务与管理

一、高尔夫运动概述

高尔夫运动是一项古老的贵族运动，起源于15世纪或更早的苏格兰。苏格兰山区多，气候湿润，多雾，极适合牧草的生长，在工业文明以前，这里是连绵不断的牧场。相传，当时的牧羊人在放牧休息时，喜爱玩一种用木板将石子击入兔子洞或洞穴中的游戏，久而久之便形成了一定的规则。苏格兰地区较寒冷，人们每次出去打球时，总是爱将一扁瓶烈性酒放在口袋中，每次发球前先喝一瓶盖酒。一瓶酒重18盎司，而一瓶盖正好装1盎司酒，打完18洞，酒也喝完了。时间长了，很多人便认为打一场球必须是打18洞。关于高尔夫球的起源，史料记载是在1457年，当时在苏格兰叫作"GOFF""GOWF""GOLF"。

17世纪，高尔夫运动被欧洲人带到了美洲，19世纪20年代又传到了亚洲。近几年来，高尔夫运动得到了迅速发展。

目前，世界各地高尔夫球竞赛繁多，主要的高尔夫球组织与赛事有美国高尔夫球公开赛、美国业余女子高尔夫球锦标赛、英国高尔夫球公开赛、世界杯高尔夫球比赛等。

1896年，中国上海高尔夫球俱乐部成立，标志着这项已有几百年历史的运动传入了中国。1985年5月，中国高尔夫球协会在北京成立。从1986年开始，中国每年都要举办各种类型的高尔夫球公开赛。

由于高尔夫球场占地面积大，对地面要求高，打球的器械种类、质量要求严格，服务需求多、档次高，因此投资巨大，活动费用昂贵，被称为"贵族运动"。一般的饭店是无法设置的，但是近郊的饭店、度假村相对集中的地方，总会有这一场地。高尔夫是一项不太激烈的、高雅的体育活动，随着我国社会发展和人民生活水平的不断提高，我国的高尔夫运动将会迅速发展。

高尔夫运动的优点首先是运动的过程并不十分激烈，除用力挥杆外，最大的运动量是跟着球在风景优美的各种地形中"跋涉"，可修身养性，绅士风度十足，因此受到人们的喜爱。其次是该项运动是十分讲究技巧的运动，竞争中更多的是赛知识、赛智慧、赛技术，因此需要大量的练习并发挥自己的聪明才智，才能取得好成绩。还有，运动过程又特别适合于参与者之间进行交流和切磋，兼有运动和交际的双重作用。商界人士将高尔夫运动看成是对身体和业务同样有好处、有意义的活动。

知识链接

高尔夫球

二、高尔夫球场设施

1. 高尔夫球场

一个标准的高尔夫球场，要求长5 943.6～6 400.8 m，占地面积约60公顷，球场四周应有界线，但没有像其他球类场地那样有严格的长、宽、大小和形状的规定，而是将草地、湖泊、沙地和树木等自然景物，经球场设计者的创造，形成优美的园林艺术品。一般设有18个球洞穴，球洞穴间跨离为91.44～548.64 m不等。每个球洞场地均设有发球台、球道和球洞，以发球台为起点，中间为球道，果岭上的球洞为终点。1～9号为前9洞，10～18号为后9洞。高尔夫球场通常分为短、中、长三种球道：男子比赛用的短球道距离在228 m以内（女子为192 m），标准杆为3杆。中球道距离为228～430 m（女子为193～336 m），标准杆为4杆。长球道为430 m（女子为376 m），标准杆为5杆。前9洞和后9洞，各设长距离球道和短距离球道各两个，中等距离的球道各5个。18个洞的标准杆为72杆。

发球台是开球用的略高于球道的地面，上面铺阶梯状修理平整的细草地。发球台上设有两个球状标记，相距4.5 m左右。发球线是标记之间的直线，每一发球台有三组远近不一的标记，作为发球线。最前面的红色标记为业余女子选手发球处，中间的白色标记为业余男子选手和高水平女子选手发球处，最远的蓝色标记为高水平男选手发球处。

球道与发球区紧紧相连，是通往果岭上的最佳路线。落在球道上的球易被击起。球道两侧的深草、草丛和树林叫粗糙地带，在这里击球难度较大。而周围的沙坑、水塘、小溪则是最不理想的地带，击球非常困难，称为障碍物地带。

果岭是经过精心修整的短草草坪，球能在略有起伏的果岭草坪上无障碍地滚动。果岭上设置球洞，球洞穴为埋在地下的金属杯，杯的直径为10.8 cm，深10.2 cm，杯的上沿低于地面约2.54 cm。旗杆插在金属杯中心，旗上标有球洞序号码，能为远离果岭的选手指明果岭的方位。当从果岭上击球入洞时，须拔出旗杆。

上述高尔夫球场即一般讲的乡村高尔夫球场。有的面积可达100多公顷，可设置多至54个洞穴。但现在一般饭店、度假村由于场地的限制，无法经营这种高尔夫球场。于是，出现了以下几种类型的高尔夫球场。

（1）高尔夫球练习场。顾名思义，这是为练习打高尔夫球而开设的。这种球场比标准高尔夫球场小得多，较小的约有500 m^2，大的约有1 500 m^2，根据标准场地的建造原理铺设人工草皮，设置发球区，同时把不同形状、不同难度的模拟"果岭"集中设置在一起。因这种球场只有正规球场的几十分之一，所以可以建在饭店的附近或度假村内，能免去活动者的路途辛劳，供顾客练习挥杆和击球入穴，享受高尔夫球运动所带来的乐趣。

（2）室内高尔夫球练习器。其又称为高尔夫球模拟器，在20世纪80年代初出现，当时是利用幻灯片显示现场，还必须定点发球，因而不是很流行。现今第三代模拟器已经出现，它采用了现代摄像投影技术和红外线立体侦测技术，在性能上得到了划时代的改变。这套设施占地20多m^2，可同时供多人娱乐。模拟器室内配有一面如墙大的投影幕布和投影机，顾客使用和标准高尔夫球场一样的球和球杆朝幕布击球（共有14根球杆供选择），幕布上逼真地显示出高尔夫球场的场景。计算机内储存有世界上众多知名高尔夫球场的场景。每打完一球，有三道感应侦测器可立刻测量出击球的力度、角度和距离，计算机马上根据这些数据在投影幕布上显示出所击之球的飞行滚动过程，并有特殊的音响让击球者可真实地听到球飞驰、落地、滚动、落水或击树回弹的声音，然后计算机显示计分，继而描绘这一杆击球的轨迹，并立即分析此杆在力度、角度和距离上的得失，提出矫正意见，电子球撞同时可用各种语言报告这些情况。"挥杆"之后，还有绿色的"果岭"可供"推杆"练习，不必定点发球。这种设施不论白天或夜晚，晴天或下雨，都可使顾客享受打高尔夫球的乐趣，因此很受欢迎。这种娱乐活动一般以半小时为单位收费。

（3）城市高尔夫球场。也有人将其称作微型高尔夫球场。它是用木料和水泥等材料制作出各种不同障碍的球道及洞穴，从9洞到26洞都有。其实是将不同难度的果岭集中在较小的场地。一个18洞的城市高尔夫球场约占地800 m^2，因此它可以建在室内，也可以建在室外，可以和饭店的绿地结合起来设计，也可建在楼顶平台上。城市高尔夫的器械与乡村高尔夫有区别，它的球是直径为4 cm的实心橡皮球，球的外面不包坚硬合成材料外皮；球杆只有推球杆而没有开球杆，并且球杆的长度也比乡村高尔夫球杆短得多，为74～90 cm不等，不同身高的人可以使用不同长度的球杆。城市高尔夫活动趣味性很强，运动量较小，是一个老少皆宜的休闲活动项目，很受人们欢迎。

2. 高尔夫球

在一块压缩的小橡皮上，用橡皮筋缠绕成圆球，再包上有微凹的坚硬合成材料成为外壳，重量为45.93 g，美国高尔夫球协会规定球的直径为4.27 cm。

3. 高尔夫球杆

每一根高尔夫球杆由杆头、杆颈和杆把组成，用木质或金属与塑料组合而成。高尔夫球杆长0.91～1.29 m，要根据击远、击近、击高的不同需要分别选用各种不同的球杆。一般每个运动者需要备14根球杆，包括木头棒杆5支、铁头棒杆9支，其中只有一支推击棒杆的铁头击球面是平直的，其余13支棒杆的击球面都有不同斜度的弯头。

木杆按长度分为1～5号，击远距离球通常使用木杆。1号木杆最长，杆头与地面的角度最小，击球距离最远，一般在发球时使用。

铁杆可使球的落点更准确，1～3号杆为长铁杆，击球距离远，但不易掌握。4～6号杆为中铁杆，击球较高，球落地后能滚动一段距离。7～9号杆为短铁杆，常在近距离和不易击球的球位上及深草中使用。劈起杆杆头与地面角度较大，在百米之内打高近球；沙坑杆杆头与地面角度最大，一般在离果岭较近的沙坑中击球时使用。根据不同的距离，应选用不同型号的铁杆。

推杆常在球打上果岭后或球离球洞较近且地面较平整时使用。近几年来，流行用碳纤维杆。随着高科技的发展，球杆也在不断地改进和发展。球杆的硬度一般用代号或颜色来表示，可分为特硬型（X或绿色）、硬型（S或红色）、普通型（R或黑色）、软型（A或黄色）和特软型（L或蓝色）五种。

4. 高尔夫球鞋

高尔夫球鞋是用皮革制成的，鞋底有粗短钉，活动时，鞋底的钉可以增强站位的稳定性，有利于更合理地完成每一次击球动作。在行进过程中，鞋钉可起到防滑的作用，且高尔夫球鞋底的钉子在草地上扎出的洞，有利于草的根部通过洞穴呼吸空气，利于草的生长。高尔夫球鞋的皮革面可以防雨和露水。在选择高尔夫球鞋时，大小要合脚。

5. 高尔夫球手套

为了在手握杆时，使手与球杆能轻松而牢固地联成一体，避免磨手，更好地挥杆击球，也为了防寒，在打高尔夫球时要戴手套。由于握杆时是以左手为主（指在预备击球时向右后引杆者），一般只是左手戴手套；相反，若是左手选手就应右手戴手套。高尔夫球手套质地非常柔软，是用精选的小羊羔或山羊的皮制成（也可用其他各种皮料及布料制作）。

6. 标记

高尔夫球规则规定，当球打上果岭后，可以把球拿起来擦拭。为了记住球的位置，在拿起球前，需要在球的后面做上标记。标记一般用塑料制成，为图钉状。

7. 球座、球杆袋及附属设施、设备

球座是用木头或塑料制成的锥状物，是用来在发球台上发球时托架球用的，打一场球需要准备好几个球座。

球杆袋也称球包，是装球杆的袋子，除放球杆外，还可以放球、球鞋、雨伞、毛巾等物。

附属设施、设备指打球时用来拉球杆袋和人员的电瓶车，修补草坪的沙袋和沙子等。

知识链接 球童

球童是高尔夫球场内从事为球员和打球客人提供球场指南、挑选球杆、查看球洞区、给予技术帮助的球场技术人员。国际上的职业球童是独立签约人。当球手的奖金不到1万美元时，球童可以得到5%的分红；当球手的奖金超过1万美元时，球童通常可以得到7%或更高的分红。在我国，球童的年收入为2万～10万元不等。

三、高尔夫球场的服务与管理

高尔夫球场服务人员必须有较强的思想政治觉悟，热爱本职工作；掌握饭店康乐部服务的基本知识和技巧，具有较强的高尔夫球服务知识和技能，能为顾客提供满意的服务；刻苦钻研高尔夫专业知识，有熟练的打球技术，能解答顾客提出的各种专业问题，能指导顾客进行高尔夫球练习，并在工作中不断提高自己的业务素质。

由于饭店及度假村一般只能设置模拟高尔夫球场、城市高尔夫球场或高尔夫练习场，所以这里主要讲这三种高尔夫球场的服务与管理。

1. 准备工作

（1）检查仪表，签到上岗。服务员工作前应按规定换好工作服，佩戴工号牌，检查自身仪表仪容，准时到岗，通过班前会接受任务，服从工作安排，有责任感，到岗应及时查看交接班记录，从思想上、精神上做好接待服务准备。

（2）检查高尔夫球场设施与清洁环境。对高尔夫球场地毯、球道或发球区进行吸尘，检查球场或模拟高尔夫的设施、设备。巡视检查场地清洁，打扫场地卫生，保持场地无杂物。将顾客用的座椅、茶几擦干净。如是高尔夫练习场应把发球垫摆放整齐，并根据具体情况撑开太阳伞。

（3）做好服务台整理工作。打扫服务台卫生，进行地面吸尘，擦拭服务台，清洁垃圾桶，整理、补充酒水与饮料，将顾客使用的球、球杆、手套、球鞋等物品摆放整齐。

2. 接待服务

（1）热情友好，礼貌待客。迎宾服务员应面带微笑，直立站好，双手自然握在腹前，能正确地运用礼貌服务用语，对常客要热情打招呼，欢迎顾客，然后请顾客出示住房卡或房间钥匙，请顾客在登记表上签名。根据顾客情况，向顾客介绍高尔夫球场的设施、租金、球场布局，做好登记收款工作。带顾客进入球场，根据具体情况介绍球场规则。

（2）仔细周到地做好球场服务。顾客打球时，服务人员应在球场附近侍立，随时注意场上顾客的运动情况，根据顾客的要求提供服务。为顾客记录、报告成绩，为顾客捡球，经常巡视球场，及时解决临时出现的问题。利用间隙时间为顾客提供面巾，推销酒水饮料及其他物品。应注意球场整洁，摆正座椅、茶几，随时清理饮料罐等废弃物。当顾客向服务人员招手时，服务人员应快步到顾客跟前，按顾客的要求及时地提供服务。

（3）耐心规范地做好陪练服务。若顾客要求陪练或教练服务，应及时报告安排陪练或自己陪练。活动时，可根据具体情况帮助顾客分析击球速度、角度、打击距离等，帮助顾客纠正击球姿势，并准确记录球数、杆数等。

3. 结束工作

（1）做好结束检查服务工作。顾客租用场地结束时，服务人员应礼貌地征求意见，是否需延长使用场地的时间，如结束租用，最后检查有无遗失的物品，及时收球，清点租用的物品数量并检查是否完好。向顾客致谢，欢迎顾客再次光临。

（2）清理设备，做好卫生。营业结束时，填好交接班记录，注明客情、设施、设备维护情况，填写好酒水饮料报表。然后清理高尔夫球场，清理垃圾，将球和球杆摆放整齐。

（3）做好结束安全工作。做好消防安全检查，关好窗、电源开关，锁好门。

知识链接

高尔夫球场服务

第六节 网球项目的服务与管理

一、网球运动概述

古代网球运动可以追溯到古希腊时期，是一种"掌上游戏"。据说这项运动是由一位云游诗人带入欧洲的，到13世纪传到法国的宫廷之中，成为宫廷游戏。当时这些贵族们所打的"网球"既无网也无拍，球也不能在地上弹跳。他们用的球是由一块布裹制而成的（里面塞上毛发等物），"球网"则是一条绳索，双方用手作球拍将球打来打去，而后英国人将以掌托球改为用羊皮拍打球，形成了现代网球的雏形。到17世纪，这种运动已走出宫廷，在上流社会流传开来，成为欧洲十分流行的一种游戏。19世纪中叶，欧洲人掌握了橡胶制造技术后，做出了可以弹跳的球。当时球的质量以埃及的坦尼斯镇生产的产品为最好，所以人们开始称这项运动为"坦尼斯"。球拍也发生了变化，由原来的发展成弦线拉成的球拍。1873年，英国有一个名叫温菲尔特的乡村绅士将这项古老的宫廷游戏搬到了室外，运动场地也由室外草坪代替了室内的地板，从此产生了现代网球运动。

1877年，在英国伦敦的温布尔顿举办了第一次草地网球锦标赛，即温布尔顿网球公开赛。当时以亨利·琼为裁判组成了一个两人委员会，草拟了比赛规则，并作为网球比赛规则的基础沿用至今。现代网球用的盘制、局制以及球、球拍、球网和它的一套练习方法都可以说形成于此。

我国的网球运动是在19世纪后期由英、美等国的商人、传教士带入的。新中国成立前，这项运动主要在贵族阶层中流行。新中国成立后网球运动得到了较大的发展。近年来，网球运动又开始在我国普及开来，不仅专业运动员的水平得到迅速提高，作为健身娱乐活动，也正受到越来越多人的喜爱。其优点首先是活动适应面较广，由于运动量大小可随活动者情况来调节，男女老少皆宜。该运动难度不是很高，只要反复练习可以较快地提高技术水平。活动中具有竞争性，能提高运动者的活动兴趣。运动的同时还能提高人们的反应能力，增强灵敏度和身体的协调能力。随着运动量的增大能有效地提高人们的耐力和爆发力。此外，这项运动所需的场地不是很大，可有效地利用场地。所以一般的饭店和度假村都能根据情况，利用现有场地，通过有效的规划来设置网球场。

网球

二、网球场的设置

1. 网球场规格

网球场呈长方形，单打球场长23.77 m，宽8.23 m，双打球场比单打球场两边各宽1.37 m。球网将全场横隔成相等的两个区域，网中央高0.914 m，并用不超过5 cm宽的白色带束于地面。网柱是球场中央两端的圆柱，其直径不超过15 cm，网绳或钢丝绳的顶部距地面1.07 m。球网采用深色蜡线或尼龙线编织而成。球网应充分展开，完全填满网球柱间的空隙，球网孔大小以不让球通过为标准。网顶的绳或钢丝绳用边宽5～6 cm的白色网边布包缝。球网两侧6.4 m处各有一条与底线平行的横线叫发球线，球网两侧发球线的中央连接起来成为中线。中线把两侧发球线之间的地面分成四个相等的区，叫发球区。中线两侧的长线叫边线，国际网联规定，底线之后至少应有6.40 m的空地，边线以外至少应有3.66 m的空地。全场除底线线条可宽至10 cm外，其余各线条的宽度不得超过5 cm且也不得少于2.5 cm。室外场地的四周可用钢丝网作围栏，围栏的高度应高于2.5 m，以免球员将球击出场外。室内网球场的场地除面积规格要求外，对球场的天棚高度也有要求。它要求天棚的高度不低于12 m，室内网球场的地面多为涂塑地面。

2. 网球场场地

网球场的场地分为硬式场地和软式场地两种。硬式场地有沥青、水泥、石子、地板、橡胶、涂塑等（澳大利亚网球公开赛属硬式场地）。其特点是，场地中打的球球速较快，对发球好、网前技术好、抽球凶狠的进攻型选手有利。

软式场地中有草地和泥地两种。草地特点是球速快，球弹跳较低，落地后反弹不规则，对发球技术好的运动人员有利。由于球落地后弹跳不规则，对运动人员的网前技术、接发球技术要求较高，场地较难维护（英国温布尔顿网球公开赛就是在草地上进行的）。泥地特点是球速较慢，球弹跳起来较高，有利于运动人员充分移动到位击球，但对底线技术要求较高，泥地维护也较麻烦，必须每日浇水和滚压。美国网球公开赛就是在红土地上进行的。

一般饭店康乐部设置的网球场大部分是选用涂塑地面，它的成本不高，也无须花费很多时间来进行维护、保养。因此这种类型的场地被越来越多的饭店康乐部和度假村的网球场所选用。

3. 附属设施和设备

在网球场的两侧应设置适量的座椅和茶几，室外球场应设置排水暗沟，以便冲刷球场后迅速排水。球场外还应设置更衣室、淋浴间、洗手间等。有条件的还应设置会客室、网球用品服务部、按摩室。

三、网球场的服务与管理

网球场服务人员必须有较强的思想政治觉悟，热爱本职工作；掌握饭店康乐部服务的基本知识和技巧，具有较强的网球服务知识和技能，能为顾客提供满意的服务；熟悉网球活动的特点、知识和规则；会做一般网球运动的裁判，并有一定的网球运动技能。

1. 准备工作

（1）检查仪表，签到上岗。服务员工作前应按规定换好工作服，佩戴工号牌，检查自身仪表仪容，准时到岗，通过班前会接受任务，服从工作安排，有责任感。到岗应及时查看交接班记录，从思想上、精神上做好接待服务准备。

（2）检查网球场设施与清洁环境。打开网球场门，检查球网与球网的规定网高尺寸，巡视检查场地，清洁、打扫场地卫生，保持场地无杂物，并将顾客用的座椅、茶几擦干净。如在夜间，应检查球场灯光照明。

（3）做好服务台整理工作。打扫服务台卫生，进行地面吸尘，擦拭服务台，清洁垃圾桶，整理、补充酒水与饮料，将顾客使用的球拍等器械摆放整齐。

（4）搞好休息室等场所的清洁卫生。用抹布清洁休息室的座椅、茶几、花盆、更衣柜等设施、设备。清洁电镀部件、洗脸盆、淋浴间的墙面，保持电镀无水迹、锈迹，瓷面无污垢。补充棉织品（棉织品摆放要求店标朝外）、易耗品（浴液、洗发液及护发素）。

2. 接待服务

（1）热情友好，礼貌待客。迎宾服务员应面带微笑，直立站好，双手自然握在腹前，能正确地运用礼貌服务用语，对常客要热情打招呼，欢迎顾客，然后请顾客出示住房卡或房间钥匙，在服务台为顾客填写登记表，并根据顾客需要提供更衣柜钥匙、毛巾及球拍等打球用品。顾客亦可自带球拍和球。

（2）仔细周到地做好球场服务。顾客打球时，服务人员应在球场附近侍立，随时注意场上情况，根据顾客的要求提供服务。利用间隙时间为顾客提供面巾，推销酒水饮料及其他物品。应注意球场整洁，摆正座椅、茶几，随时清理饮料罐等废弃物。当顾客向服务人员招手时，服务人员应跑步到顾客跟前，听清顾客的要求，及时提供服务。

（3）努力提高技能，做好陪练服务。网球场服务人员应有较强的网球运动技能，当顾客需要陪打或教练服务时，网球场服务人员应认真地服务，动作要准确规范。讲解服务要仔细、耐心。如果是陪打，应随时掌握顾客的心理活动，适当控制输赢尺度，尽量提高顾客的活动兴趣。

（4）认真负责、公正地做好比赛服务。顾客在活动、比赛时，服务人员应热情、公正地做好裁判工作。当球场组织比赛时，要预先制订接待方案，注意维持球场秩序，并根据情况在底线后配备拣球服务人员；顾客自行组织比赛时，服务人员应注意与顾客密切配合，使比赛能顺利进行。

3. 结束工作

（1）做好结束检查，结账准确无误。顾客结束网球活动时，应及时、礼貌地检查设施、设备是否完好，记录场次、时间、租拍数、球数及其他消费，及时报送服务台；及时收回球拍、球，检查租用物品是否完好并做好物品清洁工作。顾客结账后，服务台服务员应向顾客致谢、道别，欢迎顾客再次光临。

（2）清理设备、做好卫生。营业结束时，填好交接班记录，注明客情、设施、设备维护情况，填写好酒水饮料报表。然后清理网球场，清理垃圾，锁好网球场门。将球和球拍摆放整齐。

（3）做好结束安全工作。做好消防安全检查，关好窗、电源开关，锁好门。

知识链接　网球场顾客须知

希望您在健身娱乐的同时，达到轻松休闲的目的。

（1）打球的客人请先到服务台办理手续，住店客人须登记饭店客房号码，非住店客人交××元人民币作为押金。

（2）租用网球场最少计价时间为半小时，自办妥手续后开始计时。如需延时，请在打球结束前与现场服务员协商。

（3）运动前请先到更衣室换鞋和服装，请注意不要将贵重物品存放在更衣柜内，打球时请您务必穿运动服和运动鞋。贵重物品请您随身携带保管。

（4）请您妥善保管好更衣柜的钥匙，如因钥匙丢失造成您存放的物品丢失，将由您个人负责，同时请缴纳50元人民币作为钥匙丢失赔偿金。

（5）凡患有高血压、心脏病等不适合剧烈运动的宾客谢绝租用网球场。

（6）客人可自带球拍和球，也可租用本场所的球和球拍。为安全起见，请勿在球场内吸烟。请勿在运动中吃东西、嚼口香糖。

祝愿您在本场所度过轻松、愉快、美好的时光。

××康乐部网球场

 课堂讨论

游泳运动应注意哪些事项？

 技能操作

全班分组，各小组选一位组长带领组员，完成保龄球项目的准备工作、接待工作、结账服务、送客服务、结束工作等环节。

 思考练习

1. 游泳的作用有哪些？
2. 室内游泳池设计与布局有哪些要点？
3. 健身运动的作用有哪些？
4. 健身房的布局与设置有哪些要求？
5. 台球运动的优点有哪些？
6. 简述保龄球运动的起源。
7. 简述高尔夫运动的服务程序。
8. 简述网球场的服务程序。

第三章　保健类项目的服务与管理

本章导读

> 保健类项目是指通过环境设施作用于人体或专业服务人员提供的相关服务，使人放松身心、恢复体力、振作精神、焕发活力的康乐项目。保健类项目按功能形式一般可分为桑拿浴、温泉浴、足浴、按摩、美容美发等。

学习目标

> - 了解桑拿房的设施设备。
> - 熟悉泡温泉的步骤。
> - 掌握足浴的服务与管理。
> - 熟悉按摩的作用及手法。
> - 了解美容美发的设备设施。

顾客烫伤事件

某酒店的一位顾客想淋浴，调好水温后便开始冲洗，不料片刻之际水温骤然升高，变得滚烫，把顾客皮肤烫伤了一块。他勃然大怒，匆匆穿好衣服后去找楼层服务员，大声斥责，要求酒店对他烫伤一事负责。服务员面对生气的顾客不吭一声，借个理由转身去找管理员。管理员马上来到顾客房里，听完顾客申诉后，不但没有道歉反而用教训的口气说："我们酒店供给浴室的水最高温度才60 ℃，在通常情况下人体不会被烫伤。多半是你自己不注意，将水龙头开关方向拧错了，所以才放出大量热水。另外，拧动开关后要等上一会儿，淋浴器流出来的水温才会稳定。"顾客听罢，火冒三丈，拎起电话要找酒店总经理。

问 题

如果你是酒店总经理,该如何处理该事故?

案例分析

应主动向顾客道歉,由于酒店的管理不到位给顾客造成了一定的伤害,这是酒店工作的失误,并根据一定的标准对顾客进行赔偿。事后应加强对整个酒店的管理,首先是加强对员工的培训,尤其是员工的服务技能及服务态度的培训。其次要对酒店康乐部的设备进行相关的改进,如在设备旁贴上温馨提示,提示顾客在使用过程中应注意哪些问题,这样就能避免类似伤害事故的发生。

第一节 桑拿浴项目的服务与管理

一、桑拿浴概述

1. 桑拿浴

桑拿浴是一种特殊的沐浴方式与沐浴行为。它是在特别制作的小木板房内通过专用设备将室温迅速升到45 ℃以上,而使沐浴者身体受热排汗的特殊沐浴方式。桑拿浴最早起源于芬兰和土耳其,故分为芬兰浴和土耳其浴。这两个国家虽然相距甚远,但它们以"蒸"为主的沐浴方式却极为相似。

桑拿浴的沐浴方式分为干蒸、湿蒸两种。干蒸浴(即芬兰浴)的整个沐浴过程是将浴室内温度升高至45 ℃～100 ℃,而且不加水,使沐浴者仿佛在暴烈的太阳下或沙漠之中干晒,体内的水分大量蒸发,达到充分排汗的目的;湿蒸浴(即土耳其浴)是在温度很高的室内不断增加湿度(在散热器上不断加水),从而使沐浴者在又湿又热的环境中因受热而大汗淋漓,充分排出体内垃圾。

洗桑拿浴的步骤是先用温水淋浴,将身体擦洗干净,在温水池浸泡片刻,然后进入桑拿浴房蒸10～15 min。当感到全身排汗或发热时,走出来到冷水池中浸泡或用冷水淋浴,然后再进入桑拿浴房,出来后再到冷水池中。反复进行三次以上,最后进入淋浴室洗净全身,或在温水池浸泡一会儿进入休息室休息。沐浴的整个过程将消耗不少体力,而且有极好的减肥功效。同时可促进全身皮肤的深呼吸,使体内的无用物质和有害物质排出体外,并且促进血液循环,加速新陈代谢,达到健身、养肤的目的。

桑拿浴房通常是用优质松木条做成的全木质小房子,有各种大小的规格,可以容纳2人到20多人不等。房里有木条制的床和枕头,墙上有温度计、湿度计、沙漏计时器和防水照明灯。地板是木条制的,可以排水。桑拿浴房有观察窗和门,便于服务员观察室内顾客的状况以防不测。豪华的桑拿浴房有专用的音响系统,提供背景音乐,甚至还可以模拟大自然的阴晴风雨而创造出不同的环境。服务员将需要的程序输入电脑,顾客便可在里面进行太阳浴和人工降雨浴,又可听到悦耳的鸟鸣、隆隆的雷声和滔滔的海浪声,仿佛置身于大自然中。桑拿炉是通过电热载石盒加热装在炉中的桑拿石，使室温迅速升高，供顾客蒸浴。先进的桑拿炉配备了全自动电子恒温控制器，能根据顾客的需要随时调节室温或保持室温。桑拿浴房中有桑拿木桶和木勺等配件，便于顾客增加房内的湿度。顾客在洗土耳其浴时，要在木桶中备好清水，在洗浴的过程中顾客可以不断地用木勺舀水泼到桑拿石上，水碰到火红滚烫的石头后立刻变成蒸汽弥漫在空中，从而自由调节室内的湿度。

桑拿浴

二、桑拿房的设施设备

1. 干桑拿室

干桑拿室由瑞典白松木制成，这种木材在高温下不变形、不冒油，并能释放出特有的芳香，有各种标准型号供选择，亦可不受固定尺码限制，通常为 $1.5 \sim 7.5 \ m^2$。房内主要设备有桑拿电炉，炉内有电加热蛇管及桑拿石，辅助设备有全自动恒温器、沙漏计时器、照明灯、温度计、湿度计、木制水桶和水勺等，还可以增加香熏材料，如艾叶等。灯光照明宜用暖色调，且用间接光，照度为 50 lx。

2. 湿桑拿室

湿桑拿室的材料选用无毒聚乙烯塑料。房顶应为弧形，以防冷凝水。有各种标准型号供选择，亦可不受固定尺码和形状的限制，通常为 $1.8 \sim 15 \ m^2$，蒸汽浴加温源为蒸汽，由专用蒸汽发生器或饭店锅炉房提供。灯光用暖色调，照度为 50 lx。辅助设备有全自动恒温控制器、墙灯（24 V）、温度计等。

3. 按摩池

通常设有3种不同水温的池子，即热水池（40 ℃～45 ℃）、温池（25 ℃～30 ℃）、冷池（4 ℃～8 ℃），称为"三温暖"。

桑拿房

三、桑拿浴的服务与管理

1. 准备工作

（1）前台服务员整理手牌和更衣柜钥匙，补充客用毛巾，将已经消毒的拖鞋摆放整齐。

（2）浴室服务员做好桑拿浴房、淋浴间、休息区、更衣室、卫生间等的清洁消毒工作，打开桑拿设备、调整好温度和沙漏控时器，并将木桶内的水盛满；及时补充浴油、浴服、洗浴用品。

（3）休息厅服务员做好休息厅及包间的清洁、整理工作。补充酒水和小食品。

2. 服务工作

（1）前台服务员服装穿着整齐，姿态端正，礼貌接待每一位客人。

（2）主动询问客人的要求，向客人说明洗浴的费用标准。

（3）递送毛巾、手牌、更衣柜钥匙，并请客人更换拖鞋。提醒客人如有贵重物品，应存放在前台。对不熟悉环境的客人做出必要的介绍，引导客人进入浴室。

（4）浴室内的服务员主动与客人打招呼。为客人打开更衣柜，协助客人挂好衣物，提醒客人锁好更衣柜，引导客人入浴。

（5）客人在桑拿过程中，服务员应随时观察，根据客人的需求调节蒸房内的温度。客人在洗浴中如需搓澡等其他服务，需记录服务项目及手牌号，并请客人签字，将记录单及时传到前台。

（6）客人浴毕要帮助客人擦净身体，送上浴服，请客人进入休息大厅或包间休息。

（7）休息厅服务员引导客人就座，并为客人盖上毛巾，递上棉签、纸巾，帮助客人调好电视节目。询问客人是否需要酒水和小食品。主动介绍其他配套服务，为其安排技师，记录好手牌号，并请客人签字，将记录单及时传到前台。

（8）客人准备离开时，浴室服务员帮助客人打开更衣柜，协助客人换好服装后，提醒客人带好随身物品，引领客人到前台结账。

（9）前台服务员根据手牌取出客人的鞋，交给客人，并迅速、准确地计算客人的消费金额，请客人核对、结账。

（10）向客人道别致谢，欢迎下次光临。

（11）客人离开后，浴室服务员应该迅速地更换浴巾、清洁茶几、清洗烟灰缸，做好环境卫生及用品清理工作。

3. 结束工作

（1）浴室服务员关闭所有设备电源；全面清洁整理浴室、更衣柜；对桑拿房进行消毒；清点客用品，填写报表及交接班记录。

（2）休息厅服务员关闭电视、音响等设备及电源；整理休息椅，清扫地面；清点客用品、小食品、饮料，填写报表及交接班记录。

（3）前台服务员整理手牌、更衣柜钥匙、拖鞋；清扫前厅地面，整理沙发、茶几；核对营业单据，填写报表，连同现金收入一起上交财务部门。

（4）切断所有电源、水源，关好门窗。

4. 服务要点和注意事项

（1）对桑拿房的设备要坚持安全操作、合理使用和保养。

（2）营业中必须经常检测桑拿房内的温度，以及温、热按摩池的水温，发现问题及时采取措施。

（3）客人进入桑拿房后，应每隔10 min从窗口观察一次，看客人是否有不适应的情况。

（4）有效劝阻皮肤病客人进入浴室，劝阻高血压、心脏病患者进入桑拿房。

（5）要提醒客人随时带好手牌和更衣柜钥匙，手牌号是客人消费记账的依据，发现丢失，及时告知服务员及前台。

第二节　温泉浴项目的服务与管理

一、温泉浴概述

1. 温泉

温泉是地壳深处的地下水受地热作用而形成的，一般含有多种具生物活性作用的微量元素，有一定的矿化度，泉水温度常高于30 ℃。温矿泉水的医疗保健作用，是通过物理作用和化学作用两个方面来实现的。物理作用是指通过温泉的温度、热度、浮力、静水压力、摩擦等方式，对身体的神经末梢产生刺激，通过神经体液的反射作用，对疾病发挥治疗作用。温度、热度对皮肤、心脏、呼吸、胃肠、肾功能、血液系统、物质代谢、神经系统、肌肉系统、免疫系统、汗腺分泌功能均有很大的影响。温泉的水热作用直接刺激肌肤而使皮下毛细血管扩张，使人体迅速吸收温泉中的各种有益物质和微量元素，从而加快血液循环，增进供血能力，促使汗液排泄，排解体内有害的代谢产物和毒性物质，激起大脑皮层兴奋——抑制过程，起到调节神经系统，舒缓经络，改善心血管功能，促进胃肠蠕动与排空，增进液腺分泌，加强消化系统功能的作用。

知识链接

温泉

2. 温泉浴的种类

（1）单纯温泉。此类温泉是缓和性温泉，其所含矿物质虽然少，但因温度常年不变，故治疗效果亦佳。因水温不同，其作用与治疗的疾病也有所不同。

（2）碳酸泉。这种矿泉的主要成分为游离二氧化碳，其含量在1 g/L以上时称为碳酸泉，是一种无色透明稍有辣味的泉水，其主要医疗保健作用有：改善心血管功能，改善血液循环，降血压；治疗皮肤病，如慢性湿疹、神经性皮炎、银屑病等；治疗代谢性疾病，如糖尿病、痛风、肥胖症等。

（3）硫磺泉。硫磺泉又称硫化氢泉，因为硫磺泉的主要成分为硫化氢。其显著特点是走近温泉，即可闻到臭蛋气味。硫磺泉的主要保健医疗作用有：软化皮肤、溶解角质、灭菌、杀虫，对各种皮肤病均有较好的治疗效果；可使自主神经系统兴奋活跃，对需要兴奋的患者有益，如神经损伤、神经炎、肌肉瘫痪等；能促进关节浸润物的吸收，缓解关节韧带的紧张，适用于各种慢性关节疾病；因泉水中所含胶状硫黄分子微小，易进入体内组织，起类似触媒作用，使体内的废物由皮肤和肾脏排出体外，所以，硫磺泉对代谢性疾病也有一定的康复作用。

（4）氯化钠泉。多位于沿海地区或古海水埋藏地带，广东的珠海、中山、湛江等地的温泉多属这类温泉，低浓度的温泉与淡温泉的作用相似，而高浓度的温泉浴疗则具有特殊作用：氯化钠能刺激皮肤，促进组织生长和新陈代谢，镇静神经，加速关节机能的恢复。

（5）碘泉。碘是生命所必需的物质，能明显地激活机体的防御机能。碘离子可通过皮肤进入人体内，浴后血液中碘的含量增加，对各种炎症都有显著消炎及促进组织再生作用。同时，又能降低血脂，有预防血栓形成的作用。

（6）铁泉。铁泉有硫酸铁泉和碳酸铁泉两种。硫酸铁泉的收敛作用更明显，对慢性风湿病、妇科炎症、营养不良、下肢溃疡、皮肤及黏膜病等疾病有治疗作用。

（7）氡泉。不少人对"氡"这一惰性气体不了解，认为它具有很强的放射性以致会诱发肺癌等病症。其实只有高剂量的氡在铀矿场内，才有诱发癌症的可能性。而与此形成鲜明对比的是，氡泉能治疗多种疾病。研究表明：氡能有效治疗如慢性支气管炎、哮喘、便秘、胃痉挛、胆结石、慢性肠炎、痛风、神经衰弱、失眠、各种神经痛、末梢神经炎、荨麻疹、冻疮等病症，对心律和血压的调节更能起到立竿见影的疗效。日本著名的米萨氡泉疗养就对慢性类风湿性关节炎和高血压患者的治疗效果十分显著。

知识链接

温泉浴

3. 泡温泉的步骤

（1）探试池温。先用手或脚探测泉水温度是否合适，千万不要一下子跳进温泉泳池中。

（2）脚先入池坐在池边，伸出双脚慢慢浸泡，接着用手不停地将温泉水泼淋全身，最后时不时让全身浸入到泉水里。

（3）先暖后热。温泉区内设不同温度的泳池，从低温度泉到高温度泉浸泡要循序渐进，逐步适应泉水温度。

（4）掌握时间。一般温泉浴可分次反复浸泡，每次为20～30 min，如果感觉口干、胸闷，就爬上池边休息一下，做一做舒展体操运动，再喝一些蒸馏水以补充水分。有些人喜欢让全身泡得通红，但要注意是否会出现心跳加速、呼吸困难的现象。

（5）按摩配合。适当的穴位按摩会加强温泉保健的功效，对一些疾病有明显的治疗作用。

（6）注意冲身。尽量少用洗发水或沐浴液，用清水冲身即可。

4. 泡温泉的注意事项

（1）温泉泳或温泉浴是一项中等强度的体育运动，加上温泉有加快血液循环的功效，所以可使身心得以全面减压和放松，灵敏度和注意力有所下降，自驾车人士一定要休息2 h以上才可以驾车上路。建议游客参加旅行社的温泉保健团，安全有保障，劳逸结合，在旅游车上可以很快进入梦乡。

（2）患有急性病症、出血症、传染病、严重心脏病、晚期高血压、恶性肿瘤等病患者将被谢绝浸泡温泉。轻度患者应当在医生指导下进行温泉治疗。

（3）切勿酒后进入温泉，以防醉酒或出现其他不适症状。

二、温泉浴的服务与管理

1. 准备工作

（1）清理温泉池边的瓷砖、游泳池、按摩池、淋浴间等地面，用消毒液按1∶200兑水后对池边躺椅、座椅、圆桌、更衣室长椅等进行消毒。

（2）整理吧台，准备足量的酒水、小食品。在池边撑起太阳伞、竖起酒水牌。

（3）检查更衣柜的锁和钥匙，淋浴的冷热水开关。补充好更衣柜里的洗浴用品，如大浴巾、小浴巾、毛巾、淋浴液、洗发液等。

2. 服务工作

（1）主动与客人打招呼，表示欢迎。进行验票，准确记录客人的姓名、房号（住店客人）、到达时间、更衣柜号码。办理押金手续后，发给客人手牌、更衣柜钥匙，请客人换鞋。提醒客人如有贵重物品，应存在前台。对不熟悉环境的客人做出必要的介绍，指引客人进入更衣柜。

（2）对有温泉禁忌症及皮肤病的客人应当谢绝入内，并提醒患有心脏病、高血压等病的客人不宜下水。

（3）更衣室服务员应当主动为客人打开更衣柜，协助客人挂好衣物，提醒客人锁好更衣柜。请客人进入温泉池前先淋浴洗净身体。

（4）及时整理温泉池边用过的浴巾，并为出浴的客人准备干浴巾。

（5）泳池求生员密切注视水面，发现异常，立即施救。

（6）服务人员根据客人的需要适时提供饮料及小食品。

（7）客人浴毕，更衣室服务员要帮助客人擦干身体，送上浴服，请客人进入休息大厅或包间休息。

（8）休息厅服务员引导客人就座，为客人盖上毛巾，并递上棉签、纸巾，帮助客人调好电视节目。询问客人是否需要酒水和小食品。主动介绍其他配套服务，为其安排技师，记录好手牌号，并请客人签字，将记录单及时传到前台。

（9）客人准备离开时，更衣室服务员帮助客人打开更衣柜，协助客人换好服装后，提醒客人带好随身物品，引领客人到前台结账。

（10）前台服务员根据手牌取出客人的鞋交给客人，并迅速准确地计算客人的消费金额，请客人核对、结账。

（11）客人离开时，提醒客人带好自己的东西。主动道别，欢迎下次光临。

3. 结束工作

（1）做好清场工作。核对钥匙、手牌，将钥匙分好单、双号，登记在交接班记录上。

（2）吧台清点酒水和小食品，做好报表。

（3）将所有用具放到指定地点。进行池水净化和消毒。

（4）安全检查后，关闭电源，锁好门窗。

4. 服务要点和注意事项

（1）严格执行温泉服务的安全规定，在显眼处竖立提示牌。礼貌劝阻客人不要有违反安全规定的行为。

（2）坚守岗位，思想集中，密切关注客人的情况，保护好客人的安全。

（3）适时地为客人递送毛巾、饮料、小食品等。

（4）休息区、更衣室服务员应为客人提供周到的服务，并提醒客人保管好贵重物品。

第三节　足浴项目的服务与管理

一、足浴概述

医学上把热水洗脚称为"足浴",是一种十分简单易行的自我锻炼保健的好方法。祖国医学认为:人体五脏六腑在脚上都有相应的投影,就是说,脚上的几十个穴位都与五脏六腑有着密切的关系。用热水洗脚,可使脚上这些联系脏腑的穴位受到刺激,从而起到类似针灸的作用,以促进气血畅通,使人耳聪目明。因此有这样一首民谣:"春天洗脚,升阳固脱;夏天洗脚,暑湿可祛;秋天洗脚,肺润肠濡;冬天洗脚,丹田温灼。"

脚掌上还密布许多血管,神经末梢丰富。国外有的科学家把脚掌称为人的"第二心脏"。所以,经常足浴非常有利健康,足浴保健在今天已是蔚然成风。

足浴时,水温宜为40 ℃～45 ℃,应让水把脚踝全部淹没。一般浸泡5～10 min后,再用双手在脚趾及脚心处揉搓2～3 min。多活动大脚趾,可舒肝健脾,增进食欲。第四趾属胆经,经常按摩可防止便秘、肋骨痛。小趾属膀胱经,能矫正女子子宫体位。脚底涌泉穴属肾经,常按摩可强肾。照此方法,经常进行足浴,即可达到治疗疾病的目的。用中药浸泡加之按摩效果更佳。

知识链接

足浴

二、足浴的服务与管理

1. 准备工作

(1) 做好清洁卫生工作,保持足浴区、休息区、卫生间及一切家具、设施的整洁美观,对洗脚器具进行必要的消毒。

(2) 准备好浴足用品和热水。

2. 服务工作

(1) 客人进门后,应热情、礼貌地向客人打招呼。

(2) 向客人说明足浴服务的时间和收费标准,按客人的要求合理安排技师,准确无误地给技师计算服务时间。

(3) 技师将客人双足浸于富含天然中草药和草本精华素的浴盐之中。按摩肩背肌肉,滑到关节,缓解颈椎、腰椎劳损。浸足的同时,敲打放松腿部肌肉。

(4) 利用刮脚刀去除脚掌及脚趾缝中的死皮,之后用热毛巾包起,保持温度。

(5) 涂按摩膏进行按摩。按摩力度可根据客人的受力程度来调整,手法有搓、揉、按、敲、捏等,达到酸痛才生效,又称"先痛后快"。通过按摩可检测出相应反射区的不良症状,如胃不适、失眠等,利于预防和治疗。

(6) 热敷,放松肌肉,促进按摩膏吸收,滋润肌肤,然后覆盖热毛巾保温。

（7）敲打腿部及脚底几处重要穴位，活络舒经，最后再次按摩腿部。
（8）客人足浴结束后，要帮助客人擦净按摩膏，穿上袜子，让客人休息。
（9）送上饮用水和消费凭单，请客人签字确认，主动询问客人对服务的满意度。
（10）客人离开时，请客人到服务台结账，并向客人道别，欢迎下次光临。
（11）及时清理足浴区的卫生，换上已消毒的卧具，准备接待下一位客人。

3. 结束工作

（1）全面做好营业区卫生清扫工作，对浴足用具进行消毒。
（2）清点客用物品，及时清洗用过的毛巾并消毒。
（3）核对当月营业单据，填写报表。
（4）切断所有设备的电源，关闭照明灯具和门窗。

4. 服务要点和注意事项

（1）泡脚时应当随时询问客人对水温的要求，适当调节水温。
（2）严格按照足浴的步骤为客人提供足底按摩服务，并主动询问客人对按摩手法和力度的意见，及时做出调整。
（3）在足浴期间，为客人提供饮用水，并随时清理烟灰缸。

第四节　按摩项目的服务与管理

在保健类服务中，几乎所有的健身浴项目都与按摩联系在一起。按摩是通过专业按摩人员的手法或特定器械设备，作用于人体表面的特定部位，调节肌体的生理状况，从而起到消除疲劳、恢复体力的健身目的。按摩是消除疲劳的最有效的辅助医疗手段之一，有时还对某些疑难杂症有一定疗效。

按摩是东方古老的健身方法，它依据东方医学中人体穴位、经脉的原理，在人体的各有效部位进行推、拿、压、拉，从而理顺经络、调节气血。

一、按摩项目概述

（一）按摩的起源

按摩的出现是人类正常生理需求的必然。人们在身体某些部位有所不适时，就会自然而然地用手掌和手指直接去揉、压、捏，以此来减轻症状，达到止痛、祛乏的效果。中国传统洗浴的最大特点是池浴、搓背相结合，搓背便是古代中国人把洗浴与按摩相结合的一种形式。在池中浸泡之后由技巧纯熟的专业按摩人员为顾客搓揉，外力作用于全身部位的表皮、经络，利于气血流畅、经络畅通、毛孔张开，从而达到防治疾病、延年益寿的目的。

（二）按摩基础知识

1. 按摩的作用

（1）提高机体的免疫力。按摩通过各种手法作用于人体，可以使血管扩张，增强通透性，以减少血流的阻力，使血液循环畅通，从而减轻了心脏的负担，使心脏搏动有力。此外，在人体相对安静时，淋巴液的流动是缓慢的，但经过按摩后可以得到加速，从而达到提高机体抗病力、预防疾病的作用。

（2）加快新陈代谢。按摩能够加快新陈代谢，使身体感到轻松，给人以脱胎换骨、焕然一新的感觉。

（3）改善肌肉弹性。按摩手法作用于肌肉，促进了肌肉纤维的收缩和伸展，从而促进血液、淋巴等体液的循环和流动，使肌肉得到充分的营养物质，消除肌肉疲劳，增强肌肉组织的弹力。保健按摩可以使人体肌肉丰满，皮脂分泌畅通，皮肤柔润、有光泽。

（4）振奋精神，消除疲劳。现代人的生活节奏越来越快，时间紧张、长期伏案工作及缺乏身体锻炼，易引起身体虚弱、疲劳、代谢紊乱、精神不振等不良状况；尤其是长期从事脑力劳动的人，由于用脑过度，可能还会失眠、头晕乏力。按摩可以刺激人体的肌肉神经，改善中枢神经，消除疲劳、振奋精神。

（5）形体健美。社会的进步、生活水平的提高，使人体摄入大量脂肪，造成营养过剩，加上缺乏运动，极易发胖。人们都希望有健康的身体，有健美的形体，现代社会文明程度越高，人们对健康及形体美的要求也越高。各种健美操、健美茶、健美食品、健美药品与桑拿、按摩结合在一起，可以使体内多余的脂肪转换成热能而排出体外，减少脂肪堆积，从而达到健美的目的。

2. 按摩适应症

（1）神经衰弱、失眠、健忘等症。
（2）轻度感冒、消化不良。
（3）急性软组织损伤及慢性劳损性疾病而无皮肤破损者。
（4）骨关节间的滑膜嵌顿和细微错动。
（5）创伤后肢体关节僵直、粘连及软组织挛缩、肌肉萎缩者。
（6）骨关节病及痹症引起的肢体疼病、关节活动不便者。
（7）骨关节可逆性畸变者。

3. 按摩禁忌症

（1）诊断尚不明确的急性脊柱损伤伴有脊髓症状及椎体重度滑脱者。
（2）急性软组织损伤、局部肿胀严重者。
（3）可疑或已明确诊断有骨关节或软组织肿痛者。
（4）骨关节结核、骨髓炎、老年骨质疏松症等。
（5）严重心、肺疾病患者。
（6）有出血倾向的血液病患者。
（7）有传染病者。

(8) 按摩部位有严重皮肤损伤及皮肤病者。
(9) 妊娠三个月左右的孕妇。
(10) 有精神疾病不能与按摩师合作者。

(三) 按摩的种类

1. 中式按摩

中式按摩是依据中医人体穴位的原理创造的一种按摩方式。中医理论认为，人体分布着许多穴位，而这些穴位都对应着各内脏器官，也联系着人体各个部分的神经，对这些穴位施加刺激可以有效地促使相应部位的病症好转，并在止痛、消除疲劳方面有独特作用。根据中医理论，中式按摩就是针对各穴位，采用推拿、指压、揪拉、按捏、脚踩等手法加以刺激，以达到治病健身的目的。

知识链接

中式按摩

2. 泰式按摩

泰式按摩注重的是人体经脉的理论，认为经脉通则气血通，气血通就会身体舒畅。泰式按摩是采用指压的方式从脚底开始按经脉的走向一寸寸地按摩，讲究对人体的每个关节、经脉所经过的每一部位都按、压、牵、拉。在按摩的最后阶段，按摩师会把顾客仰面背起，握住顾客举起的双手尽力向前拉，使顾客全身的筋骨和关节得到充分的伸展。

中式按摩和泰式按摩在理论和手法上各有特点，也需要使用不同的设施。中式按摩一般是在按摩床上进行，而泰式按摩一般是在放置于地面的软垫上进行。由于两种按摩都具有医疗性质，按摩师必须经过专门的培训和练习，除了懂得穴位、经脉理论，手法还必须规范准确、用力得当。娱乐场所的按摩房有大按摩房，也有按摩包厢。大按摩房是放有两个以上床位的房间，而包厢只能放1~2个床位。目前这两种按摩都是手工进行。

知识链接

泰式按摩

3. 西式按摩

西式按摩以肌肉按摩为主，无经络按摩手法及内容。

4. 日式按摩

日式按摩是以拇指推挤脊柱两侧经络和穴位为主，流行于日本。

5. 港式推油按摩

港式推油按摩是在顾客的后背涂抹橄榄油、婴儿油或薄荷油等有益皮肤的油剂，然后再用推、揉等手法按摩。这种按摩对治疗风寒感冒、腰背寒凉及增强体质有良好效果。由于流行于香港，亦称"港式推油"。

(四) 按摩的手法

1. 推摩

推摩应用于按摩开始和结束以及交替手法时。它要求四指并拢，拇指分开，全手接触皮肤，沿着淋巴流动的方向向前摆动。轻推摩使皮肤有舒适感；重推摩时，"虎口"稍抬起，主要用掌根部着力，以加速淋巴静脉回流，提高表皮温度。

2. 揉摩

揉摩用于关节及其他不便使用揉捏的部位，如背部、肌腱等。它要求用拇指或四指的指腹、大鱼际、掌根部紧贴于皮肤上，作圆形或螺旋形的揉动，也可逐渐移动部位。此手法可以促进血液循环，加速组织新陈代谢，松弛深部组织。

3. 按压

按压即用一手或双手的手掌和掌根部压被按摩部位，要求用力由轻到重再到轻，注意作用点在肌肉或关节。此手法用于关节发紧或酸痛时。

4. 叩击

叩击即两手半握拳，用掌侧或掌面向下交替叩打。它要求两手的手腕放松，也可将两手的手指伸直、张开，用掌侧进行叩击。此手法用于腰部、大腿、肩部等深层组织，加快局部血液循环以改善组织代谢，并能调节神经系统的兴奋性。

5. 揉捏

这是按摩中的主要手法，用于各肌肉部位，能促进肌肉的新陈代谢，增强肌肉功能，消除疲劳。具体方法是四指并拢，拇指分开，全手接触皮肤，拇指与其余四指相对用力将肌肉捏住，略往上提升，并在手中揉动，然后放下，再做第二次捏起、揉动。揉动时要沿向心方向做旋转或移动，动作要连贯、柔和，手始终不离开皮肤。揉捏时，手指不要弯曲，全手用力均匀，不要只是指尖用力，可以双手重叠加压揉捏。

6. 抖动

抖动适用于大块肌肉和整个肢体的放松。它要求按摩者用五指分开肌肉或肢体远端，轻轻地抓住进行快速抖动，速度由慢到快再到慢。

7. 运拉

运拉即在四肢按摩结束后，为让被按摩者的肢体放松，按摩者握住其肢体，依关节活动的范围，做伸屈、内收、外展、内旋、外旋等活动。此手法能加强关节的活动性以及肌肉、韧带的伸展和柔韧性。

二、按摩的服务与管理

1. 准备工作

（1）检查仪表仪容，做好按摩服务准备。服务人员在上岗前，应先做自我检查，做到仪表仪容端庄整洁，符合要求。

（2）做好清洁工作。服务人员要做好卫生工作，保证环境、按摩床、毛巾及用品的清洁，并进行室内消毒。铺好床单，准备好洁净的按摩巾。

2. 服务工作

（1）让顾客摆好正确的体位，放松肌肉，同时保持呼吸畅通。

（2）按摩过程中，每一个按摩项目均按损伤程度和技术要求进行，并根据顾客身体的好坏、强壮与否来适当调整用力的大小。观察顾客的反应和面部表情，及时调整手势，做到时间够、按摩部位（穴位）准确、力度适当，以顾客感到局部稍微有酸、麻、胀、痛感为佳。

（3）如果最后作踩背法，踩完后应嘱咐顾客在床上稍稍休息几分钟再起床，以防立即起床后产生头晕、血压升高等现象。

（4）按摩完毕，递上热毛巾。

3. 结束工作

（1）顾客按摩完，及时提供小服务。

（2）陪同顾客结账，并向顾客亲切告别。

（3）做好整理清洁工作，顾客用过的布件及用品做好消毒。

（4）检查工作场所，整理好用品。

第五节　美容美发项目的服务与管理

一、美容美发概述

美容美发服务通过先进的科学知识和高超的操作技能，来实现客人的形体美、形象美和发型美的享受需求。美容美发厅所提供的服务包括清洗、修理头发和清洁面部，以及专业的头部按摩、皮肤护理和美化、整体形象设计和美化服务等。近几年来，美容美发项目的内容更是花样翻新、层出不穷，人们追求的样式和新项目不断出现，已经成为人们在工作之余消除疲惫、享受情趣、愉悦身心的重要方式之一。饭店的康乐部一般都设有美容美发厅。

美容美发的功能区域：客人接待区、美容区、美发区和消毒区等。

1. 客人接待区

在客人接待区除了置放沙发、桌椅，提供阅读刊物为等候的顾客服务之外，也可为客人提供一些增值服务，如发型设计、形象设计、皮肤类型鉴定等。

2. 美容区

美容区主要进行面部美容和身体美容。这个区域对设备及专业人员的技术水平要求很高。美容师必须经过严格的培训，美容区内配备有美容仪、按摩机和美容用品等，均需符合安全、卫生的要求。美容师根据不同客人的特点提出美容方案，请客人选择适合的仪器、设备和用品。美容区设置的床和座椅要舒适方便，床上用品要洁净，保证消毒效果。

3. 美发区

美发区可分成剪发、操作、洗发3个功能区。其主要服务内容是为客人洗发、剪发、盘卷、做花、烫发及焗油、漂染等，基本设备有剪子、削刀、各类梳子，以及美发椅、美发镜台、躺式洗头设备、吹风机、烘发机、焗油机等。所有美发设备的摆放要简洁整齐并且要科学合理，以最大限度地方便客人为宗旨，尽量减少客人的移动。镜子的数量和摆放位置以客人能看到发型各个侧面为标准。

4. 消毒区

消毒区配备热水锅炉和消毒清洗设备，及时把客人用过的小件毛巾等服务用品进行清洗和消毒。

二、美容美发的设施设备

1. 美发椅

美发椅有电动升降式美发椅、油压式升降美发椅、人工升降式美发椅等。

2. 美发镜台

女式美发厅设多功能的美发镜台，男式美发厅配置单功能的美发镜台。

3. 洗头设备

坐式洗头用的洗头盆和仰式洗头用的洗头盆连椅组合，需要注意配置冷热水管及喷头。

4. 焗油机

焗油机可放出蒸汽加温，使油质渗入头发，使头发更加润泽、强健。

5. 美发用品

各种中高档烫发药水、洗发用品、护发用品、各色染膏、过氧化氢（俗称双氧水）、漂粉、各种焗油膏、摩丝、发胶和美发啫喱等固发用品。

6. 美容设备

美容设备主要包括各种美容机，如干式水力按摩舱、回春魔术手、瘦身热能毯、远红外线瘦身热能毯、热能振脂仪、微电脑体雕仪、韩式美甲机、燃脂光疗仪、激光洗眉机、离子仪、微电脑气压按摩器、体外超声吸脂系统、激光脱毛机、德国高科技细胞氧气机、水晶活肤仪、冰球、远红外线太空舱、光子嫩肤仪等。

美容设备

7. 美容用品

现代美容用品很多，康乐部主要可配备以下几种。

（1）专业护肤用品：洗面奶、化妆水、磨砂膏、去死皮霜、日霜、晚霜、面霜、底霜、各种软硬模粉和各种精华素。

（2）文刺用品：文眉机、文刺色料、文刺辅助剂、棉片、酒精等。

（3）美甲用品：修甲工具、洗甲水、护甲底油、上光油、各色甲油、纤维甲和上色工具等。

（4）美化睫毛用品：烫睫毛套装、睫毛钳、假睫毛等。

（5）美容化妆用品：粉底、眼影、胭脂、唇膏、唇线笔、眉毛、眼线笔和睫毛膏等。

三、美容美发的服务与管理

1. 预订工作
（1）接到预订电话后，主动介绍服务项目和价格，并询问客人的具体需求。
（2）详细记录客人的姓名、电话、预订项目和时间，向客人重复一遍以确认信息。

2. 准备工作
（1）做好卫生工作，擦拭玻璃门、把手、梳妆台、座椅、机器设备和盥洗台面。要求是室内不留毛发和碎屑。
（2）查看工作预订记录，将当天客人的预订项目通知技师，以便提前做好准备。
（3）到财务部领取备用金，清点数目。
（4）技师对自己的美容、美发工具进行消毒。

3. 服务工作
（1）热情地向客人介绍服务项目，了解客人的需要，适当推销。预约客人按预约内容及时进行安排。
（2）客人确定项目后，填写服务登记卡，安排技师为客人进行美容、美发服务。
（3）技师在操作过程中要不断询问客人的意见，并提出自己的建议，尽可能设计完美，符合客人的要求。
（4）服务结束后，服务员要与技师核对所做项目，及时开具账单、收款。
（5）客人离开时要提醒客人带好随身物品。向客人道谢道别，并欢迎再次光临。
（6）及时清扫场地、整理物品，迎接其他客人。

4. 结束工作
（1）认真地做好美容、美发场所的卫生整理工作，及时补充美容、美发用品。
（2）核对当日营业单据，填写报表，连同现金上交财务部门。
（3）切断所有设备电源，关好门窗。

5. 服务要点和注意事项
（1）在服务过程中要按照客人的具体要求提供服务。
（2）积极参加新技术培训，紧跟流行趋势。
（3）注意环境清洁，严格按照行业标准进行客用物品的消毒。
（4）对有皮肤病症的客人，建议到医院就诊。
（5）维护好美容美发设备，发现问题及时报修。
（6）遵守财务制度，现金收入要及时入账，当天的现金当天上缴财务，不拖欠过夜。

知识链接 美容院常规消毒管理的步骤

（1）用肥皂与热水彻底清洁工具。
（2）用清水把工具上的残留肥皂冲洗干净。
（3）将工具浸入杀菌液中，泡10 min以上。

(4)取出工具,用清水冲洗后再用干净的毛巾擦。

(5)将消毒用的工具分别用塑胶套包起来,并放入消毒柜中备用,对美容院的地板、抽水马桶消毒,可使用一般家用消毒品。

 课堂讨论

通过查阅资料,谈谈你对桑拿浴的了解。

 技能操作

组织学生到保健室进行社会实践,由学生们指出该保健室可能存在的问题,并提出解决的对策。

课后习题

1. 桑拿浴服务的准备工作有哪些?
2. 泡温泉分哪几步进行?
3. 足浴服务应当注意哪些事项?
4. 保健按摩的作用有哪些?

第四章　娱乐类项目的服务与管理

本章导读

➡ 饭店康乐部的娱乐项目是指为顾客提供一定的环境、设施、设备和服务，由顾客积极参与，全身心投入，使其得到精神满足的活动。本章将具体介绍四种康乐部娱乐项目。

学习目标

➡ 了解歌舞厅的种类。
➡ 熟悉棋牌游戏的类型及方法。
➡ 了解游艺机的发展及分类。
➡ 了解酒吧的类型和用品配置。

章前案例

独特的酒店俱乐部

福建外贸中心酒店俱乐部于1993年10月成立，是福建省首家与省歌舞团合作的高雅音乐夜总会。其主要演奏各类世界名曲，以清新、高雅为主格调，在当时社会上低档夜总会演艺节目粗俗泛滥的情况下，推出旨在弘扬严肃音乐的大型固定节目。酒店把这一新的服务项目作为新闻，推荐给省、市电视台及有关报纸。电视台为此采访其康乐部经理，并作了专题报道，介绍这一歌舞厅及其节目，使俱乐部在当地获得了良好的社会声誉。

问题

从该案例中，我们能得到什么启示？

案例分析

为了在激烈的市场竞争中立于不败之地，迎合消费者多样化及个性化的消费需求，康乐部应对康乐项目进行个性化的打造，不断吸引消费者。同时，为了提高特色化康乐项目的知名度，康乐部应采取多样的宣传方式向外界不断推广本项目。通过这种不断创新加广泛宣传的方式，康乐项目一定会在同行业中一枝独秀。

第一节 歌舞项目的服务与管理

现代生活中，歌舞厅是集酒吧、餐饮、歌厅、舞厅等项目为一体的综合性休闲场所，也是集个性化、灵活性和娱乐性为一体的场所。它通过歌舞节目的展示和对环境的营造，为大众提供一个释放心灵的空间。由于价值规律的驱动，歌舞厅已成为文娱创汇的主要渠道。

一、歌舞厅的种类

1. 豪华型歌舞厅

这是专业人员进行歌舞表演的娱乐场所。歌舞厅的表演不同于正规的舞台表演：舞台的灯光、音响效果较好，但演出形式较随便，气氛轻松，演出内容通俗且带有极强的娱乐性，艺术欣赏性较少。

歌舞娱乐场所投资巨大，环境装饰较豪华，顾客享有舒适的坐具，有可伸缩移动、适合各种表演的舞台，有专业的灯光设计、音响设置和现代高科技效果的模拟设备。在欧美，这样的歌舞厅随处可见，如拉斯维加斯的Circus Circus饭店的豪华歌舞厅，其舞台不仅可以伸缩以供时装表演，可以旋转以便快速换幕，还可以上下升降，而顶层舞台是真冰溜冰场，由专业溜冰运动员做冰上芭蕾表演。更令人惊奇的是，舞台上的各种模拟设施极其先进，可以忽而大火熊熊，忽而大雨滂沱、雷鸣电闪，而且水、火都是真实的，效果逼真，顾客可以感受到前所未有的舒畅和惊喜。

现代歌舞厅常采用以下几种管理方式：

（1）独立设置功能齐全、分工详细的演出部，全面负责每天的节目创作、组织和安排。

（2）将演出部分承包给演出经纪人。企业提供演出所需的场地和主要灯光、音响设备，原则规定演出风格和内容。而一切节目的组织和服装、用具的配备都由演艺团体自己解决，门票、花篮等经营收入按事先商定的分配比例与歌舞厅分成。

（3）舞台演出部分与他人联合投资经营，或将舞台承包给他人经营。娱乐企业只提供演出场地（舞台），由演出经纪人或演出团体投资配备舞台的灯光、音响设备、乐器及演出所需的所有用具，并组织安排演出；每年向企业上缴一定的利润或承包金额，剩余利润归演出经纪人所有。

2. 大众卡拉OK

卡拉OK是现代化意识的产物，是现代娱乐的标志之一。这样的活动可充分发挥人的天性，使人从中发现自我，不仅能增强自信心，也能强化个性。

卡拉OK起源于1972年的日本神户，"卡拉"在日语中是"空"的意思，"OK"是日语外来语Orchestra（英语：乐队）的汉语译音。"卡拉OK"本意是"无乐队伴奏的演唱"或"为练唱者准备的空伴奏"。随着科技的进步和卡拉OK音像片内容的不断扩展，伴奏曲除流行歌曲、音乐以外，还有各种地方戏曲、传统民歌，吸引了各个阶层和不同年龄的顾客，成为人们表现自我、抒发情怀的重要手段，也成为人们沟通人际关系、联络感情的重要方式。

顾客走进卡拉OK娱乐场，服务员会递上歌曲目录本，请顾客在选曲单上填上自己所要唱的歌，然后根据选曲单输入激光视盘，顾客可根据荧屏上出现的歌词，跟着音乐伴奏唱歌。根据顾客的不同需要，激光视盘还可进行各种特殊放送，如程序选曲、自动预约、反复播放等；可根据顾客嗓音高低、演唱速度快慢来变化音调、节奏；在唱歌时还可以配上各种音效。

目前的卡拉OK通常是一种较为高级的小型歌厅，要求环境高雅，设备豪华，音响、音像设备一流，顾客可通过电子系统自行选歌、调试，具有很强的自娱性。

卡拉OK

3. 交谊舞厅

现代化的舞厅具备一流的灯光和激光音响设备，通常播放流行歌曲、轻音乐和舞曲。顾客随着优美动人的音乐翩翩起舞，既能陶冶性情，又能愉悦身心，还能使身体得到锻炼。

交谊舞又名交际舞，目前国际流行的主要有以下几种：

（1）布鲁斯。布鲁斯是一种慢四步舞，发源于黑人音乐——哀歌，最初在美国流行。它是一种节奏和旋律都比较缓慢、舞步比较平稳的交谊舞，跳时十分放松和抒情，之后的两步舞即由此衍化而来。

（2）华尔兹。华尔兹又称圆舞，最早起源于欧洲民间，舞蹈采用3/4节拍音乐，根据舞曲节奏的快慢可分慢三步、中三步和快三步三种。此舞的特点是欢快、热烈，男女对舞，音乐优美，舞姿潇洒，有"舞中王"的美称。

（3）福克斯。福克斯又称快四步、狐步舞。这种舞与布鲁斯相比，速度较快，舞姿活泼优雅，情绪轻柔，风格幽默、洒脱。

（4）伦巴舞。伦巴舞起源于非洲，后传到古巴和拉丁美洲。它吸收了现代爵士乐和其他歌舞的精华，形成了独特的风格，被誉为"拉丁舞之王"。其舞步动作舒展，舞姿优美，音乐缠绵委婉，更具浪漫情调。

（5）桑巴舞。桑巴舞是拉丁舞中节奏强烈而独特的舞蹈。它起源于非洲，在拉丁美洲与印第安人舞蹈相融合，形成一种仪式舞蹈，以后又发展为巴西的民族舞。桑巴舞的音乐为2/4拍，乐曲节奏热烈，欢快而兴奋，舞步变化也较复杂。

（6）恰恰舞。恰恰舞在拉丁舞中是流行最广的一种，也称恰恰恰。它起源于非洲，后传入拉丁美洲，在巴西得到进一步发展。其曲调欢快有趣，舞步具有诙谐而花哨的特点。

（7）探戈舞。探戈舞是起源于西班牙的一种表演性舞蹈，是拉丁舞家族中最有魅力的皇后。探戈舞采用一种独特的双节拍音乐，速度缓慢而节奏清晰，男女对舞，不用拖步。探戈舞最初流行于南美一带，分墨西哥式和阿根廷式两种。墨西哥式舞姿优美潇洒，阿根廷式舞则更加粗犷健美，舞蹈水平要求较高。

（8）迪斯科。迪斯科是起源于20世纪美国并迅速流行于世界的一种舞步。它吸收了舞蹈的一些技巧和动作，如摇摆舞中的摆动、转动及芭蕾舞中的转、跳等动作，是刺激性较强的娱乐活动。迪斯科舞曲节奏强烈、音量较大。舞步讲究自由发挥，只要节奏准确，动作没有任何规定。舞者可任意做各种新奇刺激的动作来表现个性，既可以锻炼身体又可以以极大的体力消耗来抒发、宣泄心中的欢快或郁闷。过程也不必讲究礼节，既可独自狂舞，也可成双结对或数人同舞。

知识链接

交谊舞

二、歌舞厅的服务与管理

1. 营业前的准备工作

（1）检查仪表仪容，做好服务准备。服务员工作前应按规定着装，佩戴工号牌，检查自身仪表仪容，准时到岗，接受任务，服从工作安排，做好接待服务准备。

（2）做好卫生工作，保持场所高雅、清洁和美观。服务员必须做好门厅、舞池、顾客休息区及公共区域（包括过道）的环境清洁工作，保持活动场所环境高雅、清洁和美观大方。对于舞池的硬质地板（或水磨石地板）要特别注意清洁和保养，保持地板的光滑和平整，这样有利于顾客轻松、愉快地活动。另外，还必须做好吧台内外（包括冰箱清理、过道吸尘）和DJ房内外的卫生工作。

（3）检查设施，保持设备、用具整洁及完好。服务员要检查设备、桌椅及各种用具、用品是否完好；必须摆设整齐，擦拭干净，做到客用杯具、餐具每餐消毒，未经消毒不得使用。吧台服务员要检查冰箱、电话、柜门等设备，将冰箱内的饮料分类摆设整齐并核对数目；准备好营业用品、物料用品；做好仓库内货物整理及清点工作。DJ服务员做好卫生工作后须按安全操作程序打开电源、功放器、监视器、影碟机等设备，调试所有音响及灯光，使之进入最佳状态。

2. 接待服务工作

服务员须站立于所负责的区域，顾客来时，要示以礼让的语言和动作，并以手示意。顾客进门后，服务员要热情接应，根据顾客的衣着、装饰、语言、表情等外部现象初步分析，尽量安排适当的座位。情侣应安排在僻静幽雅之处或包厢内；衣饰华丽的顾客可安排在中央较显眼的位置；集体舞客则安排在适当之处，以免顾客随意挪动座椅。接待陌生的顾客，态度更应热情、诚恳，使他们尽快消除陌生感。当顾客入座后，服务员应迅速为顾客介绍饮料和小吃，在服务中要做到热情、全面、细致、认真。要以诚待客，处处为顾客着想。

3. 顾客娱乐过程中的服务

服务员应随时注意顾客的服务要求和动态，顾客用的饮料罐及小吃碟应及时收走，并询问是否还需添加，如顾客要点歌须迅速递上歌单。

DJ服务员应在营业开始时按点歌顺序迅速接碟，并与灯光配合，根据顾客的实际情况调试音响，力求达到最佳效果。在工作时要有高度责任感，一切以顾客为主，善于控制场面、调节气氛。大厅播放每首曲目时，应主动报台号。在工作中如发现音响、灯光器材有故障，应及时排除和检修。

4. 顾客结束娱乐时的服务

服务员在顾客结束娱乐时，要迅速将账单送至顾客手中，核对买单。在顾客离开时，要礼貌地主动道别。送客后迅速恢复摆设、做好卫生，以备翻台。下班前再次检查设备、卫生情况，处理烟头、垃圾；切断电源，关闭门窗。

第二节　棋牌项目的服务与管理

棋牌游戏是人类传统的娱乐项目。它是指参与者通过使用棋或牌，遵从棋牌游戏约定俗成的惯例或有关棋牌权威机构颁布的竞赛规则，通过布局或组合的方式进行的一种智力对抗性游戏。东、西方的人民都视玩牌下棋为空闲时间的一大乐趣。

作为棋牌活动场所的棋牌室在中国有着广泛的群众基础，各个档次的棋牌室遍布大小城镇，以各种形式存在。棋牌活动的盛行，主要是因为其项目种类繁多、玩法多样、娱乐性强；棋牌类活动对参与者的体能要求很低，任何年龄段的人都可参与。此外，建立棋牌室相对其他任一娱乐活动的投资都要低。

一、棋牌游戏的种类

1. 麻将

麻将是我国民间比较流行的一种游戏，如图4-1所示。著名学者胡适曾因麻将与英国人爱板球、美国人爱棒球和日本人爱相扑一样，为国人所特殊爱好，故而称之为中国的"国戏"。

麻将（又称麻雀）是由我国唐、宋时期盛行的色子、叶子（即中式纸牌前身），明朝末年盛行的马吊发展、演变而来的，而叶子、马吊等娱乐游戏，又都与我国历史上最古老的娱乐游戏"博戏"有着千丝万缕的联系。现在流行的棋牌游戏都是在博戏的基础上发展、演变而来的。麻将总张数为136张，具体游戏方法灵活多变，并在地域上形成了北京麻将、上海麻将、四川麻将、东北麻将以及十六张玩法的台湾麻将等不同的麻将规则。

图4-1 麻将

麻将活动在社会生活中的影响是很大的，但由于其从诞生之日起就和赌博有着千丝万缕的联系，所以人们对麻将的评价也是毁誉参半：作为赌博，它可以使人倾家荡产；作为休闲，它可以"健身益志，陶冶情操"。总体来说，麻将有着极大的社会参与人群，还有着源远流长的历史，无论是从社会生活还是文化渊源来讲，都值得研究。20世纪20年代初期，麻将牌不仅在亚洲盛行，而且还流行于欧美。当时出口的麻将牌，牌面上往往还有阿拉伯数字和英文字母。国外有许多详细叙述麻将打法的书籍和研究麻将打法的杂志，日本等一些国家还有专门研究麻将牌的团体并定期举办全国性的麻将大赛。在欧美，把麻将视为体现东方情趣的古董，装进雕刻精致的盒子珍藏起来的也不乏其人。在我国，麻将牌曾在一个特殊的时期内被作为封建残余打入冷宫而从人民大众的生活中消失，随着社会经济的发展及文化生活的丰富，麻将已成为一种普及性的健康娱乐活动。

知识链接

麻将

2. 中国象棋

如图4-2所示，中国象棋作为我国人民创造的文化遗产之一，是中国传统的棋类项目，同样来源于古老的"博戏"。象棋在棋具设计上与围棋和麻将相比更具有中国特色。它以"楚河汉界"分割敌我双方区域，黑红两种棋子各有16个，帅（将）、仕（士）、相（象）各一个，车、马、炮各两个，兵（卒）各五个。参与者在棋盘上扮演敌我双方，代表两军对垒，直至将对方将死或对方认输为止。象棋是一种科学与艺术相结合的运动，能锻炼思维能力，培养顽强意志，有益于人们的身心健康。中国象棋自古有之，现已传遍世界各地。

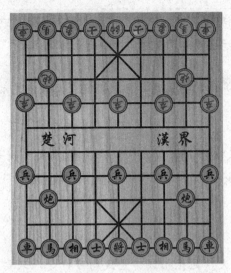

图4-2 中国象棋

关于中国象棋的起源，主要有两种说法：一种是说起源于中国，另一种是说起源于印度，直到现在仍争论不休。其实，早在战国时期，我国已经有了关于象棋的正式记载，《说苑》中这样写道："燕则斗象棋而舞郑女。"说明当时象棋已在燕国流行开来。据有关人士推断，象棋在周代建朝（公元前11世纪）前后诞生于中国南部的氏族地区。隋唐时期，象棋活动稳步开展，史籍上屡见记载，唐宝应年间（762—763年）出现的宝应象棋（我国现今出土最早的象棋实体）已经和现在的象棋体制较为相似。到了北宋末期，象棋已经定型成近代模式，有楚河汉界的棋盘、32枚棋子，将处于九宫之中等。明、清两代象棋名家辈出，社会上公开有大量棋谱刊印。新中国成立之后，象棋进入了一个崭新的发展阶段，1962年，成立了中华全国体育总会的下属组织——中国象棋协会，各地相应建立了下属协会机构。多年来，由于群众性棋类活动和比赛的推动，象棋棋艺水平普遍迅速提高，优秀棋手不断涌现。

知识链接　中国象棋简介

一、棋子的构成

象棋是一种双方对阵的竞技项目。棋子共有32个，分为红黑两组，各有16个，由对弈的双方各执一组。兵种是一样的，分为七种：帅（将）、仕（士）、相（象）、车、马、炮、兵（卒）。

红方持有棋子：帅一个，仕、相、车、马、炮各两个，兵五个。

黑方持有棋子：将一个，士、象、车、马、炮各两个，卒五个。

其中帅与将、仕与士、相与象、兵与卒的作用完全相同，仅仅是为了区别红棋和黑棋而已。

二、棋子的走法

1. 帅（将）

红方为"帅"，黑方为"将"。帅和将是棋中的首脑，是双方竭力争夺的目标。

帅或将只能在九宫之内活动，可上可下，可左可右，每次走动只能按竖线或横线走动一格。帅与将不能在同一直线上直接对面，否则走方判负。

2. 仕（士）

仕（士）是帅（将）的贴身保镖，它也只能在九宫内走动，行棋路径只能是九宫内的斜线。

3. 相（象）

红方为"相"，黑方为"象"。相（象）的主要作用是防守，保护自己的帅（将）。它的走法是每次循对角线走两格，俗称"象飞田"。相（象）的活动范围限于河界以内的本方阵地，不能过河，且如果走的田字中央有一个棋子，就不能走，俗称"塞象眼"。

4. 车

车在象棋中威力最大，无论横线、竖线均可行走，只要无子阻拦，步数不受限制。因此，一车可以控制10个点，故有"一车十子寒"之称。

5. 炮

炮在不吃子的时候，走动与车完全相同，但必须隔着一个子打。

6. 马

马走动的方法是一直一斜，即先横着或直着走一格，然后再斜着走一条对角线，俗称"马走日"。马一次可走的选择点可以达到四周的八个点，故有"八面威风"之说。如果在要去的方向有别的棋子挡住，就无法走过去，俗称"蹩马腿"。

7. 兵（卒）

红方为"兵"，黑方为"卒"。兵（卒）在未过河前，只能向前一步步走；过河以后，除不能后退外，允许左右移动，但也只能一次一步。即使这样，兵（卒）的威力也大大增强，故有"过河的卒子顶半个车"之说。

3. 国际象棋

如图4-3所示，国际象棋是在我国为了区别于中国象棋而冠以"国际"两字的棋类项目。它是一种世界性的棋牌游戏，是一种比智力、斗战法、赛意志的运动项目。国际象棋棋盘是个正方形，由横纵各8格、颜色一黑一白交错排列的小方格组成，小方格为落子处，共64个。棋子共32个，同样分为黑白两组，每组由一王、一后、双象、双车、双马、八兵共16个棋子组成。

国际象棋起源于公元5世纪古印度的"恰图兰卡"，当时仅有战车、象、骑兵和步兵四种棋子，反映了古印度军队的兵种组织情况。约7世纪传到阿拉伯国家后，称"沙特拉兹"，其棋盘、棋子与现代国际象棋已趋于一致，仅规则有所不同。"沙特拉兹"由阿拉伯传至西欧，15世纪末演变为现代国际象棋，但其规则到19世纪中期才完全统一。首届世界性国际象棋比赛开始于1886年，1924年成立了国际象棋联合会。

国际象棋

国际象棋是将科学、文化、艺术、竞技融为一体的智力体育项目，有助于开发游戏者的智力，培养其逻辑思维和想象能力，增强其分析能力和记忆力，提高其思维的敏捷性和严密性等。现代国际象棋在我国开展的时间很短，1956年才开始和传统的中国象棋以及围棋一起被列入国家开展的体育项目。但是其发展很快，我国不断涌现优秀选手，多次在国际比赛中取得优秀成绩，特别是谢军，曾两次获得女子世界冠军。

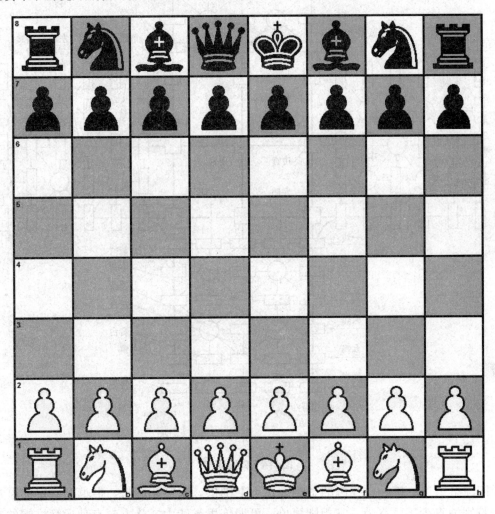

图4-3　国际象棋

4. 四国军棋

如图4-4所示，四国军棋的棋盘由行走路线和棋子落点组成。行走路线包括公路线和铁路线；棋子落点包括结点、行营、两个司令部。军棋棋子的大小顺序是：司令、军、师、旅、团、营、连、排、兵。其游戏规则是：小棋遇大棋被吃，相同棋子相遇则同归于尽；兵能吃地雷，其他棋子遇地雷皆败；炸弹可与敌子同归于尽。至于"军旗"，则是双方争夺的对象。"军旗"一旦被对方吃掉，则本方就算输。如果有一方被逼得无棋可走，也会被判定输棋。

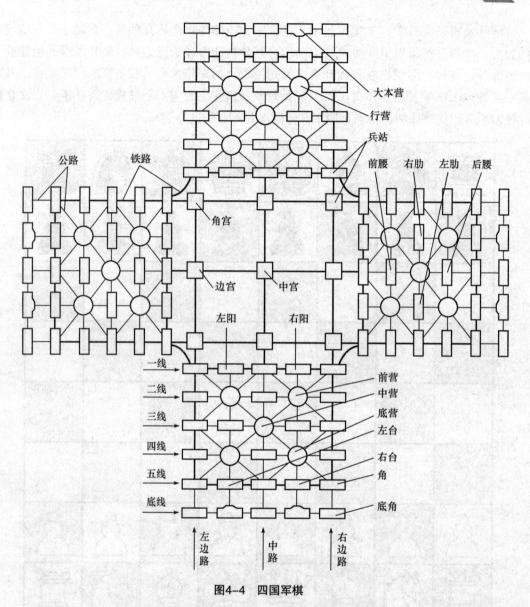

图4-4 四国军棋

四国军棋这一棋种在我国的影响远比不上围棋、象棋和麻将，但也有一定的群众基础，特别为青少年所喜爱。它规则简单，可锻炼思维能力，让人颇有种运筹帷幄的成就感，同时也具备类似象棋一样的"以军队对垒"的智力竞技特色，而且可以支持两国对拼及四国大战。尤其是四人游戏时，相对的两家联盟与另外两家对抗，可以充分展现配合、进攻、防御的魅力；这种联手作战的乐趣、默契的配合、周密的作战计划都是其他棋类所不具备的。

知识链接 四国军棋常用术语

（1）吃、兑、反弹：撞子时大于对手的子叫作吃，与对手子一样大叫作兑，小于对手子时，则被反弹掉。

(2）挡：以将棋子走在对手打算行棋的线路上为目的的行棋。

（3）封：挡在对手一个或多个棋子多条行棋线路的位置上的行棋。

（4）突：用棋子撞挡住或封住自己的子的行棋。

（5）飞：工兵在无阻挡状况下可在铁路线上任意行走，当工兵行棋经过一个或多个直角弯时叫作飞。

（6）闪电：以扛旗为目的连续快速进攻的行棋方式叫作闪电，也叫作闪电战。

（7）盘棋：通过子力的比拼、消耗来攻击对手的行棋方式为盘棋。

（8）令子：行棋四方除炸弹外可移动的最大的棋子被称作令子，开局司令为令子。

（9）控盘：将敌方不敢碰的棋子及其组合行至棋盘要塞叫作控盘。

（10）急所：全局中最紧迫的行棋目标，如果不应对便会遭到子力或结构上的损失。

（11）实招、虚招、骗招与花招：符合棋子身份的行棋是实招，不符合棋子身份的行棋是虚招，对手上当的虚招为骗招，对手没有上当的虚招为花招。

（12）落步原理：一方行棋以后，分别经过下家、对家、上家的行棋才能轮到自己行棋，很多战略、战术的运用必须考虑轮走顺序才能达成，这就是落步原理。

5. 围棋

简而言之，围棋就是一种由两个人进行对抗的棋类游戏，游戏者使用自己的棋子在棋盘上围歼对方的棋子，围点棋盘有限的区域，最后以各自棋子所占区域的多少来判断胜负。围棋棋盘由19条横线和19条竖线交叉组成，共有361个交叉点，还有总数正好是361的181个黑色棋子和180个白色棋子。围棋棋盘由361个交叉点分为两部分，每方应得180.5个交叉点，这是区分胜败的标准。下子的目的是要占据比180.5更多的交叉点，这样才能获胜；反之则败。如果双方恰好都是180.5个交叉点，即为和棋。在游戏时有对子棋和让子棋之分，对子棋执黑子者先行，让子棋执白子者先行。围棋下法复杂多变，运用做眼、点眼、劫、围、断等多种技巧吃子和占有空间，制服对方，通常分布局、中盘、收束三个阶段。终局时将游戏者围占的空位和棋盘上实有子数相加计算，多者为胜。

知识链接

围棋

围棋在对弈时千变万化，紧张激烈，富有战斗性。在严阵交锋、运智逐鹿之际，寓有丰富的辩证意义。工作之余，促膝手谈，既有利于提高人们的思维能力，又能陶冶性情，培养顽强、坚毅和冷静沉着的性格。初学入门之后，就会深刻体会到无穷趣味，是人们在劳动之余的一种极为有益的健康娱乐活动。

围棋是我国传统的棋类游戏，古代"琴棋书画"四大雅事中的"棋"指的正是围棋。日本的松井明夫曾在《围棋三百年史》中说："围棋与象棋有它们共同的祖先，就是中亚细亚的一种'盘戏'。它流传于西方成为国际象棋，流传于东方而受到中国天文及其他科学的影响，改良成为十六道的围棋。"这种说法是没有根据的。围棋在我国的历史发展源远流长，早在先秦时代的史书中就有相关的记载。晋人张华在《博物志》一书中写有"尧造围棋以教子丹朱",说明早在尧舜时代的传说中就有了围棋的存在。而从《左传》《论语》《孟子》等书的记载中得知,围棋在我国春秋战国时期已经广为流传,其间出现了诸侯列国都闻名的围棋高手。众所周知,西汉时期张骞出使西域才和中亚诸国有了文化交流。春秋战国时期,中国和西域各国还没有交往,而那时围棋在中国已经有了很久的历史了;在甘肃永昌县出土的原始社会末期的陶罐上饰有围棋方格造型棋盘更是说明了这一点。约在隋唐时期,围棋传至日本,在明治维新后获得很大发展,成为日本开展最广泛的棋种之一。19世纪围棋传至欧洲,到1982年,亚洲、欧洲、北美洲开展围棋活动的国家已达三十余个。

6. 纸牌

纸牌又称为扑克,虽发展历史较短,但由于可数副纸牌合玩,组合方式多样,游戏方式多变,故在棋牌游戏中占据了半壁江山。现代纸牌一副54张,由红心、黑桃、方块、梅花4组花色构成,每组花色13张,再加上"大王"和"小王"各1张。游戏时根据具体的纸牌规则将54张纸牌或数副纸牌组合起来进行竞技。现在我国较为流行的纸牌玩法有"拖拉机""锄大地""拱猪""五十K""跑得快"等。此外,同一种纸牌游戏因为地域的不同,具体的一些规则也有着各种区别,形成了独特的纸牌世界。

纸牌游戏不仅在我国流行,在国外同样有着广泛的群众基础,深受世界各国人民的喜爱。纸牌的起源同样也有多种说法,仍然是一种认为起源于中国,另一种认为起源于印度。

(1)中国起源说。这种说法认为纸牌起源于中国古代的"叶子戏"。叶子戏产生于中唐时代(大约在公元969年前后),据说是由于纸牌的形状像叶子而得名。"叶子"在唐朝时指的是用来在书简后面做标识,方便人们检索的标记物。后来一些文人开始在叶子上写字用来做文字游戏,慢慢地传至民间,渐渐发展成为叶子戏。到了宋末元初,有人发明了"数钱叶子",它可以说是现代麻将纸牌的前身,分为筒、索、万、十字四门,得到了当时百姓的喜爱。元代时,由当时的意大利商人带回欧洲,逐渐传往世界各地。

(2)印度起源说。这种说法认为纸牌起源于印度,据考证在欧洲发现的早期纸牌实物上的图案与印度教神话中的女神安达罕瑞有关。安达罕瑞有四只手,分别持有魔杖、杯子、宝剑和圆环。桥牌和印度有很深的渊源,因此得出纸牌起源于印度的推测。

从上述两种说法中可以看出,中国起源说似乎更有说服力。但是要注意,目前世界上发展最为完善、流行国家最多的纸牌游戏——桥牌,它并非我国发明,不得不给人一种前人不胜后者的感慨。

7. 桥牌

桥牌的前身是16世纪出现在英国的惠斯特牌,曾被称为胜利、斯拉姆、威士忌等。1742年,出现了第一本惠斯特专著。1857年,在卡文狄许的指导下,英国伦敦举办了第一次复式惠斯特比赛。复式比赛方法使得纸牌游戏大大消除了运气的成分,技术成为决定胜负的主要因素。纸牌游戏从此开始摆脱以往作为赌博所产生的不良形象,成为上流社会中的高雅性社交活动和比赛项目。

严格地说,桥牌是一种纸牌游戏。它所使用的工具是普通纸牌,共52张,分黑桃、红心(红桃)、方块、梅花4组花色,各13张牌,大小按A、K、Q、J、10、9、8、7、6、5、4、3、2的顺序依次递减。

桥牌的打法是：四人分两组对抗，同伴相对而坐。择座以后，先由一人（例如北家）发牌。发牌前要先交给左手东家洗牌；洗好后，再由发牌者北家把牌右移，让右手两家切牌（把整副牌的上半部分移至一旁，发牌者把牌的下半部分放到上半部分的上面）。发牌是从左手一家发起的，按顺时针方向分发。轮流将52张牌从发牌者左手第一人依次分发（包括发牌者），暗覆台上，发完为止，每人13张。打桥牌分"叫牌"和"打牌"两个阶段。

叫牌有"单位制"和"计点制"等方法，用规定术语进行，可用任何一种花色作"王牌"（桥牌），也可不指定将牌而选择无将，并确定完成定约所需的牌墩数（四人各出一张为一墩）。叫牌从发牌人起依顺时针方向轮流进行。通过叫牌，由其中一方确定一个定约。定约分有将定约和无将定约两种。有将定约就是在黑桃、红心、方块、梅花四种花色中指定一种为将牌，将牌比其他三种牌的威力更大。以无将的等级为最高，以下依次为黑桃、红心、方块、梅花。叫牌中，下一牌手须盖过上一牌手，如定约数字相同则需在等级上高过上一牌手，如1无将可盖过叫1黑桃；如等级低于上一牌手，则需增加定约数字，如2梅花可盖叫1无将。打牌时轮流出牌，同组花色中以大胜小；指定将牌时，将牌有特殊威力，可用来将吃；打无将时，只能在同一花色内比大小，若跟不出同样花色时，只能垫牌。完成定约所需牌墩数者得分，否则罚分，得分多者为胜。

二、棋牌室的服务与管理

（一）棋牌室的服务

1. 营业前的准备工作

服务人员在营业前必须整理好棋牌室及搞好公共区域的卫生工作，认真细致地检查棋牌室的设备、用品和娱具，保持各种设备完好，搞好个人卫生。

2. 迎宾工作

（1）在棋牌室要做好预订服务，接待要主动、热情；电话预约工作要细致，准确记录顾客的姓名、房号（酒店宾客应登记房号）、电话、使用时间，复述清楚，取得确认。

（2）有顾客到达，服务人员必须使用服务用语问候顾客，并帮助顾客挂好外衣和帽子等。

（3）根据顾客选择，迅速将棋牌摆到棋牌桌上，为顾客拆去棋牌外包装盒，并将其收进工作柜。

（4）根据顾客的人数提供拖鞋，将顾客换下的鞋子摆放进鞋柜，并提醒顾客如果需要擦鞋服务，可以通知服务员。

3. 对客服务

（1）视顾客人数提供面巾、茶水或者饮料，并为吸烟的顾客提供烟灰缸。

（2）与顾客确认收费计时的时间。告诉顾客如果有问题，可以通知服务人员。

（3）如果棋牌室提供陪练或者教练的服务，也应该提前告诉顾客。陪练人员应根据顾客的心理，掌握输赢的分寸，提高顾客的兴致；教练人员则应该热情、耐心、礼貌，讲解清晰、易懂。

（4）如果棋牌室提供快餐服务，服务人员应该在顾客进餐过程中增加进入该棋牌室的次数，及时撤下空盘、空饮料瓶和更换餐巾纸、上牙签等。

（5）服务人员可以根据顾客的人数安排进入棋牌室服务的时间间隔，主要提供向茶壶中添加开水或者更换茶叶，清理烟灰缸，擦干茶几上的水迹和收拾地面上的杂物以及更换面巾等服务。

4. 结账

（1）如果顾客示意结账，服务人员应该立即答应："好的，请稍候！"

（2）安排服务人员将顾客的鞋子从鞋柜内取出放到其座位边，并收拾换下的拖鞋。

（3）向顾客告知其结束的时间点。

（4）应双手接过顾客递来的现金或者信用卡，并使用服务用语："谢谢您！"

5. 送客

（1）顾客离开，应该提醒其带好随身物品。

（2）使用服务用语与顾客道别。

6. 收拾整理

（1）将棋牌收进外包装盒，并确认棋具或者牌具的完好。

（2）按规定定期清洁棋牌具。对损坏的棋盘和牌桌，应该立即报修。

知识链接 棋牌室

棋牌室最初由早期的棋社和赌场演变而来，棋牌游戏作为一种室内的、多人的娱乐活动，适合在人员密集的场所进行，又因活动周期短、人员流动快，所以需要一种场所提供各处的人赶来进行棋牌娱乐活动。棋牌室在这样的背景下应运而生。

目前国内的棋牌室有很多形式：例如宾馆、洗浴中心、休闲会所等设立的专供顾客使用的棋牌室、麻将室等；也有小区周边、学校附近，或者人员密集的地点设立的收费棋牌室；某些公司、企业为了提供员工丰富的娱乐形式，也设立有棋牌室，提供员工业余的休闲生活娱乐，举办棋牌游戏竞技比赛等；另外个人住宅中，有大量闲散时间和财力的人，也会在家里设立一个棋牌室，供牌友打牌使用。

由棋牌室衍生而来的桌游吧等场所也属于棋牌室的范畴。

通常人们所说的棋牌室，主要是指营利性的收费棋牌室。

（二）棋牌室的管理

棋牌室在人力资源、财力资源、物力资源上都与其他康乐部门相似，最大的不同之处在于对顾客消费过程中的赌博现象进行管理。

一般来讲，棋牌室的管理有以下两种方法：

（1）采用张贴明示的方法。在棋牌室入口处以明示的方法提醒顾客不要赌博，建议顾客玩健康棋牌。在明示时，要注意语气的婉转，以防引起部分顾客的反感。

（2）棋牌室服务员在进行服务时，要注意顾客是否有赌博行为或异样举动。若有，应及时向领班反映，请有关管理者出面进行劝阻。

第三节 游艺项目的服务与管理

一、游艺厅的设置

电子游艺机的趣味性、娱乐性极强，对各年龄段的顾客都具有吸引力。电子游艺厅的设置也较其他项目简便，它可以因地制宜，没有很严格的场地要求，无论面积大小均能作电子游艺厅使用。游艺厅又可分为三个区域，即纯电子的框体式游艺机区、体感式游艺机区和有奖游艺机区。以一个面积为200 m^2的游艺厅为例：框体式游艺机可设置20～40台；体感式游艺机占地面积较大且价格较高，但现在已成为游艺机经营的主流机种，因此也应设置20～40台；有奖游艺机占地面积比较大，有的机器往往可供几个人甚至更多人同时玩，但这类机器必须在管理政策允许的情况下才能经营。

二、游艺机的发展与分类

（一）游艺机的发展

游艺机最早出现在西方国家，早期使用的是结构比较简单的手动游艺设备，如投球、套圈之类。之后又出现了由游艺者操纵电器开关控制电动机等设备的游艺机，即电动游艺机。再后来，由于电子科技高速发展，特别是电子计算机的普及，促进了电子游艺机的产生和发展。初期是研制出能在电子计算机上玩的游艺软件供个人娱乐，不久又研制出专用的游艺软件和只能使用该类软件的电子计算机硬件，这都是某一时期相当流行的电子游艺机。它利用电子芯片和计算机程序设计各种游戏，可以由顾客控制，运用人的智力与反应能力达到一个阶段目标的活动。这种现代化的游戏不仅受儿童喜爱，就连成年人也会沉迷其中。设立电子游艺机室投资少、周期短、经济效益高。

随着科学技术的不断发展，电子游艺机的发展也日新月异，不断有新的机种问世，并且科技含量越来越高。近几年又出现了最新一代的电子游艺机——虚拟现实电子游艺机。即通过计算机虚拟出一个在现实世界并不存在的"世界"，使用者可以借助相关装置从感观上进入虚拟世界，通过浏览并与其产生某种程度的交互作用，获得逼真的体验。它集中了计算机仿真、通信、人工智能、多媒体等多项尖端技术，应用这些技术研制开发出来的虚拟现实系统已在科学、医疗、教育、训练、军事、娱乐等数十个应用领域大显身手。

（二）游艺机的分类

1. 按发展阶段和结构特点分类

游艺机按发展阶段和结构特点可分为三类，即手动游艺机、电动游艺机和电子游艺机。最简单的套圈游艺机如"攀出彩虹"（一种往玻璃板上投游戏币的游艺机）属于手动游艺机。

2. 按功能特点分类

游艺机按功能特点可分为三类，即框体式、体感式和其他式。凡有荧光屏显示、操作者靠按钮开关或其他电器开关操纵的无身体感受的游艺机都属于框体式游艺机；体感式游艺机是指近些年研制开发的具有身体感受功能的游艺机，例如模拟开汽车、模拟空战、模拟滑雪、模拟枪战等；除上述两类之外的归为其他式。

3. 按游艺机性质分类

游艺机按其性质可分为两类，即博彩性游艺机和非博彩性游艺机。例如赛马机、老虎机、掷色子机、扑克牌机等一般都归为博彩性游艺机；除此之外都称为非博彩性游艺机。目前各地对上述两类游艺机的区分还不完全一致，对赌博的界定也未统一，因此对二者的区分有待进一步规范，这里不作深入探讨。

知识链接

游艺机

三、游艺厅的服务与管理

1. 营业前的准备

服务人员在营业前必须整理好游艺机房及做好公共区域的卫生工作，认真细致地检查设备和用具，保证其状态完好和使用正常。

2. 营业过程中的服务

顾客进入游艺室，服务人员要主动引导，及时递送香巾、茶水，并随时根据顾客需要热情提供饮料、小吃等，并做好记录。在接待新顾客或不熟悉游艺机的顾客时，应细心、耐心地讲解游戏方法，并进行必要的示范。在顾客中奖时，服务人员要及时检验、开单，并向顾客祝贺，及时引领顾客领奖。另外，还要注意和及时检查机器的完好状况，发现故障迅速排除或检修。

3. 结束工作

顾客在游艺室活动结束后，服务人员应准确开具账单，账款当面点收。在顾客离座时，应主动与顾客告别，欢迎其再次光临。

第四节 酒吧项目的服务与管理

顾客的娱乐是一种享乐活动，要求在娱乐的全过程中感到既舒适又方便，因此还需要娱乐项目本身以外的其他配套服务，如对酒水、饮料及小吃的需求。于是各种酒吧就成为娱乐场所不可缺少的附属设施。每一类型的酒吧都有自己的特点和功能，但其经营目的都是相似的，即为顾客提供饮料类服务、完善康乐项目。

一、酒吧的类型

随着现代旅游业的兴起，酒吧作为一项特殊的服务项目，随之进入饭店服务业，并且在饭店特色经营中显示出越来越重要的地位。在目前的旅游饭店中，通常都会配备若干个不同风格的酒吧。各个酒吧的调酒设备、室内装潢、主题设计的个性越来越鲜明，供应品种也从单纯的酒水供应向多元化方向发展。概括而言，酒吧可分为以下几种。

1. 站立酒吧

站立酒吧是最常见的一种，顾客可坐在吧台前的高脚凳上喝酒。由于工作的空间受到限制，又要长时间地在顾客面前工作，所以酒吧服务员不仅要正确地调制酒、饮料和进行收款工作，而且在某种程度上说也是在现场为观众作表演的演员，他们的操作应具有艺术性和表演性。

站立酒吧目前有三种基本形式的吧台设计，其中最常见的是两端封闭的直线吧台。这种吧台可突入室内，也可凹入房间的一端，优点是酒吧服务员不会将背朝向顾客，可以对室内的顾客保持有效的控制；一般认为，一个服务员能有效控制的最长吧台是3 m左右。另一种形式的吧台是马蹄形吧台，或称为U形吧台。吧台突入室内，一般安排三个或更多的操作点，两端抵住墙壁；在U形吧台的中间，可以设置一个岛形储藏柜用来存放用品和冰箱。第三种是环形吧台或中空的方形吧台。吧台的中部有一个"小岛"，供陈列酒类和储存物品。这样能充分展示酒类，也能为顾客提供较大的空间，但是服务难度较大，不易有效地控制服务区域。

2. 鸡尾酒廊

在很多情况下，鸡尾酒廊配有音乐伴奏或其他形式的娱乐。这种酒吧较为特殊，有时会有几个吧台，所以需要多名服务员。鸡尾酒廊的吧台设计与站立吧台的设计基本相同，只是酒廊没有桌子和椅子，环境更为舒适、高雅。过道应保证顾客与服务人员能方便地到达所有区域。在大多数酒廊中，还会提供一部分空间供顾客跳舞。

3. 宴会酒吧

宴会酒吧的主要目的是为宴会、冷餐会、酒会提供饮料服务。如在饭店中采用可以是流动的，也可以是固定的。它的服务方式既可以是统一付款，随意饮用饮料，也可以是顾客按照饮料的品种、数量来付款。在宴会酒吧服务的员工除了有丰富的经验外，还必须反应灵敏、组织性强。

4. 现酿啤酒酒吧（鲜啤酒屋）

生啤与经过杀菌消毒的瓶装、罐装啤酒相比，口味更为清新自然，受到广大啤酒爱好者的欢迎。以前生啤是在啤酒厂酿制，然后灌装到压力筒内运到酒吧、舞厅销售，现在顾客可以坐在酒吧里，一面尽兴地喝着啤酒，一面亲眼观看啤酒的生产过程。而开放的酿酒机器作为原始风格的装饰品，更能让顾客体验到现酿现喝的乐趣。生啤和普通啤酒相比，酒精度较低，没有一般啤酒的苦味，反而带有一丝甜味，像饮料一般柔和，适合多数人饮用。啤酒酒吧环境舒适、朴实、自然，经常有各种异域风情的表演，格调淳朴而热烈。

5. 主题酒吧

主题酒吧是以某种专业活动为主题进行装修、布置的酒吧，如足球酒吧、拳击酒吧、爵士乐酒吧、攀登酒吧等。这些类型的酒吧在国内外许多大城市得到了发展，而且越来越受欢迎，所吸引的顾客大多数是相关活动的爱好者。这种酒吧兼有俱乐部和沙龙的性质，顾客在酒吧里边饮酒边观看相关比赛、表演的直播或录像，气氛热烈。

二、酒吧用品的配置

酒吧用品的配置除了必不可少的酒水饮料、小吃外，还包括以下几种。

1. 酒吧常见器具

酒吧常见器具主要有调酒壶、调酒匙、计量杯、食品搅拌机、量酒器、调酒杯、碎冰机、冰桶、开瓶器、隔冰器、冰锥、冰夹、调酒棒、酒针、酒嘴、吸管、冰棒、杯垫、砧板、水果刀、长匙、酒篮、滤网等多种酒吧专用器皿。

2. 酒吧常见酒水装饰物

酒水装饰物的存在可以使顾客在饮用酒水的同时得到视觉上的享受。根据装饰物的规律和共同特点，可将其归纳为三大类：

（1）点缀型装饰物。大多数酒水的装饰属此类。点缀型装饰物多用水果，通过调酒师的精心制作，做成不同的造型来突出酒水的风格。常用的水果有柠檬、菠萝、草莓、脐橙、橘子等。此类装饰物要求体积较小，颜色与酒水相协调，同时与酒水原味相一致。

（2）调味型装饰物。主要是用特殊口味的香料和水果来装饰酒水，同时影响酒水的口味。常见的有豆蔻粉、盐、糖粉、桂皮、柠檬、洋葱、西芹、薄荷叶等。

（3）实用型装饰物。主要是指造型独特的吸管、酒签、调酒棒等。此类装饰物除具实用价值以外，还具有一定的观赏价值。

3. 酒吧调制混合酒水的常见配料

调制混合酒水的常见配料主要有苏打水、可乐、青柠檬汁、辣椒油、苦酒、番茄汁、糖浆、牛奶等。

4. 酒吧常见杯具

目前用于盛装酒水的杯子种类繁多，大小形状各异，较为正规、高档的酒吧通常有十多种杯子供不同酒水配用。一般酒吧常见的杯具有啤酒杯、鸡尾酒杯、葡萄酒杯、烈性酒杯、雪利酒杯、威士忌杯、水杯、果汁杯等。

知识链接

酒吧

三、酒吧的服务与管理

1. 营业前的准备

营业前的准备包括酒吧环境的清洁工作，用具、用品的清洁工作。服务员在接待顾客前必须做好吧台卫生，用清洁布擦拭杯具，包括整理用架。这些工作应有一定的程序，酒吧中应建立一张日常工作检查表，按照检查表来检查设备、工具、用品及原料等是否已安排就绪，其中当然也包括对服务员个人仪表的检查。

2. 对客服务

酒吧服务员在顾客进入酒吧时必须以微笑礼貌接待，为顾客引路并请其入座，热情地招待点酒。调酒工作人员在调酒时应记住常用饮料的正确配方，如某位顾客点了一份工作人员不熟悉的饮料，服务员应参考酒吧服务员手册正确选择原料，精确地掌握配制数量，细致操作。

酒吧服务员个人不能在工作中喝酒或饮料，接待顾客不能厚此薄彼。酒吧中所有饮料的进出都应记账，假如需要免费提供，也应当由管理人员通过一定的手续来实现，免费提供并不是酒吧服务员该有的权力。酒吧服务员在选择电视频道或音乐的类型时应考虑顾客的喜好，而不是随个人的兴趣。

酒吧服务员必须以热忱而认真的态度为顾客服务，当顾客点酒超过其支付能力或酒精承受力时，应当予以提醒。对于喝醉酒的顾客要学会设法控制他的行为，防止其制造事端，干扰和妨碍别人，破坏酒吧气氛，甚至造成对其他顾客的人身伤害及财产损坏。一位优秀的酒吧服务员应能控制顾客的行为，拒绝醉酒顾客的无理要求。

3. 营业结束时的清理工作

营业结束时的清理工作与开门营业前的准备同样重要。酒吧服务员要统计售出的饮料，清点所收的钱款，扣除营业前领用的零钞，将营业收入统计后交归财务部门；另外还需要清点存货，清洗酒吧设备、用具和酒杯。在营业结束时的最后职责是检查火烛情况以确保安全，关闭空调和灯光。

课堂讨论

如何看待娱乐类项目对人们生活的影响？

技能操作

分组扮演角色，接待来棋牌室娱乐的客人。

课后习题

1. 简述歌舞厅的种类及其服务所包含的内容。
2. 棋牌游戏的种类有哪些？
3. 酒吧的类型有哪些？
4. 酒吧用品应怎样配置？

第五章　室外康乐项目的服务与管理

本章导读

➲ 随着人类社会物质文明和精神文明的发展，人们在追求精神需求中"娱"的需求时，越来越倾向于户外康乐运动项目。这些运动项目虽然会受一些自然条件和生理条件的制约，但是却满足了人们一直以来所追求的一种探险性和挑战性心理。本章将主要介绍七种户外运动项目和五种室外游乐项目。

学习目标

➲ 了解户外运动项目的活动技巧和注意事项。
➲ 了解室外游乐项目的基本类型。

章前案例

深圳"驴友"遇难事件

2006年8月，深圳9名"驴友"参加由A组织的漂流活动，不幸被卷入漩涡，导致3人身亡。

这9名"驴友"所参加的漂流活动地点在某市的一条河流，连日的大雨让河水暴涨，9名"驴友"总共带去5条橡皮艇，在5日下午4时左右，当"驴友"漂流到一处有水坝的地方时，遇到了漩涡。强大的漩涡水流使得3艘橡皮艇很快翻了，6名队员落入水中，其中包括遇难者A、B、C。据其中的"驴友"回忆说，A、B、C三人的个人能力都相当强。橡皮艇翻了之后，他们三人都没有自顾逃生，而是奋力搭救另外3名落水的"驴友"。后陷身漩涡的3名落水者都被救上了岸，A、B、C却没有上来。一名被救的女"驴友"回忆说，翻船的地方是一个死角，漩涡很大，船绕过时一定会翻。她落水后几经挣扎，自己都想放弃生命了，但最终被A、B、C推出了水面。

问题

在湍急的河流中组织普通漂流活动是否合适？

案例分析

在下水漂流前，应首先进行读河，搞清楚水流的几个基本形态，并找出河中隐藏的陷阱。更重要的是，漂流过程中一定要穿救生衣，即使会游泳也必须全程穿上，确保落水时救生衣会让人浮起来。案例中的漂流人员缺乏一定的漂流经验，漂流前没有意识到雨后河流中可能存在的危险性，在漂流的过程中也没有穿救生衣，从而导致悲剧的发生。该案例告诉我们，要感受这种富有刺激性的活动，最好去比较安全的漂流地点并在专人的指导下进行漂流活动，不要为了寻求刺激而任意选择地点，以免造成不必要的伤害。

第一节　户外运动项目的服务与管理

一、登山运动

登山是最基本的也是参与者最多的一种户外运动，有专业形式也有普遍形式，下面只从基本方面予以介绍。

（一）登山运动的起源与发展

现代登山运动诞生于18世纪欧洲南部的阿尔卑斯山区，其主峰——勃朗峰（法国境内）海拔4 810 m，是西欧的第一高峰。据历史记载，法国一名叫德·索修尔的著名科学家为探索高山植物资源，渴望能有人帮他克服当时看来不可逾越的险阻——登上阿尔卑斯山顶峰。他于1760年5月在阿尔卑斯山脚下的莎莫尼村贴出一则告示："凡能登上勃朗峰之巅者，将以重金奖赏。"但是，告示贴出后长期未获响应。此后，他每年出榜一次。直到1786年6月，一位名叫巴卡罗的山村医生揭下了告示，并经过两个多月的准备，与当地山区水晶石采掘工人巴尔玛结伴，于同年8月6日首次登上了勃朗峰。

知识链接

登山

1787年8月3日，一支由德·索修尔个人率领、巴尔玛做向导的二十多人组成的登山队，再次登上了该峰，揭开了现代登山运动的序幕。后来，人们把登山运动称为"阿尔卑斯运动"，把1786年作为登山运动的诞生年，德·索修尔、巴尔玛等人则成为世界登山运动的创始人。

1786年登山运动诞生以后，世界上第一个国家性的登山组织——英国登山俱乐部于

1857年宣告成立。这一时期，阿尔卑斯山的20多座海拔4 000 m以上的山峰先后被征服。1865年7月，英国登山运动员文培尔等人又登上了当时被人们认为无法登顶的玛达布隆峰（海拔4 505 m，岩壁陡峭，平均坡度65°，有的地方达90°）。至此，以阿尔卑斯山为中心的登山运动达到顶峰，出现了所谓的"阿尔卑斯黄金时代"。

1950—1964年的14年间，是人类高山攀登运动的一个重要发展阶段。1950年6月3日，法国运动员莫·埃尔佐和勒·拉施纳尔付出了血的代价（一人冻掉了双脚，一人冻掉了一只手），在人类的登山史上首次成功地登上了海拔8 091 m的安纳普尔那峰。1953年5月9日，英国登山队的依·希拉里（新西兰人）和藤辛·诺尔盖（尼泊尔人）从南坡登上珠穆朗玛峰（这是人类登山史上首次成功登上世界最高山峰）。在这14年间，地球上海拔8 000 m以上的高峰有13座先后被各国运动员所征服。在世界登山史上，1950—1964年这段时间被称为"喜马拉雅黄金时代"。

20世纪中叶，世界各国的登山运动取得了长足的发展。登山家们在向高山峰岭宣战的过程中，不断地创造出登山探险的奇迹。意大利杰出的登山运动员莱茵霍尔特·梅斯纳就是当时最具传奇色彩的人物。他以超凡的毅力和勇气，突破喜马拉雅登山"季节禁区"，成为世界上第一个在雨季不用氧气设备成功登上珠穆朗玛峰的英雄。在1982年，他首创一人在1年内登上3座8 000 m以上高峰的世界纪录。更令人瞠目结舌的是，经过16年的努力，到1986年底，梅斯纳又率先征服了全球所有14座海拔8 000 m以上的高峰，创造了世界登山运动史上的伟大奇迹。

（二）登山运动的基本装备

1. 服装

山地随着高度的增加，空气逐渐干燥、稀薄，含氧量下降，气压和气温越来越低。风力很大，气候变化剧烈，昼夜温差也大。登山应携带一两件能够御寒的衣服备用，如长裤（以厚毛织品为佳）、厚长袖衫、晴雨两用的连帽风衣、厚袜子数双、手套，而且一定要穿坚实的登山鞋。

2. 简单的用具

登山用具的种类繁多，简单且必备的用具有绝缘和保温的睡袋、指南针、地图、瑞士军刀、水瓶、驱虫剂、手电筒、轻塑料防雨布或过夜用的应急掩护棚的帐篷。此外，防水火柴、蜡烛、卫生纸、太阳镜、防晒油、炊具也是需要的。

3. 足够的食品

携带足够的罐头食品、干果制品或肉干也应带些饮用水。野游中，由于气候变化或意外情况，或许会耽搁一天或几天，要带一些富余的食品。

4. 特殊的用具

若要攀登有一定难度的山，安全帽、滑轮、铁栓、登山绳、皮带轮、猎枪、冰斧、探路手杖等专业装备也是必要的。

5. 其他必需品

登山者难免会有小意外，所以要准备一些基本救护用品，如绷带、药品、哨子等。

（三）登山运动的基本技术

1. 爬山

（1）上山。上体放松并前倾，两膝自然弯曲，两腿加强后蹬力，用全脚掌或脚掌外侧着地，也可用前脚掌着地，步幅略小，步频稍快，两臂配合两腿动作协调有力地摆动。

（2）下山。上体正直或稍后仰，膝微屈，脚跟先着地，两臂摆动幅度稍小，身体重心平稳下移。不可走得太快或奔跑，以免挫伤关节或拉伤肌肉。

（3）坡度较陡时。上下山可沿"之"字形路线来降低坡度。必要时，也可用半蹲、侧身或手扶地下山。

（4）通过滑苔和冰雪山坡时。除用上述方法外，还可使用锹、镐等工具挖掘坑、坎台阶行进，或用手脚抠、蹬及三点支撑、一点移动的方法攀援爬行。

（5）通过丛林、灌木时。应注意用手拨挡树枝，防止钩戳身体；对不熟悉的草木，不要随便攀折，以防刺伤，并尽量选择方便的路线。

（6）通过乱石山地时。脚应着落在石缝或凸出部位，尽可能攀拉，脚踏牢固的树木，以协助移动。必要时，应试探踩踏石头，防止石块松动摔倒。

2. 攀登

攀登时手脚要紧密配合，保持身体重心的稳定，不断观察、试探攀登点的牢固适用性。欲借草根或树枝攀登时，应先稳住重心试着用力拉动，以免因草根、树枝突然松脱造成危险。

（1）徒手攀登（三点固定攀登法）。即利用崖壁的凹凸部位，以三点固定、一点移动的方法攀上崖壁。攀登时，身体俯贴于悬崖，采用两手一脚固定、一脚移动或两脚一手固定、一手移动的姿势，利用手抠、拉、撑以及脚蹬等力量，使身体向上移动。

（2）绳索攀登。两手握住绳索，使身体悬起并稍提腿，用两腿内侧和两腿外侧夹住绳索，随着两脚夹蹬，两手交替引体上移；或两手伸直握紧绳索，腿脚下垂，两手交替用力向上引体，攀至顶点。

（3）拔绳攀登。即固定绳索的两端，用脚蹬崖壁利用绳索引体上移。攀登方法是：上体稍前倾，绳索置于两腿间，两手换握绳索交替攀拉上移；同时，一脚蹬崖壁，另一脚上抬准备，用手拉、脚蹬的合力使身体向上移动。

（4）绳索攀越。即固定绳索的两端，身体横挂在绳索上攀越山涧、小溪等障碍物的方法。横越时，两手前后握绳，腹部微收，一腿膝窝挂住绳索，使身体仰挂在绳索下面，臀部稍上提，两臂弯曲约90°。前移时，后握手前移，异侧腿由下向上向内摆动，并将膝窝挂于绳上，当一腿膝窝挂上绳索时，另一腿离开绳索悬摆。两臂、两腿依次协调配合，交替向前移动。

3. 集体行进

由多个人组成的小组，总会有些人走得快而有些人走得慢，但是，既然是集体行动，同时也为了防止发生事故，就必须按较慢的人的速度一民行走。带队的人应该走在队伍最后。

4. 正确的休息方法

一般来讲，适当间隔的休息时间为：平地，每走50 min休息10 min；爬坡，每走30 min

休息10 min。休息时间不宜过长，否则会使刚刚活跃起来的身体机能变得迟钝。休息时可坐到石头等高一点的地方，以使血液不致下行臀部，让身体保持良好状态，还可以做一些轻微的屈伸活动。

 知识链接 高山病的防治

1. 高山病的形成原因

高山病形成的原因是高度越高，空气越稀薄，气压就越低，因此人体所需要的氧气压力也随之降低，但是人体所需要的氧气含量仍然不变。为使血液中维持人体所需的含氧量，必须增加红细胞的含量，但人体自动增加红细胞的含量需要几天的时间。因此在刚进入山区时，会因为高度突然增高，人体来不及适应而产生体内氧气供应不足的情形。高度越高，过渡时间越短，产生的反应就越强烈，这种生理反应一般称为"高山病"。

2. 高山病的症状

高山病的症状有呕吐、耳鸣、头痛、呼吸急迫、食欲缺乏、发烧。严重者会出现感觉迟钝，情绪不宁，精神亢奋，思考力、记忆力减退，听、视、嗅、味觉异常，产生幻觉等，也可能发生浮肿、休克或痉挛等现象。

3. 高山病的预防方法

（1）登山速度不宜太快，最好步调平稳，并配合呼吸，同时要视坡度的急缓而调整，使运动量和呼吸成正比，尤其避免急促的呼吸。

（2）上升的高度应逐渐增加，每天攀爬的高度应控制，以适应高山气压低、空气稀薄的环境。

（3）行程不宜太紧迫，睡眠、饮食要充足正常，经常作短时间的休息，休息时以柔软操及深呼吸来加强循环功能及高度适应，平常应多进行体能训练以加强摄氧功能。

4. 高山病的急救方法

给氧及降低高度是最有效的急救方法。若有休克现象，应优先处理，注意其他并发症。立即休息，将患者移至无风处，若疼痛严重，可服用镇痛剂止痛。如果仍不能适应，则需降低高度，直到患者感到舒服或症状明显减轻为止。一般而言，高山病患者降低至平地后，即可不治而愈。虽然如此，严重的患者仍需送医院治疗。

5. 急性高山反应及治疗

急性高山反应一般多发生在登山24 h内，一般进入高原1~2周内就能适应当地的高山气候条件，以上症状可自行消失。如症状不断继续加重可给予对症治疗，可口服工酰唑胺，每次0.25 g，每天2~4次，上山前两天至登山后三天，该药主要起到利尿作用，可降低急性高原病的发病率及严重程度，并可减轻睡眠时的缺氧状况；也可口服泼尼松，每次5~10 mg，每日两次。此外，还可口服适量镇静剂以及各种维生素。

高原肺水肿的发病率为3%，在急性高原反应的基础上，当到达海拔4 000 m以上则发病，也可在快速登上海拔2 500 m时发病。此病在登山后3～48 h急速发病，也可迟至3～10天才发病。症状有头痛、胸闷、咳嗽、呼吸困难、不能平卧，个别严重者可出现尿少，咳大量血性泡沫痰，甚至神志不清。寒冷与呼吸感染可加重缺氧，咳嗽或劳累也可作为重要诱因。此病在治疗上要给予吸氧，要绝对卧床休息，注意保暖，防止上呼吸道感染，严禁大量饮水。烦躁不安时，可用少量镇静剂；有呼吸和心力衰竭的患者，应立即采用相应的治疗措施，病情稳定后转到较低的海拔地区继续给予治疗。

高原性脑水肿，又称高原昏迷。此病发病率低，但较易引起死亡，多见于快速进入海拔4 000 m以上的情况，发病急，多在夜间。患者除有早期高原反应症状外，伴有颅内压增高现象，剧烈头痛、呕吐，还可出现神志恍惚、抑郁或兴奋等症状。个别患者甚至出现抽搐，嗜睡、昏睡至昏迷，脉搏增快，呼吸极不规则，瞳孔对光反应迟钝，视神经系统水肿和出血等现象。治疗首先连续供给95%的氧气和5%的二氧化碳，清醒后仍应间断给氧，用50%GS甘露醇、速尿肾上腺皮质激素、细胞激素E等治疗，以减轻脑水肿，降低脑细胞代谢，提供足够的能量促进恢复。也可使用中枢N兴奋剂，如洛贝林、可拉明等。注意水盐和电解质的平衡，必要时以抗感染措施治疗，病情稳定后转到低海拔处继续治疗。

二、攀岩运动

攀岩实际上是登山的内容之一，由于参与的人越来越多，现在已经发展为一项很受欢迎、时尚的户外康乐运动，如图5-1所示。

图5-1　攀岩

（一）攀岩的起源与发展

作为登山运动基本技术之一的攀岩技术，迄今已有一百多年的历史。早在1865年，英国登山家埃德瓦特就首次使用钢锥、铁链和登山绳索等简易装备成功地攀上险峰，从而成为攀岩技术和攀岩运动的创始人。1890年，英国登山家又改进了攀岩工具，发明了打气用的钢锥和钢丝挂梯以及各种登山绳结，使攀岩技术发展到了更加成熟的阶段。

攀岩

20世纪60年代初，苏联最早倡导这项运动。当时的评判标准是在同样的条件下，攀登峭壁速度最快者为优胜。到了20世纪70年代初，形成一年一度定期举行的全国联赛。1974年9月，苏联和捷克斯洛伐克的登山组织率先举办了首届"国际攀岩锦标赛"，共有英、法、意、美、日和联邦德国等12个国家213位选手参赛。由苏联提议，国际登山联合会决定，每两年举行一次国际攀岩锦标赛。至此，攀岩运动和技术水平不断提高，规则日益完善，形成了个人单攀赛、个人平行计时赛、个人自选路线赛、结组攀登赛和小队攀登赛等比赛项目，参加攀岩比赛的国家也逐年增多。在世界各地，地区性和双边性的攀岩活动也越来越活跃。

虽然攀岩运动已发展成为一项相对独立、成熟的运动，但由于它是在登山运动的基础上发展、派生出来的，因此仍与登山运动有着密切的关系。所以，攀岩运动往往被人们视为登山运动的一个分支。在国外，攀岩运动有"岩壁艺术体操"的雅称。

中国是一个拥有很多高山的国家，地理条件极为优越，世界上最高的山脉——喜马拉雅山脉便坐落在我国青藏高原与尼泊尔的交界处。我国于1987年在北京怀柔登山基地举办了第一届全国攀岩邀请赛，此后每年一届。

（二）攀岩装备

攀岩装备是攀岩运动的一部分，是攀岩者的安全保证，尤其在自然岩壁的攀登中更是如此，因此平时要爱护装备并妥善保管。攀岩装备分为个人装备和攀登装备两类。

1. 个人装备

个人装备指的是安全带、下降器、安全铁锁、绳套、安全头盔、攀岩鞋、镁粉和粉袋等。

（1）安全带。攀岩安全带与登山安全带有所不同，属于专用，并不适合登山，但登山安全带可在攀岩时使用。我国大部分攀岩者多使用登山安全带，这是因为国内没有攀岩安全带生产厂家，而攀岩爱好者又同是登山爱好者，于是也就混用了两种安全带。

（2）下降器。"8"字环下降器是最普遍使用的下降器。

（3）安全铁锁和绳套。在攀登过程中，休息或进行其他操作时作自我保护之用。

（4）安全头盔。一块小小的石块落下来砸在头上就可能造成生命危险，因此头盔是攀岩的必备装备。

（5）攀岩鞋。这是一种摩擦力很大的专用鞋，穿起来可以节省大量体力。

（6）镁粉和粉袋。手出汗时，抹一点粉袋中装着的镁粉，立刻就不会滑手了。

2. 攀登装备

攀登装备指绳子、铁锁、绳套、岩石锥、岩石锤、岩石楔，有时还要准备悬挂式帐篷。

（1）绳子。攀岩一般使用直径为9～11 mm的主绳，最好是11 mm的主绳。

（2）铁锁和绳套。其是用以连接保护点，是下方保护攀登法必备的器械。

（3）岩石锥。即固定于岩壁上的各种锥状、钉状、板状金属材料制成的保护器械，可根据裂缝的不同而使用不同形状的岩石锥。

（4）岩石锤。其是钉岩石锥时使用的工具。

（5）岩石楔。其与岩石锥的作用相同，但它是可以随时放取的固定保护工具。

（6）悬挂式帐篷。即准备在岩壁上过夜时使用的夜间休息帐篷，须通过固定点用绳子固定保护起来悬挂于岩壁。

（7）其他装备。包括背包、睡具、炊具、炉具、小刀、打火机等用具，可视活动规模、时间长短和个人需要携带。

（三）攀岩技术

1. 攀登保护

攀登者是在保护人通过登山绳给予的保护下进行攀登的。登山绳的一端通过铁锁或直接与攀登者腰间的安全带连接，另一端穿过保护者身上与其腰间安全带相连的铁锁和下降器，中间则穿过一个或多个固定的安全支点上的铁锁。保护者在攀登者上升时不断给绳，并在攀登者失手时，拉紧绳索制止坠落。

（1）上方保护。即保护支点在攀登者上方的保护形式。在攀登者上升过程中，保护人不断收绳，使攀登者胸前不留有余绳，但也不要拉得过紧，以免影响攀登者的行动，这点在登大仰角时尤应注意。上方保护对攀登者没有特殊要求，发生坠落时冲击力较小，较为安全。进行上方保护时，使用的器材一般有安全带、铁锁和下降器。保护人收绳时，应注意随时要用一只手握住下降器后面的绳索或把下降器两头的绳索抓在一起，只抓住下降器前面的绳子是难以制止坠落的。

（2）下方保护。即保护支点位于攀登人下方的保护方式。没有上方预设的保护点，只是在攀登者上升过程中，不断把保护绳挂入途中安全支点上的铁锁中。这是领先攀登人唯一可行的保护方法，也是国际比赛中规定的保护方法。但这种保护方法要求攀登者自己挂保护，而且发生坠落时坠落距离大、冲击力强，一般仅由技术熟练者使用。

2. 攀登技巧

攀岩要有良好的身体条件，但更重要的是要有熟练的技术，攀登技术实践性很强，必须在不断攀登中练习。如果有技术熟练者在旁指导，将能收到事半功倍的效果。

（1）手法。攀登中用手的根本目的是使身体向上运动和贴近岩壁。岩壁上的支点形状很多，常见的就有几十种。攀登者对这些支点的形状要熟悉，知道对不同支点应抓握何处、如何使力。根据支点上突出（凹陷）的位置和方向，有抠、捏、拉、攥、握、推等方法，但也不要拘泥，同一支点可以有多种抓握方法。例如有种支点是一个圆疙瘩，上面有个小平台，一般情况是把手指搭在上面垂直下拉，但为了使身体贴近岩壁，完全可以整个捏住、平拉。又如有时要两只手抓同一支点时，前手可先放弃最优抓握处，让给后手，以免换手的麻烦。抓握支点时，尤其是水平用力时，手臂位置要低，靠向下的执力加大水平摩擦力；要充分使用拇指的力量，尽量把拇指搭在支点上。对于常见的水平浅槽的支点，可把拇指扭过来，把指肚一侧扣进平槽，或横搭在食指和中指指背上，都可增加很大力量。在攀登较长路线时，可选择容易地段让两只手轮换休息。休息地段要选择没有仰角或仰角较小且手上有较大支点处。休息时双脚踩稳支点，手臂拉直（弯曲时很难得到休息），上体后仰，但腰部一定要向前顶出，使下身贴近岩壁，把体重压到胸上，以减轻手臂负担，并可活动手指、抖手以放松，擦些镁粉以免打滑。

（2）脚法。腿的负载能力和爆发力都很大，而且耐力强，攀登者要充分利用腿脚力量。攀岩一般要穿特制的攀岩鞋，这种鞋的鞋底由硬橡胶制成，前掌稍厚，鞋身由坚韧的皮革制成，鞋头较尖，鞋底摩擦力大。穿上这种鞋，脚踩在不到1 cm宽的支点上都可以稳固地支撑全身重量。在选购这种鞋时，千万不能买大，只要能穿进去就行，大脚趾在里面是抠着的，不能伸直。鞋越紧脚，发力时越稳固。一些选手比赛时甚至要用钩钩在鞋后帮上硬把脚塞进去。新手买鞋往往太大，一段时间后就会觉得脚上松松垮垮踩不上劲。一只脚能接触支点的只有四处：鞋尖、鞋尖内侧边（拇趾）、鞋尖外侧边（四趾趾尖）和鞋后跟尖（主要是翻岩檐时用来挂脚），而且只能踩进一指左右的宽度，不能太多。比如把整个脚掌放进去，为的是使脚在承力的情况下能够左右旋转移动，实行换脚、转体等动作。换脚是一项基本的技术动作，攀登中经常使用。正确方法要保证平稳，不增加手上的负担。以从右脚换到左脚为例，先把左脚提到右脚上方，右脚以其在支点的最右侧为轴逆时针（向下看）转动，把支点左侧空出来，体重还在右脚上，这时左脚从上方切入、踩点，右脚顺势抽出，体重过渡到左脚。双脚在攀登过程中除了支撑体重外，还常用来维持身体平衡。脚并不是总要踩在支点上，有时要把一条腿悬空伸出，来调节身体重心的位置，使体重稳定地转到另一只脚上。

（3）重心。攀登中，应明确地意识到自己重心的位置，灵活地控制重心的移动，移动重心的主要目的是在动作中减轻双手负担，保持身体平衡。初学者不要急于爬高，先做一段时间的平移练习，即水平地从岩壁一侧移到另一侧，体会重心、平衡、手脚的基本技术。在最基本的三点固定，单手换点时，一般重心向对侧移动，使手在没离开原支点之前就已经没有负荷，可以轻松地出手。横向移动时，要把重心向下移，使双手吊在支点上而不是费力地抠拉支点。一般情况下，应把双脚踩实，再伸手够下一支点，而不要脚下虚踩，靠从手上拉使身体上移。一定要注意体会用腿的力量顶起重心上移，手只是在上移时维持平衡。一般身体要尽量贴近岩壁，常见一些高手往往身体离岩壁很近，这是因为他们常用的侧拉、手脚同点、平衡身体等技术动作的准备需要与岩壁间有一定的空间，只是身体上升的一刻身体才贴向岩面。通常重心调节主要由推拉腰胯和腿平衡来达到。腰是人体中心，它的移动直接移动重心，较大的移动往往形成一些很漂亮的动作。把腿横向伸出，利用腿脚的重量来平衡身体也是常见的做法。

（4）侧拉。侧拉是一项很重要的技术动作，它能极大地节省上肢力量，使一些原本困难的支点可以轻易达到，在过仰角地段时被大量采用。其基本技术要点是身体侧向岩壁，以身体对侧手脚接触岩壁，另一只腿伸直来调节身体平衡，靠单腿力量把身体顶起，抓握上方支点。以左手抓握支点不动为例，是身体朝左，右腿弯曲踩在支点上，左腿用来保持平衡，右腿蹬支点发力，右手伸出抓握上方支点。由于人的身体条件，膝盖总是向前弯曲，若面对岩壁，抬腿踩点必然要把身体顶出来，改为身体侧向岩壁就可以很好地解决这一问题，身体更靠墙，把更多体重转到脚上，而且可利用到全身的高度，达到更高的支点。侧拉动作有以下方面应当注意：身体侧向岩壁，踩点脚应以脚尖外侧踩点，不要踩得过多，以利换脚或转身。若此点较高，可侧身后双手拉牢支点，臀部向后坠，加大腰前空间，抬脚踩点，再双手使劲把重心拉回到这只脚上，另一条腿抬起，不踩点，保持平衡用，固定手只负责把身体拉向岩壁，身体完全由单腿发力顶起，不靠手拉，以节省手臂力量。发力前把腰肋顶向岩壁，体重传到脚上，千万不能松垮地坠着，这点在攀仰角时尤应注意。移动手应在发力前就向上举起，把肋部贴向岩面，否则蹬起后再把手从下划到头上，中间必会把身体顶离岩壁，加大固定手的负担。一次侧拉结束后，视支点位置可做第二个连续侧拉，双手抓稳后，以发力脚为轴做转体，脸转向对侧，平衡腿在发力腿前交叉而过，以脚尖外侧踩下一支点，这时平衡腿变成了发力腿，移动手变成了固定手，做下一次侧拉动作。其间发力脚踩点一定要少，否则不易做转体动作。侧拉主要在过仰角及支点排列近于直线时使用。

（5）手脚同点。手脚同点是指当一些支点在腰部附近时，把同侧脚也踩到此点，身体向上向前压。把重心移到脚上，发力蹬起，手伸出抓握下一支点，这期间另一只手用来保持平衡，手脚同点需要的岩壁支点较少，且身体上升幅度大。做此动作时有以下几点需要注意：若支点较高，应把身体稍侧转，面向支点，腰胯贴墙向后坠，腾出空间抬腿，不要面向岩壁直接抬腿。脚踩实后，另一只脚和双手发力，把重心前送，压到前脚上，单腿发力顶起身体，同时手放开原支点，从侧面滑上，抓握下一支点，另一只手固定不动并调整身体平衡。手脚同点技术主要用于支点比较稀少的线路。

（6）节奏。攀岩讲究节奏以及动作的快慢和衔接。每个动作做完，身体都有一定的惯性，而且如果上一动作正确到位、身体平衡也不成问题，可以利用这一惯性直接冲击下一支点，两个动作间不做停顿，这样可以发现原来很困难的一些点不知不觉间就通过了。如果过分求稳，一动一停，每个动作都要先移动重心、调节平衡，然后从零开始发力，必然导致体力消耗过大。动作要连贯但不能急躁，各个细节要到位，上升时一定要由脚发力，不能为快而手拉脚蹬。手主要用作保持平衡和把身体拉向岩壁，动作不要求太快。要连贯，每个动作要做实。一般做一两个连贯动作稍稍停顿一下，调整重心，观察选择路线，困难地段快速通过，即连贯—停顿—连贯—停顿，间歇进行。做连贯动作时手脚、重心调整一定要到位，冲击到支点后要尽快恢复身体平衡。必要时，可选好地段稍作休息，放松双手。

（7）线路规划。一面岩壁安装着众多的支点，选择不同支点可以形成多条攀登线路，由于各人身体条件不同，都有各自不同的最优路线。练习时可以先看别人的攀登路线，根据自己的身体条件选择一条最优路线，并锻炼自己的眼力，发现、规划新的路线。在正式比赛时，是不能观看别人路线的，必须自己规划，这就要求对自己的身高臂长、抬腿高度、手指力量等有较好的了解。在练习当中，可以通过规划不同的线路来增加难度，一般是自觉地限制自己放弃一些支点，如放弃某几个大支点或故意绕开原线路上的某个关键点，或只使用岩壁一侧或中间的支点，或从一条路线过渡到另一条路线。

知识链接　我国人工攀岩场的好去处

目前，我国有十几个大型人工攀岩场地，下面介绍几个有代表性的攀岩场地。

1. 上海同济大学极浪运动工场

极浪运动工场位于上海同济大学内，为国内首家室内极限运动场馆，可进行攀岩、滑板、自行车、轮滑等极限运动项目。

2. 国家登山队训练基地

国家登山队训练基地位于北京市怀柔区，是国内最早的人工攀岩场地。其框架高15 m，主要使用钢筋混凝土材料。它用于国家登山队登山、攀岩队员训练，同时也对外开放。十人以上的团体组织活动较优惠，有国家级教练和国内一流水平的攀岩高手进行现场表演或指导。

3. 中国地质大学攀岩训练基地

中国地质大学攀岩训练基地位于北京市区。其框架高15 m，玻璃钢面，主要用于大学攀岩队训练及教学，同时对外招收大学攀岩俱乐部成员。

4. 北京大学攀岩俱乐部

北京大学攀岩俱乐部位于北京市区。其框架高15 m，玻璃钢面，主要用于大学攀岩队训练及教学，同时对外招收大学攀岩俱乐部成员。

5. 吉林大学朝阳校区攀岩训练基地

吉林大学朝阳校区攀岩训练基地位于吉林长春。其框架高25 m，岩面高16 m，玻璃钢面，主要用于大学攀岩队训练及教学。

6. 大港油田攀岩训练基地

大港油田攀岩训练基地位于天津大港油田，是国内最大的人工攀岩场地。其框架高15 m，玻璃钢面，主要用于大港油田攀岩队训练。

7. 雁栖湖攀岩场

雁栖湖攀岩场位于北京市怀柔区雁栖湖风景区，距怀柔区10 km。其框架高15 m，玻璃钢面，主要是对外营业。

目前，北京郊区的、怀柔黄土梁、延庆滴水壶等已开辟了多条难度不一的攀登路线，作为风景区内的一个项目，是营业性的。北京的郊县如怀柔、密云、延庆，可进行攀爬的悬崖峭壁很多，有能力有条件的爱好者可自行去发现、开辟。

三、徒步穿越运动

1. 徒步穿越的形式与特点

穿越是探险旅游的一种形式。顾名思义,凡是起点与终点不重合,不走回头路的野外探险活动,都可以称之为穿越。野外穿越是指自带装备与给养,在基本没有外援的情况下,徒步或借助交通工具(车辆、马匹等)进行的路上穿越活动。其种类按照穿越地域的特点划分,有山地丛林穿越、沙漠荒原穿越、雪原冰川穿越;按照行进方式划分,有徒步穿越、骑自行车穿越、驾驶机动车穿越等。在一次活动中,往往包含了多种穿越类别,其中徒步山地(丛林)穿越是最基本的形式,徒步穿越能力是一切穿越活动的基础。

典型的野外穿越一般选在穿越者比较陌生、地形复杂多样、具有神秘感的地域进行。穿越区内往往人迹罕至,常有鸟兽出没。穿越者没有现成的路可走,没有明确的路标指示方向,只有依靠地形图、指南针、海拔表,再加上自己的头脑来判断方位、选择路径,逢山则登,遇水而涉,披荆斩棘,一往无前。峭壁横空,可以攀援而上;沟壑当前,不妨凌空飞渡;有时需要漂流而下,有时却又溯溪而上。

另外,常规的登山活动都有相对固定的营地,可以存储给养,提供支援。而穿越则不同,由于不走回头路,一般不设立中转营地,所有吃、穿、住、行所需,皆一囊以括,肩负而行。一旦发生意外情况(如恶劣气候、地震、洪水野兽袭击、受伤、迷路),基本上要依靠自己(或同伴互助)来应付解决。

比起普通的旅行观光,野外穿越要艰苦得多。穿行在无人的崇山峻岭、大漠荒原,背上是沉重的行囊,脚下是崎岖的"野径",或顶酷暑,或冒严寒,风霜雨雪朝夕相伴,以山泉解渴、干粮充饥,苦乐自知。夜晚则住睡袋,随遇而安。因此,野外穿越具有以下三个主要特点:

(1)富于探索性。穿越者每一天的路都是新的,前面的未知世界充满了吸引力,当历尽艰辛、成功地走出一条自己的路时,那份欢欣与满足感是参加普通旅游所无法体味的。

(2)难度大、内容丰富。穿越集登山、漂流、攀岩、溯溪、定向越野、野外生存等于一身,是一项综合性强、难度较高的野外活动。

(3)对穿越者,尤其是野外穿越领队的要求较高。首先要求穿越者有良好的心理素质和道德水准,如坚韧顽强、胆大心细、处变不惊、行事果断、吃苦耐劳,还要注重团队精神,乐于助人等。同时,穿越者还必须掌握相关的知识和技能,主要包括地形图的使用(配合指南针和海拔表)、野外行进、野外生活(含野营)、攀岩、游泳涉水、登山装备的使用、创伤救护、避险求生等方面,以及一定程度的天文、气象、地理、生物、生理、水文、地质、物理、化学等知识。

2. 徒步穿越的基本装备

(1)背包。穿越者的主要东西都要包装好背在肩上,所以要选一个质量较好的登山包。容量不少于60 L,最好能防雨。

(2)帐篷。登山帐篷通常会增加1~2根支撑杆,以使支撑系统能抵御更强的风力或较厚的落雪。

（3）睡袋。要根据所穿越地区的气候特点来选择相应的睡袋。

（4）登山鞋。要穿防水透气的专业登山鞋，最好是高帮的。

（5）服装。内衣排汗性能要好，在野外忌讳穿纯棉内衣。外衣要求能防雨，保暖性能要好，还要有较好的透气性。在气候炎热的雨林地区，还可以穿快干衣服。

（6）备用粮食。在遇到恶劣天气、迷路、受伤或其他状况下可使用备用粮食；此类粮食是无须加工、轻便、易消化与长期存放的食品，如干果、肉干、脱水水果、糖果。而一些攀岩活动则加一些加工简单的食品，如可可、速食汤、茶等。充裕的早餐可以提供一天的能量与体力，及时进食可以提供足够的能量与心理的振奋。紧急使用的粮食有巧克力、脱水水果与甜点等。

（7）备用衣物。备用衣物包括一双内（外）袜、营地用靴、内衣裤、外裤、毛线衣或外套、帽子、手套等，必须根据穿越地区的气候条件来确定。

（8）太阳眼镜。高山环境易损伤眼睛。以紫外线而言，裸眼的视网膜很容易损伤，引发极大的痛苦，称之为雪盲。太阳眼镜可降低此伤害。注意不要被多云的天气所骗，因为紫外线可以穿透云层。

（9）急救箱。急救药品只能治疗轻微的病症，如处理简单的外伤或稳定患者的病情。应尽快将患者撤出山区，复杂的患者仍须送医疗单位诊治。急救药品最好用防水、坚固的盒子装妥。一般而言，急救药品主要应付水泡、晒伤、擦伤，若出现严重的出血或骨折，最好等待医生处理。

（10）瑞士刀。刀子是炊事、生火、急救甚至攀岩都需要用的物品，一把刀必须有两片刀刃、开罐器、螺丝刀、尖钻、开瓶器、剪刀，须是不锈钢制品。

（11）火种。火柴或打火机须收藏妥当，避免受潮而无法使用。

（12）水瓶。高海拔山区相当干冷，需饮用足够的水防止脱水与维持体能。一般而言，携带一个1升容量的水瓶即可，但环境太热、出汗很多则须携带两只水瓶。水瓶最好是广口的聚乙烯制品，比较容易重复使用与装雪；而铝制品装的水会有味道，且须注意不要和燃料油混淆。保温瓶是相当重要的物品，尤其是在雪期。

（13）防晒油。高海拔山区的阳光强度较海边高出数倍，对于人体的舒适与健康有一定的影响。攀登过程无法避免长时间暴晒，必须利用衣服或防晒油覆盖皮肤以降低紫外线的照射。虽然人体有天然的色素合成可以保护皮肤，但不要低估阳光的强度，它会引起病变，如皮肤癌。一般人立于阳光中30 min就会被晒伤，而10 SPF的防晒油可以阻挡300 min的阳光，所以购置15 SPF以上的防晒油较佳。

（14）驱虫剂。野外充满各种的昆虫等动物，如蚊、蝇、虱、螨等，它们会吸人血。不一定每个人都习惯于在炎热的天气穿带长袖的厚衣物，所以要使用驱虫剂。通常含有DEET药物的驱虫剂效果相当好，尤其对蚊子更有效，有些使用高剂量DEET的驱虫剂可以持续数小时。

3. 野营基础常识

野营充满趣味，但安全是第一要素。以下几点是必须注意的：

（1）应尽量在坚硬、平坦的地上搭帐篷，不要在河岸和干涸的河床上扎营。

（2）帐篷的入口要背风，远离有滚石的山坡。

（3）为避免下雨时帐篷被淹，应在其边线正下方挖一条排水沟。

（4）帐篷四角要用大石头压住。

（5）帐篷内应保持空气流通，在帐篷里面做饭要防止火灾。

（6）晚间临睡前要检查是否熄灭了所有火苗，帐篷是否固定结实。

（7）帐篷最好朝南或东南面，能够看到清晨的阳光。营地尽量不要在山脊或山顶上，至少要有凹槽地。不要将帐篷搭于溪旁，保证晚上不会太冷。营地选于沙地、草地、岩屑地等排水佳的地方，不需要挖排水沟，石头、树干可替代营钉，最好找有树林遮风的地点。

（8）快速"安家"。选择好营地后，应首先搭建公用帐篷。在营地的下风处搭好炊事帐篷，建好炉灶，烧上一锅水；然后依次向上风处搭建用于存放公用装备的仓库帐篷和各自的宿营帐篷。当整个营地的帐篷搭建好后，烧的水已开锅，可以马上饮用并开始做饭。

（9）野外厕所。到达目的地搭建帐篷的同时，建一个简易的野外厕所是极为必要的。野外厕所应选择在营地的下风处，要比营地稍低一些，并应远离河流（至少20 m以外）。最好是挖一个宽30 cm左右、长50 cm左右、深约0.5 m的长方形土坑，里面放些石块和杉树叶（消除臭味）。三面用塑料布或包装箱围住，固定好，开口一面应背风。在厕所内准备一些沙土和一把铁锹，另外准备一块木板或纸板。便后用沙土将排泄物及卫生纸掩埋，并用木板或纸板将便坑盖住，以消除异味保持卫生。另外，在厕所外立一较明显的标志牌，使别人在较远处即可看到是否有人正在使用。当露营结束时，用沙土将便坑掩埋好，并做好标记，告诉其他参加野外活动的人。

（10）宿营期间，背包要密封以避免小型动物盗粮；入夜后，须使用背包套，即使是晴朗的天气，露水依然会沾湿背包。雪期可用背包作为雪洞的门。宿营时可将空背包套于睡袋外，以隔地寒冷的地表来增温。野营回来后必须将背包清理干净，若太脏可用中性的清洁剂清洗，再置于阴凉处风干，应避免暴晒，因为紫外线会伤害尼龙布。要注意基本的保养，背包被划破就要及时缝补，选用较粗的线和专门缝补坐垫的针具，尼龙线可用火烤断。

知识链接　徒步穿越不同路面的行走技巧与经验

1. 青石板路

（1）路面特点。这种路面主要是清末、民国时期修建的。主要就是古香路，是由大小不等的青石板人工铺设而成。由于年代久远，走的人比较多，这种青石板路的路面已经变得非常光滑。一旦遇到雨雪容易发生事故，轻则跌跤、崴脚，重则骨折重伤。

（2）行走技巧与经验。雨后，上山时除了穿防滑的鞋以外，心情还要放松。行走时重心不要太靠前，重心方向要和地面的石板垂直，尽量使用登山杖。背大包时包的重心应该是中部偏下，手尽量扶着岩壁或树木。下山时一定要用登山杖，重心略微前倾。脚的落点尽量踩在石板之间的缝隙，或者路旁的草木上。两个人之间一点要拉开距离，避免一个人跌倒后铲倒好几个。雪后，最好用四齿的冰爪，如果不用冰爪，脚一定要落在路旁树根或草木上，登山杖必不可少。

2. 跳石

（1）路面特点。所谓的跳石就是没有明显的路，所谓的"路"主要由山谷沟壑经长期雨水冲刷和山洪暴发形成。在这种路面上行走，需要在石头上跳来跳去前进，细纱、小溪、巨石参差交错，"杀机"四伏。

（2）行走技巧与经验。克服对跳石的恐惧心理是最主要的，这就要求注意力集中。雨季，大雨来临之前、大雨刚过时不要去峡谷跳石，小心山洪暴发。准备一双底厚一点且硬一点的登山鞋，在跳石之前要先检查鞋带是否松动，然后要把背包肩带和腰带拉紧，让背包紧贴背部，以免跳跃时背包晃动、重心不稳导致失足。跳石时眼睛要注意观察前方的情况，准确判断下一个落脚点，注意观察某些石头上留下的长期作为落脚点的暗痕。另外，一定要把鞋底清理干净，如果鞋底粘上了沙子，就要小心你的膝盖和门牙喽。

3. 土路

（1）路面特点。这种路面很常见的，形成原因主要是石头风化和没有植被覆盖的山皮经过人们的长时间踩踏形成的。也许你觉得这是最好走的路，有什么可注意的呢？有这样的想法就大错特错。雨季时这种路面就是传说中的烂泥路，非常容易跌倒，伤到膝盖。

（2）行走技巧与经验。大雨后经过太阳的曝晒，土路表面已经被晒干，但实际上已经吸足了水分，这个时候上下山时很容易出现危险，走这种路面时鞋底一定要抓地，要充分利用登山杖作为支点，以免不注意踩进很深的烂泥里。另外，春秋两季昼夜温差大，雨雪天后土路路面非常容易结冰，危险系数比较高，遇到这种情况上下山时要充分利用登山杖和可以攀扶的东西，注意攀扶物体时要先确保该支点是牢固的，这一点非常重要。

四、漂流运动

驾着无动力的小舟，利用船桨掌握好方向，在时而湍急时而平缓的水流中顺流而下，在与大自然抗争中演绎精彩的瞬间，这就是漂流。在国际上，漂流早已是热门旅游项目。近几年来，"漂流旅游"在全国各地蓬勃兴起，水上漂流呈快速发展态势。都市人去漂流，可以说是另一种生活方式的体验，但更多的是在"有惊无险"中感受一种全新的放松，如图5-2所示。

1. 漂流工具

漂流的河段不同，可选择的工具也不同。一般来说，橡皮筏适用范围最广，也最普遍、最常用；小木船适用于河道较直、少弯道与礁石的河段；竹筏则适用于风平浪静的河段。

橡皮筏的适应性非常强，即使遭遇落差较大的瀑布或是险峻的河谷也总能化险为夷。因为橡皮材料柔韧性能好，又有充气囊以柔克刚，一般的礁石不会让游客担心，漂流过程中自有舵手负责。舵手的主要任务就是把握好方向和平衡，遇到急流险滩和礁石时能妥善处理。橡皮筏上一般配有几片供游客操作的桨板，在平缓河段时，游客可在舵手指导下过一把以桨划水的瘾。竹筏（或称竹排）一般不宜在急流险滩中使用，容易被卡住或翻沉，但在风平浪静时漂行却韵味十足。游客手持竹篙，一边深深浅浅地撑着，一边观赏河岸景观，优哉游哉。当然，这已经不是严格意义上的漂流了。

小木船介于橡皮筏与竹筏之间，适应性比橡皮筏稍弱，操作技术比橡皮筏要难一些，一般可坐8人。在小三峡和神农溪的漂流中常可见到一种名叫"豌豆角"的小扁舟。乘坐橡皮筏或小木船都切忌站立或走动，必须注意保持船体平衡。

漂流之前要换上泳衣，以防衣服被浪花打湿，同时必须穿好救生衣。游客一定要视自己身体状况而定是否可行，老弱病残者切勿轻易尝试。游客的贵重物品最好不要随身漂流，随身携带的物件可用塑料袋装好，系在安全绳上。

2. 读河

有经验的桨手每到河流的转弯处或险滩前，总会盯住河面仔细观察，这就叫作"读河"。在

图5-2 漂流

险滩的地方，水急浪大、礁石众多。读河就是要发现那些隐藏的陷阱，并找出一条穿越险滩的最佳通道。要想弄明白险滩是怎样形成的，对行船有什么危险，首先要搞清楚水流的几个基本形态：

（1）险滩的舌部——当河床向下倾斜，平静的水面出现白色的浪花，激流通常是在中心部分即河床最深、流速最快的地方。在两岸靠边稍浅的地方，河水受阻而降低流速。这样便形成了中间水流较快的现象。并且，中心较快的水流力量较大，进一步冲走了石块泥沙，清除了阻力和障碍，并形成一个"V"形的舌部，"V"形的顶端通常指向最少障碍、最小阻力的通道。

（2）倒卷浪——完全露出水面的礁石容易发现，但有些藏在水下的礁石则暗藏玄机。当水流过礁石的顶部，汇入礁石后面的憩流（止水）时，河水形成反向的流动（向上游方向流动），这种现象称为倒卷浪。它出现在半隐半现礁石的下游处。当礁石恰好处在水面之下，由于看不到水花，从上游方向很难发觉。要注意激流中较平静的地方，因为水下的礁石会使激流分流，而且水流过礁石表面时是平行不起浪花的。如果上岸观察，便可以从下游的方向来看，这时倒卷浪就非常明显。有些礁石被激浪所覆盖，必须持续、全神贯注地观察才可以看得出来。如要是较大的、隐藏较深的礁石，在其下游会有较大的倒卷浪，通常叫作"洞"。这种"洞"往往力量很大，可以轻易地把船掀翻。有些"洞"像抽水马桶一样，一旦误入其中，好像被引力吸住，如陀螺般旋转，很长时间都会陷在里面。因此，要不遗余力地避开。

（3）直立浪——河水在陡峭下降的河床中流速较快，在较平缓的河床中流速较慢。当

流速快的水流遇到流速慢的水流时，水流量无法及时排走，就会浪浪相叠起来，形成高高的直立浪。直立浪的大小与水量和落差有关。一般的直立浪都不会造成问题。如果直立浪很高但坡度平缓，最好的办法就是船头对准浪尖，直接驶过去。这种浪气势磅礴，在惊涛骇浪中穿行，人们感觉非常过瘾。如果直立浪看起来很陡峭，直行很可能会翻船，应该选择从浪的边缘部分通过，因为边缘部分往往角度较缓，高度也较低。但首先应该确认是直立浪还是水下礁石。水下礁石在激流冲过时也会激起冲天大浪，只不过礁石激起的浪散乱不齐，而直立浪则显得非常有规律。

（4）转弯——通常，最深和最快的水流在转弯处的外道。河水的趋势是把船推向转弯的外道，这正是礁石和其他危险情况较多的地方。一般要求是在转弯时把船调整在45°角，并保持在里道位置上。一旦有必要，利用河水的力量可以很容易地划到外道上去。但如果想从外道往里道划则很困难，因为要克服河水的全部阻力。

（5）洄水——在礁石后面或两岸突出部分后面，河水的流向与主流相反，向上游方向流动，称之为洄水；河流转弯处里道的缓流也称为洄水，尽管此处的水不流向上游方向。在主流和洄水交错的地方有条洄水线，也称为洄水栅。这条洄水栅非常复杂，没经验的新手看不出来，如不会利用两股水流的力量，则有可能被困上数小时而划不出来，在洄水中打转。另外，需要特别注意的是，在洄水线处有股不同方向的水流在打架，遇到强劲的洄水线，万一不慎也会平"地"翻船。洄水对行船是非常有用的，可以利用洄水停船上岸、侦察激流险滩、建立营救点、等待落后的同伴等。但那些旋转涡流状的洄水应该注意避开。

读河不是一门科学，没有精确的定理公式，要把读河作为一门艺术来对待。在礁石与巨浪、涡流与"洞"组成的布满陷阱的险滩上也没有太明显的标志，舵手只能凭经验在激流险滩中划出一条想象中的通道，并力争沿这条通道穿过险区；另外，激流险滩从水平面看与从岸上看是不一样的，因此，有经验的舵手在读河时已确立了备用方案，以便在无法进入原定路线时不致手忙脚乱。

3. 漂流安全

参加漂流之前，最好携带一套干净的衣服，以备下船时更换，同时携带一双塑料拖鞋，以备在船上穿用。

上船第一件事是仔细阅读漂流须知，听从船工的安排，穿好救生衣，找到安全绳。在气温不高的情况下参加漂流，可在漂流出发地购买雨衣。漂流船通过险滩时要听从船工的指挥，不要随便乱动，应抓紧安全绳，收紧双脚，身体向中央倾斜。若遇翻船，也完全不用慌张，要沉着冷静，因为事先穿有救生衣。不得随便下船游泳，即使游泳也应按照船工的意见在平静的水面游，不得远离船体单独行动。

游客必须全程穿着救生衣，即使会游泳也一样，以确保安全。漂流艇为高分子材料制作，由于全程跌水区及大落差区很多，一定不要将现金和贵重物品带上船。若有翻船或其他意外发生，漂流公司和保险公司不会赔偿游客所遗失的现金和物品。戴眼镜的顾客需找皮筋系上眼镜。

在漂流的过程中要注意沿途的箭头及标语，它们可以帮助寻找主水道及提早警觉跌水区。在过急流时，艇具要与艇身保持平衡，并抓住艇身内侧的扶手带，保证艇身平衡并与河道平行，顺流而下。

当艇受卡时不能着急站起，应稳住艇身，找好落脚点才能站起，以保证人不被艇带下而冲走。当误入其他水道被卡或搁浅时，请站起下艇，找到较深处时再上艇，不能在艇上左右摆动。因为漂流是一种对体能与胆量的挑战，在有安全保障的前提下，一般情况下护漂人员不应干涉游客的行为。

> **知识链接** 漂流的技巧
>
> 漂流是一种体能与胆量的挑战，在你寻求刺激、享受快乐的同时，要注意安全，并掌握一些技巧。漂流过程中，由于全程跌水区及大落差区很多，不要携带怕沾水的东西，以避免掉落或损坏。戴眼镜的朋友事先用皮筋系上。
>
> 必须全程穿着救生衣，防止不注意的时候翻艇。在漂流的过程中需注意沿途的箭头及标语，可以帮助你提早警觉跌水区。
>
> 在下急流时，要抓住艇身内侧的扶手带，坐在后面的人身子略向后倾，双人保证艇身平衡并与河道平行，顺流而下。
>
> 当艇受卡时，不能着急站起，应稳住艇身，找好落脚点后才能站起。

五、溯溪休闲运动

夏日于深山密林、峡谷清溪之中寻幽访胜、乘渡探瀑，便是魅力无穷的溯溪运动。所谓溯溪，是由峡谷溪流的下游向上游，克服地形上的各处障碍，穷水之源而登山之巅的一项探险活动。

溯溪原是欧洲阿尔卑斯的一种登山方式，现演变为相对独立的户外运动。在亚洲地区，溯溪运动开展最为普遍的是日本，各种团体组织比比皆是，因以脚踏草鞋多而名曰"××草鞋会"。我国的台湾地区自20世纪70年代开始流行溯溪活动，近年来渐呈方兴未艾之势。由峡谷溪流的下游到上游，直至顶峰，称为完全溯溪。而选择一段溪流溯行，行露营、垂钓之乐，赏飞瀑、峭壁之巍峨，享幽谷、密林之恬静，则更为盛行。

在溯溪过程中，溯行者须借助一定的装备、具备一定的技术，去克服诸如急流险滩、深潭飞瀑等许多艰难险阻，从而充满了挑战性。也正是由于地形复杂，溯溪在不同地段须以不同的装备和方式行进，因而使得这项活动富于变化而魅力无穷。溯溪活动需要同伴之间的密切配合，需要一种团队精神去完成艰难的攀登，如图5-3所示。

图5-3 溯溪

1. 溯溪图的判读与绘制

溯溪图是根据峡谷溪流的地形特点而绘制的简单明了的溯行路线特征图件，是溯行前必备的物品之一。有经验的溯溪者能根据该图件清楚地了解溯行地区的各种地形特征，从而有目的地进行各项准备工作。判读溯溪图是溯溪的基本技能，而学会绘制溯溪图则更能使溯溪组织之间多一份交流的宝贵资料。

溯溪图一般以1∶50 000的比例显示主要的地形特点，如岩石堆、瀑布、深潭等。标绘得过粗、过细都不适宜，过粗无法体现整体路线上的特点，而过细则显得杂乱，没有重点。一般来说，地形图将不足1 cm的地形省略，图上所描绘的主要地形有岩石堆、峭壁、瀑布、深潭、溪流的汇流点和分流点等。

2. 溯溪装备

因为溯溪是登山的一种方式，所以登山装备必不可少。除此之外，还有一些溯溪专用的物品，如溯溪鞋、护腿和防水衣物。

溯溪鞋是垂钓用的防滑鞋，鞋底摩擦力特别大，走在湿滑的岩石上特别方便。国内这种溯溪鞋很难买到，但手工编织的草鞋也可代替。使用护腿可防止蚂蟥等蚊虫的叮咬。防水衣物的选择以轻便、透气性良好、易干燥的尼龙面料为宜。

保暖衣物和露宿帐篷、炊具、食物等视日程的安排而有选择地携带，物质装备以轻便、负重不宜过大为准则，可以携带露宿帐篷。另外可自带渔具等，在露营时享受垂钓之乐。

因溯溪多在水边或水中进行，因而所带的装备应妥善打包，最好用塑料袋包好后再放入背包，尽量使背包的体积最小。

3. 溯溪技术

除了基本的登山技能，溯溪还要求掌握攀登瀑布等技术，因此，单从技术而言，溯溪比登山更为复杂、要求更高。溯溪技术大致可分为登山技术、具有溯溪特点的技术（即岩石堆穿越、横移、涉水泳渡、瀑布攀登和爬行高绕等）。其基本要领为三点式攀登，即在攀登时四肢中的三点固定，使身体保持平衡，以一点向上移动。

（1）岩石堆穿越。峡谷溪流中多滚石岩块，且湿滑难行，行走时应看准、踏稳，避免因踏上无根岩块而跌倒或被急流冲倒。

（2）横移。若岩壁瀑布下深潭阻路，可尝试由两侧岩壁的岩根横移前进。岩石多湿滑而支点不易掌握，横移时须特别谨慎，有时支点隐藏于水下，此时以脚探测摸索移动。若特别困难，干脆涉水或泳渡。溯溪过程中应尽量避免湿水，一般峡谷中多阴凉、潮湿，衣物、鞋子不易干，容易疲劳，脚久在水中易起水泡，所以非不得已不要湿水是溯溪的基本要诀。

（3）涉水或泳渡。涉水或泳渡时，必须清楚地判断水流的缓急、深浅及有无暗流，必要时借助绳索保护技术。在溯溪过程中经常使用绳索横渡过河，这涉及一系列的绳网、绳桥技术，这里不作详细介绍。

（4）瀑布攀登。这是溯溪过程中最刺激，也是难度最大的技术。攀登前必须事先观察好路线，熟记支点，要充分考虑好进退两难时的解决办法。瀑布主体水流湍急，但苔藓少，有时反而容易攀登。瀑布攀登经验和技术要求高，不具备娴熟技术和经验者或初学者不要轻易做这种尝试。

（5）爬行高绕。在遇到瀑布绝壁，用其他方法不能前进时，可以考虑爬行高绕的方式，即从侧面较缓的山坡绕过去。高绕时小心在丛林中迷路，同时避免偏离原路线过远，并确认好原溪流路线。

六、潜水运动

（一）潜水运动的产生与发展

神游海底是人类由来已久的愿望，早在2 800年前，两河文化全盛时期，阿兹里亚帝国的军队用羊皮袋充气，于水中攻击敌军，这也许就是潜水的始祖。距今1 700年前的中国史书《三国志·魏志·倭人传》中，就已经有了海边渔夫在海里潜水捕鱼的场面描写。到了1720年，曾有一个英国人利用一只定做的木桶潜到水下20 m深的地方成功地进行海底打捞。而今天职业潜水的前身，则要属160年前英国的郭蒙贝西发明的从海上运送空气的机械潜水，也就是头盔式潜水。这种潜水于1854年首次在日本出现。1924年开始使用玻璃做潜水镜，并制造出从水上吸取空气的"面罩式潜水器"，这是水肺潜水器材的前身。同年，日本人使用面罩式潜水器潜入地中海底70 m，成功捞起沉船八阪号内的金块，震惊了全世界。在第二次世界大战期间，开发了一种特殊军事用的"空气罩潜水器"，采用的是密闭循环式，并有空气瓶的装置。第二次世界大战末期，法国开发了开放式"空气潜水器"，1945年前后这种潜水器在欧美非常流行。近几年来，由于潜水器材的进步，带动了潜水运动的蓬勃发展，投身于潜水和喜欢潜水运动的人也越来越多，许多潜水组织应运而生。目前世界上的潜水组织有好几百个，由于经营策略和方法的不同，其知名度、普及率、国际化等的程度也有所差异。

（二）潜水运动装备

（1）脚蹼。脚蹼一般呈鸭脚形，又称为鸭蹼。独特的鸭蹼增强了拨水的效果，使人在水中的游速更快，特别适合追求速度的人使用。

（2）面镜。面镜是欣赏水底世界的"窗户"。

（3）呼吸管。呼吸管配合面镜使用，可以使游泳者不用抬头换气，增加了排水阀的设计，使排水更容易、简便。特别适合潜游及不会换气的人使用。

（4）浮力调整背心。浮力调整背心在水中通过排气阀，能调整自身在水中的浮力，在水面可作救生衣使用。

（5）综合仪表。综合仪表将时间、深度、方向、温度及空气供应量综合在一起，起到一目了然的作用，有了它可以及时了解潜水时所处的深度、气瓶内所剩氧气、压力及方向，是潜水员必不可少的水下工具。

（6）潜水服。潜水服可以为潜水员保暖、保护潜水员避免水中礁石或其他动植物的伤害。它有特殊的防水、耐压设计，在水下的视角更大。由于用硅胶材质制成，游泳、潜水都适用，特别是对害怕呛水的游泳初学者很有效果。

（7）水肺气瓶。供水中呼吸之用。

（8）呼吸调节器。呼吸调节器是潜水员在水下呼吸的工具，可将水肺气瓶内的气压减低到可用的程度。

（三）潜水技术

1. 技术要领

（1）下水前的必要学习。学习内容包括学习呼吸管和调节器的使用方法、水面休息方法、紧急情况处理等。首先应亲自检查装备功能是否正常，然后同伴间再相互检查一遍。

（2）入水的姿势。入水的姿势有以下四种：

①正面直立跳水：水深需在1.5 m以上，双脚前后开立，一手按住面罩，一手按空气筒背带；

②背向坐姿入水：面向里坐于船舷上，向后仰面入水；

③正面坐姿入水：供初学者使用；

④侧身入水：在橡皮艇上俯卧滚身入水。

（3）潜降。借助调节器，配合配重带，头上脚下地潜降；也可不借助调节器，头下脚上地潜降。

（4）上升。将上升速度控制在18 m/min以内，即不要超过自己呼出的气泡的上升速度；不要停止呼吸；上升时抬头看上面，可以伸出右手指定方向，注意背后，身体缓缓自转。

2. 水肺潜水和浮潜

水肺潜水是指潜水者背负氧气筒，借筒内氧气呼吸，长时间潜水的方法；浮潜是潜水者屏住呼吸在水中潜泳，直到无法憋气时再浮出水面的方法。

3. 水肺潜水的规则

（1）两人同行原则。两人从入水到上岸都必须在一起，教练不得允许其中任何一人自行上岸，两人应经常保持联系。

（2）落单时的应对。保持镇静、浮上几米，寻找同伴；找不到时就浮出水面，注意观察气泡。超过10 min仍无同伴的踪迹，应回到入水地点。每10 m检查气压计余量。

4. 几种通用手势

（1）我现在情况良好——OK（拇指和食指呈"O"状）。

（2）注意（物体）方向——食指指示方向。

（3）上浮——右手握拳，拇指向上。

（4）下潜——右手握拳，拇指向下。

5. 耳压的平衡

（1）一般潜水员潜到水深3 m处，就会感受到耳朵疼痛，那是水压变大所致。

（2）一般的耳压平衡法是：从面罩上捏住鼻子，使鼻孔阻塞，然后用力吹气，就能将空气灌入耳管。

(3)潜水经验丰富者只要做吞口水的动作或左右摆动下颚,就能使耳压平衡。

(4)做耳压平衡时,保持头部朝上较易实施。

(5)每往下潜一个深度,就应立即做耳压平衡。尤其是在深水处,做耳压平衡的次数应增多。

(6)向下潜时,如耳内疼痛难忍,应立刻上浮,不要勉强。

6. 水中视觉与听觉的变化

(1)光线进入水中后会有折射现象,导致在水中见到的物体是其实际体积的1.25倍。

(2)视线距离也会变近,视线距离会缩短为实际距离的3/4。

(3)水中声音传播的速度是在空气中传播速度的4.2倍。

(4)声音传来时,几乎是左右耳同时听见,所以很难分辨声音的方位。

7. 不适合潜水的人群

患有感冒、神经过敏、耳鼻疾病、心脏病、糖尿病者及醉酒者等均不适合潜水。

(四)潜水资格

初级潜水员通常得经过17 h的课堂理论教育、3 h的泳池培训和拥有3次经验才能考试,考试合格才能颁发证书。目前国内可以考的潜水执照有三种:一种是由我国国家体育总局颁发的CMAS;一种是由国际专业潜水教练协会颁发的PADI;另一种是由国际潜水教练协会颁发的NAUI。

知识链接

潜水

第二节　室外游乐项目的服务与管理

一、室外游乐项目的类型

室外游乐项目是比较典型的旅游康乐项目,室外游乐园占地面积都很大,比较正规的面积可达几十公顷。

游乐园室外项目的共同特点是体积很大,富于刺激性,且多为被动式参与活动的机械设备。下面具体介绍几个项目。

1. 过山车

过山车是一种轨道车,车厢相对固定在钢制轨道上,游人坐在车中随着车厢上下翻飞,快速运动。过山车能人体验到快速前进、失重、倒向悬吊、离心力等方面的刺激,感到有惊无险、回味无穷。

过山车的轨道蜿蜒起伏、落差很大,高的地方有二三十米,低的地方紧贴地面,有的地方以较小的半径做垂直180°运行,有的地

知识链接

过山车

方做水平180°运行，还有的地方在接近与地面垂直的角度做侧向180°运行。上坡时靠铰链带动缓慢上行，下坡时靠惯性以使人产生失重感觉的速度极快地滑行，瞬时最高速度可达5 000 m/min以上。各个游乐场的过山车轨道长度不尽相同，一般为500～1 500 m。一条轨道长约600 m的过山车，每次运行时间约为2 min。

2. 观光摩天轮

观光摩天轮在有的地方也称为大观览车或摩天轮，如图5-4所示。它的主要功能是把顾客带到高空，并不停地缓慢运动，以便顾客饱览四周的美好景色，能使人放松情绪，忘掉疲劳与烦恼，产生一种超脱尘俗的愉悦快感。

图5-4 观光摩天轮

观光摩天轮的主体是一个垂直转动的巨大的钢制转轮，转轮的直径可达30～40 m。转轮的外围等距离地悬挂着36个观光舱，每个观光仓可面对面地坐4个人。观光仓由金属骨架和有机玻璃构成，坐在里面的人可以透过有机玻璃向四周观望。观光摩天轮的转动速度较慢，每转一周需要10～15 min，对于处于外围的观光仓来说，运行速度为12 m/min左右，这种速度可以保证顾客在不停地运转中从容自如地从底部出、入观光仓。

知识链接　国内著名摩天轮

（1）南昌之星。南昌之星摩天轮位于江西省南昌市红谷滩新区红角洲赣江市民公园，高度为160 m，转盘直径为153 m，2006年建成时是当时世界最高摩天轮。它设有60个太空舱，每舱可容游客6～8人，舱内配置了液晶电视、冷暖空调对讲机等，可同时容纳360人左右进行参观游览，高空览胜，赣水西山美景，都市万般风情，尽收眼底。

南昌之星摩天轮上拥有世界第一大时钟，60个太空舱分别代表60 min的时间刻度，摩天轮将采用双供电与双动力系统，以保证游客安全，同时太空舱内还设有灭火器、对讲机及救生绳筒，万一出现故障，游客可沿绳而下，避免危险。摩天轮运转为匀速转动，但如有乘客在太空舱突发疾病，如心脏病等，通过对讲机与地面操作控制人员联系，可以调节运输速度，使病人快速抵达地面。

（2）常州摩天轮。常州摩天轮高89 m，造价1.5亿元，钢结构总重约3 000，主体结构是组合钢箱梁结构，内侧设钢管桁架支撑，箱梁外侧有24个游艺舱体，号称为"世界最大、国内唯一"的无辐式摩天轮。被命名为"时来运转"，寓意东经120°经线绕地球一周，形成一圆环，观光者从地下进入巨环，环绕一圈后又回到地下。

（3）苏州摩天轮。苏州摩天轮，世界最大的水上摩天轮——苏州摩天轮位于苏州园区现代休闲广场南侧、金鸡湖边的摩天轮高120 m，是目前世界最大的水上摩天轮。

苏州摩天轮乐园位于苏州工业园区金鸡湖东岸，文化水廊景观区域，现代休闲广场南侧，包括了一座直径为120 m的巨型摩天轮及多种配套游乐设施的主题游乐园，该项目总占地3.768公顷，总投资2.8亿元。于2009年5月21日开幕。

（4）天津之眼。有"天津之眼"之称的永乐桥是海河上技术难度最大的一座跨河桥梁。

永乐桥摩天轮直径为110 m，距离地面的高度可达到120 m。轮外将装挂48个透明座舱，每个座舱可乘坐8个人，可同时供384人观光。开启后以匀速旋转，转一周大约需要30 min，到达最高处时，周边景色一览无遗，能看到方圆40 km以内的景致，是名副其实的"天津之眼"。如果赶上晴空万里的天气，那就可以一览市区风貌，景色相当壮观。

摩天轮的直径有110 m，因此，对它的转动轴技术含量要求很高，目前，摩天轮已经通过了抗压、抗渗、抗折、抗冻等强度试验。2008年4月22日，"天津之眼"摩天轮安装建设基本完成，座舱安装完毕。2009年4月28日正式开放。

（5）北京朝天轮。北京朝天轮，由曾设计英国观景摩天轮"伦敦眼"的荷兰艾维公司设计，耗资约2.9亿美元，竣工后总高度达208 m，高度超过了知名的英航伦敦眼和刚刚建成的新加坡摩天轮。

坐落在北京朝阳公园的朝天轮，主要包括轮盘、A支架、轿舱、登舱系统、离舱系统、驱动系统、控制系统等部分。

该摩天轮直径达208 m，轮箍直径约183 m。比目前世界上最高的"伦敦眼"摩天轮高出73 m，同时拥有48个座舱，每个轿舱最多可乘40人，每圈运转时间达20 min。

（6）"水城之眼"摩天轮。聊城地标——"水城之眼"摩天轮地处聊城南部新城行政商务中心，位于国家4A级风景区东昌湖南岸，总建筑面积约8万m^2，地下一层，地上13层，共14层，总高130 m，是亚洲三大摩天轮之一，也是全球首座建筑与摩天轮相结合的城市地标。摩天轮直径110 m，最低点距地面20 m，顶端高度可达130 m，是中国唯一的座轮盘直径110 m斜拉索式的摩天轮，摩天轮共安装吊箱42个，吊箱呈圆柱形，每个吊箱可乘坐6人，摩天轮共可携载252人，其中多项技术与安装工艺都是全国乃至世界首创。

聊城地标摩天轮将国际学术交流中心和巨大的摩天轮融为一体，这种建筑造型在全国乃至世界范围内都是独一无二的，是全球首座建筑与摩天轮相结合的城市地标。据了解，摩天轮投入使用后，市民可乘坐摩天轮登到130 m高的高空，北望东昌湖，南望凤凰湖，可一览水城全貌。

3. 飞荡转椅

如图5-5所示，飞荡转椅是通过不同程度的旋转和飘荡产生的离心力来刺激人的感官，使人产生旋转不定、迷离恍惚的感觉，从而达到放松身心、消除疲劳的目的。

这套设备是在一个约20 m高的主轴顶端向水平方向伸出三个悬臂，悬臂外端轴上悬吊着六套双人座椅。飞荡转椅的运行规律就像天文学中卫星与行星之间的关系，卫星在自转的同时围绕行星转动。飞荡转椅的悬椅围绕旋轴自转，同时旋轴在悬臂的支撑下围绕主轴旋转。

图5-5 飞荡转椅

4. 碰碰船

如图5-6所示，碰碰船是通过圆形船体无规律地撞击、振荡、颠簸来刺激人的感官，使人飘荡不定，难以驾驭，常常产生出乎意料的接触碰撞情况；使人们在笑声中忘掉疲劳和烦恼，达到放松身心的目的。

碰碰船的船体是一只圆形的充气橡皮船，船上装有一台汽油发动机，带动螺旋桨以推动船体行进。小型的碰碰船可坐1～2人，大型的可坐5～6人。驾驶碰碰船的人很难使船按照指定的方向行进，因而让人捧腹的情景频频发生，乘坐者能够在这种欢乐中消除疲劳和烦恼。

图5-6 碰碰船

5. 自由落体项目

这种设备的主体是一座高达70 m、直径1 m多的塔状物。在塔顶四周悬挂4张吊椅,每张吊椅可坐4人。顾客坐好之后,挂钩就将吊椅沿轨道吊至塔顶,然后快速松开,四把椅子瞬间顺轨道垂直滑落下来,在滑到离地面还剩1/4距离时,下滑速度被控制住,由快速、加速下滑变为缓慢下滑、着地。虽然整个过程不到30 s,但坐在吊椅内的人几乎完全处于失重状态,紧张得呼吸似乎都要停止了,心脏也好像要跳出来。这种项目带给人的刺激是强烈的,尽管有的人在玩的时候吓得脸色惨白,但是仍然要再次体验,足见其具有很强的吸引力。

知识链接

自由落体

二、室外游乐项目的服务程序

(1)服务员应提前到岗,换好工作服后在考勤登记册上签到。

(2)搞好责任区的场地卫生和设备卫生工作。打扫场地、擦拭设备。

(3)检查责任区的设备情况,特别要对电源、动力、传动、出入口等部位逐一检查,确认设备完好后方可进入下一工作程序。

(4)到营业时间后,主动迎接顾客,请其出示票券,检票后请顾客进场。

(5)需要顾客坐下的游乐项目,服务员应引导其入座,然后提醒顾客系好安全带,确认安全带系好后再关上舱门并别好门闩。不要求顾客坐下的项目如蹦极、自由落体等,应帮助顾客系好保险绳等安全装备，经检查确认没有问题后再进入下一程序。

（6）服务员离开即将运行的设备，由控制人员启动设备。

（7）设备开始运行后，服务员应注意观察设备的运行情况和顾客的反应，如发现异常，应立即按动紧急制动按钮。

（8）设备停止运行后，服务员应打开舱门，解除安全装备，引导顾客走出活动场地。

（9）顾客如有强烈的不良反应，如剧烈呕吐、休克等，应主动搀扶并送至医务室诊治。

（10）顾客临走时，服务员应主动与顾客道别。

（11）营业结束时，应再次清理卫生并检查和保养设备，为次日的营业做好准备。

课堂讨论

举例说说自己所参加过的室外运动项目的经历。

技能操作

两两配对，进行游客与户外康乐项目接待员的角色扮演，模拟演练户外康乐项目的介绍。

课后习题

1. 如何防治高山病？
2. 攀岩的常用技巧有哪些？
3. 野营要注意哪些问题？
4. 漂流时，在安全方面应注意哪些问题？
5. 列举室外游乐项目的种类。

第六章　康乐部经营与管理

本章导读

➡ 与其他企业的经营与管理一样，康乐部的经营与管理是康乐企业生存和发展的基础。康乐部在经营特点、经营策略、管理原则、管理方法上有自己的特点和运行规律，本章将分别阐述。

学习目标

➡ 掌握康乐部的经营特点。
➡ 掌握康乐项目的经营策略及方法。
➡ 掌握康乐部管理的原则。
➡ 掌握康乐部管理的方法。

章前案例

东京迪士尼乐园成功的秘诀

东京迪士尼乐园位于日本千叶县浦安市。1983年开业后，商界许多人认为它将失败。但结果令人大吃一惊：其从开业至1991年5月，游客累计为1亿多人次。2001年以来，该园每年约吸引1 700多万游客，年营业额为1 470多亿日元，成为日本企业界的奇迹。

该园之所以能成功，是因为它运用了独特的经营技巧，全方位地满足了游客旅游的心理动机。为了吸引游客，提高"重游率"，其从规划、建设到经营，处处使用心理诱导策略。

（1）地理位置。该园选址在距东京约10 km，乘电车20 min便可到达的浦安市。

（2）占地面积。该园面积为46.2公顷，大到游客无法在1日内游完。

（3）景观环境。该园聘请农学博士专家协助建园，一年四季能呈现不同景观，始终维持花草繁茂的状态。

（4）适应国情。该园商店街建有屋顶，而美国加利福尼亚州、佛罗里达州的迪士尼乐园却没有，主要原因是日本雨水较多。

（5）商品奇俏。该园游客平均消费远比传统乐园高，主要原因是园内销售的商品均经过仔细挑选，许多商品在外面买不到。

（6）设施常新。该乐园原建设投资为1 500亿日元(约10亿美元)。截至2003年，该乐园为建设超级音响设备和35个游乐场所又先后投资了1 200亿日元。紧接着，在2003—2008年五年内，该乐园又投资了650亿日元建设新项目。这样，就可以使游客不断有新的乐趣和新的体验，从而使东京迪士尼乐园不断保持巨大的魅力。

问题

东京迪士尼乐园成功的秘诀是什么？

案例分析

东京迪士尼乐园在发展过程中注重对迪士尼乐园硬件设施的打造，而且是在结合日本具体的国情后对园内情况进行改造，体现了一种外资本土化的经营方式。这种理念对本行业的其他经营者及其他行业的类似经营都有重要的指导意义。

第一节　康乐部的经营

一、康乐部的经营特点

康乐部经营管理的指导理论虽然是饭店管理理论，但它有自身的特点和规律，包括经营项目的灵活性、经营项目的适应性、服务对象的随机性、经营开发的风险性。

（一）经营项目的灵活性

康乐部门的经营项目很多，不同项目在运行规律方面又有较大差别，因此其在经营上的灵活程度也不一样，不能套用一种模式，下面仅就有代表性的项目灵活性加以论述。

1. 游泳池经营的灵活性

游泳池的经营特点主要表现在营业时间和服务特色上。

游泳池的营业时间大体上有三种形式：一种是不计时制，即顾客进入游泳池后不限制时间，想游多长时间就游多长时间；另一种是计时收费制，按每位顾客的消费时间长短收费；第三种是分场次收费制，采用这种收费制，可以根据不同季节对每场时间长度和场间休息时间长度进行调整。采用计时收费制和分场次收费制的游泳池多为向社会开放的公共游泳池，可以随季节的变化而调整营业时间，游泳池服务员人数可根据顾客数的变化而增减，但重要区域的救护员则不可随意减少。当顾客需要指导性服务时，可根据情况临时抽调具有一定游泳技能的人员提供特殊服务。对于来游泳的儿童或残疾人应提供个性化的服务。有的戏水乐园在淡季顾客少时，可提供水上行走器、水上自行车之类的出租业务；在旺季顾客多时，为避免碰伤事故，这种业务就应停止。

2. 健身房经营的灵活性

健身器械应该不断更新，这是因为：一方面，使用频率高的器械容易损坏，需要更换原型号的器械；另一方面，生产厂家会不断推出新型号、新功能的器械，新器械更科学，对锻炼身体更有好处，并使人产生新奇感。不断增加一些新器械，会起到稳定老顾客、吸引新顾客的作用。服务人员应对新器械的安全使用熟练精通，并能为顾客提供指导。

3. 台球馆和保龄球馆经营的灵活性

台球、保龄球都是运动量适中且趣味性较强的康体项目。在经营中，可根据顾客的需要增加技术指导、陪练、裁判等服务内容，还可组织顾客进行比赛，或由顾客与服务人员共同组队参加球馆之间的比赛，以提高顾客的兴趣，稳定客源。另外，可以设置排行榜，将当日单局最高分、当月单局最高分的获得者张榜公布，并给予适当奖励；或设置幸运分奖，对得到幸运分的顾客赠送一些小纪念品。这些做法可以灵活采用，对稳定客源、提高营业收入能起到促进作用。

4. 网球场、壁球场、高尔夫球场经营的灵活性

网球、壁球、高尔夫球都是运动量较大的康体活动，但各自需要的服务不同。相比之下，壁球需要的服务员少一些；网球需要的服务员稍多；高尔夫球需要的服务员最多，其服务量也最大。高尔夫球场面积很大，有的球场面积超过160公顷，地形又呈丘陵状态，而高尔夫球比较小，有时顾客击球的力量很大，球飞得很远，需要服务员快速奔跑，要求有较好的体力。但是，模拟高尔夫球和城市高尔夫球的运动量要比乡村高尔夫球小，特别是城市高尔夫球，由于只用推击杆，球的行走距离较近，所以其运动量相对来说就不大。因此，应根据具体情况配备服务人员。

上述这几种运动还可根据顾客要求提供陪打和裁判服务，熟练的陪打员对稳定客源有很重要的作用。在适当的时候，还可以开办网球培训班、壁球培训班、高尔夫球培训班等。

5. 棋牌室经营的灵活性

一般到棋牌室娱乐的顾客都是自邀棋友、牌友，但有时顾客数不齐，棋牌室可根据顾客要求提供棋友、牌友服务。对于在棋牌室赌博的顾客，服务人员有责任劝阻。另外，要注意区分打麻将娱乐与赌博，提倡和推广竞技麻将的打法，适当的时候，可提供塑料片或扑克牌作为顾客竞技的筹码，以引导这一项目走上健康发展的轨道。

6. 游艺厅经营的灵活性

游艺厅的设备大都是比较稳定的电子设备或机械设备。一般电子游戏机是单台设备，顾客投入专用的游戏币后便可娱乐，不需要很多服务员在场服务。但有些大型游戏机是供多人同时使用的，往往具有较强的竞争性，需要有服务员作裁判。经营这类游戏机业务的

经济效益比较好，但每组机器都需要服务员参与服务，因而适于在客流量较大的营业场所使用。对于在游戏中获胜的顾客可赠送一些纪念品，这是一种很见效的促销方法，但容易被认为有赌博倾向，即使赠送的只是一些廉价的绒毛玩具之类的物品，也常常在政策禁止之列，因此在实施时应予以注意。

7. 舞厅、卡拉OK厅、多功能咖啡厅经营的灵活性

舞厅、卡拉OK厅、多功能咖啡厅在经营形式上有很多共性，如舞厅和卡拉OK厅也销售饮料，多功能咖啡厅往往辟出一块地方供有兴致的顾客唱歌或跳舞。这些场所都是根据顾客的需要灵活经营的。在周末或节假日生意较兴隆的时候，可安排较好的节目，并配备较多的服务员。

8. 夜总会经营的灵活性

夜总会是综合性较强的项目，既提供餐饮服务，同时又提供娱乐服务，因此在经营上应有较大的灵活性：一方面要随时掌握客流量，根据客流量备餐和配备服务人员。另一方面舞台文艺演出的节目要灵活调整，如果外国顾客多，就应多安排具有鲜明民族特色的节目；如果中国顾客多，则可适当安排外国表演形式，例如芭蕾舞等。如果是饭店或夜总会自己经营的艺术团，则更应根据特点和规律采用适当的经营管理方法。因为艺术团的管理规律与饭店的管理规律有很大区别，要特别注意灵活掌握。

9. 美容美发室经营的灵活性

美容美发是最具个性化服务特点的项目。在为顾客提供美发服务时，可根据顾客要求，结合美发师的技术水平，为顾客设计出满意的发型。美容也是一项可以不断开发新内容的服务项目，美容师应根据每个顾客的五官特征和要求，为其提供满意的服务。

10. 桑拿及按摩室经营的灵活性

桑拿服务灵活多变，对常客除打招呼外，不必对如何使用桑拿设备多加说明；对新面孔的顾客则应了解其体质情况，以便告之向桑拿炉泼水的水量，以免一次泼水过多而损坏炉具，或因蒸桑拿时间过长出现虚脱现象。

按摩服务比较灵活，不同顾客由于体质不同、要求不同，按摩的体位、手法、力度也应不同。另外，对不同的顾客应推荐不同的按摩项目，例如普通按摩、气功按摩、足部反射区按摩、头肩部按摩等。

灵活性

（二）经营项目的适应性

1. 适应消费者的习俗

康乐项目很多，除了中国传统项目外，还有许多从国外引进的项目以及不断开发的新项目。如此众多的康乐项目是不可能被一家旅游饭店或康乐企业所穷尽的，究竟应该经营哪些项目，要根据客源构成情况和顾客喜好来确定，换句话说，就是要投顾客之所好。例如，来自俄罗斯的游客喜欢惊险刺激的水上娱乐项目，接待这些游客的场所可设置水滑梯、鼓浪池等项目；广东中山地区的市民喜爱打乒乓球，那里的富华娱乐城就设置了20多

张乒乓球台，满足了人们的需求。

2. 适应地域的特点

每个旅游区或旅游景点都有各自的特点，设置娱乐项目时应尽可能地加以烘托和利用，增加项目自身的吸引力。如草原地区的康乐项目多与毡房、骑马等内容相关；海边城市的康乐项目多与海滨有联系；少数民族地区的康乐项目多与民族习俗、民族歌舞有联系。

3. 适应季节的特点

我国地处温带，气候宜人、四季分明，各地在不同季节有不同特色，很多旅游景点的饭店就是利用季节特色推出了新颖独特的娱乐项目，如哈尔滨冬季的冰雪节、吉林市冬季的雾凇节、北京秋季的香山红叶节等。从小范围讲，北京英特尔公司推出的冬泳培训班、各大饭店每年推出的圣诞联欢会等，也都是按不同季节特点推出的康体和娱乐项目。此外，各大城市兴建的室外戏水乐园等，也带有明显的季节特点。

4. 适应顾客不断发展变化的需求

康乐项目以其趣味性、参与性、盈利丰厚等特点吸引了众多的消费者和经营者。但康乐项目和康乐设备的发展变化很快，顾客的需求也在不断变化，经营者只有不断适应市场的变化，才能立于不败之地。要适应顾客不断发展变化的需求，应做到以下几点：

首先，要不断提高服务质量。随着人民生活水平的提高，消费需求也在不断提高。以游泳池的装备为例，过去我国最好的室外游泳池的淋浴设施一般只有冷水喷头，如果再有更衣长凳和简单的存衣处就使人感到相当满意了。而现在，游泳池的各项设备除要有冷水和热水喷头外，还要配备浴液、拖鞋、独立的更衣间、能存放贵重物品的储物柜等设施。此外，顾客还希望得到服务员热情、细致、周到的服务。

其次，要不断更新设备。康乐场所客流量大，设施使用频率高，其损坏、老化的速度快，设施更新的周期相对较短。例如台球桌上的台呢、网球场的球拍和球等，都属于易损物品，需要经常更新。有些设备虽未损坏，但因使用时间太长，也需要定期更换，例如电子游戏机，应该每年按一定比例更换购进新设备和新软件，这样才能使顾客不断产生新鲜感，从而保持较稳定的客流量。

最后，要不断更新项目。康乐活动是一种非常活跃的服务项目。随着科技的发展、社会的进步以及顾客需求的变化，康体娱乐项目不断推陈出新。例如：很多饭店原先没有保龄球项目，近几年纷纷修建了保龄球馆；过去只有传统的高尔夫，现在出现了模拟高尔夫、城市高尔夫；过去有些大饭店只有舞厅，后来出现了卡拉OK厅，现在国外又出现了电影OK厅；过去只有普通电影厅，后来相继出现了立体电影厅、录像厅、全景电影厅、动感电影厅；过去有酒吧，现在氧吧也成了时髦的享受场所。不断更新康乐项目是稳定老客源、吸引新客源的有效方法之一。

（三）服务对象的随机性

康乐部与客房部、餐饮部相比较，后两者对每个住店的顾客来说都是必不可少的服务项目，而康乐部所提供的服务随机性强，是饭店顾客基本生活需求以外的服务项目，但又是一个不可忽视的服务项目。

康乐项目的营业销售水平和接待人次不像客房部和餐饮部那样具有较明显的规律性，其往往受社会条件、自然条件和消费者个人的影响。

另外，康乐项目的销售水平还会受到顾客兴趣、爱好、年龄、身体状况等多种因素的影响。例如：游泳、健身、网球等项目，中青年顾客参与的人较多；美容则以青年女性顾客为多；电子游戏机的消费者以青少年为多；棋牌室则以中年顾客居多；参与门球运动的多是老年人；城市高尔夫运动适合体弱者参加。室外项目的消费群体也有区别，过山车、蹦极等刺激性很强的项目只有年轻人喜欢，中老年人则喜欢乘坐缆车和观光摩天轮。总之，每个项目的消费群体各不相同，顾客在消费过程中的消费需求也在不断变化。因此，康乐部门要根据服务随机性这一特点，对不同顾客提供不同的、个性化的服务，使顾客的期望值和满意度达到统一，促进康乐部门乃至整个康乐企业经济效益的提高。

 知识链接 随机性事件的特点

（1）事件可以在基本相同的条件下重复进行，如以同一门炮向同一目标多次射击。只有单一的偶然过程而无法判定它的可重复性则不称为随机事件。

（2）在基本相同条件下某事件可能以多种方式表现出来，事先不能确定它以何种特定方式发生，如不论怎样控制炮的射击条件，在射击前都不能毫无误差地预测弹着点的位置。只有唯一可能性的过程不是随机事件。

（3）事先可以预见该事件以各种方式出现的所有可能性，预见它以某种特定方式出现的概率，即在重复过程中出现的频率，如大量射击时炮弹的弹着点呈正态分布，每个弹着点在一定范围内有确定的概率。在重复发生时没有确定概率的现象不是同一过程的随机事件。

（四）经营开发的风险性

康乐行业是随着我国改革开放的不断深入而出现的一个新兴行业，其发展和变化的速度很快，经营者也获取了巨大的经济利益，同时，也存在一些经营决策者跟不上形势的变化，看不准发展趋势而决策失误的情况，因而康乐行业的经营开发存在着较大的风险。这主要表现在以下几个方面。

1. 康乐需求的发展变化快

康乐业的经营活动很容易受消费顾客需求变化的影响。例如：最早的舞厅内只跳交谊舞，后来随着迪斯科的兴起，许多舞厅开始在交谊舞曲中穿插演奏或播放迪斯科舞曲，使交谊舞厅成为综合舞厅，继而出现了专门的迪斯科舞厅，再后来又出现了冰上迪斯科舞厅。可见，消费顾客康乐需求变化之快使经营者难以适应。

2. 康乐经营的合理规模难以把握

康乐行业的市场资源受到诸如经济环境、社会环境、风俗观念、消费潮流、人均收入、消费水平、市场半径、季节变化等许多条件的限制，因此确定合理的经营规模至关重要，但场地规模、项目数量规模等都是比较难以把握的问题，规模过小或过大都对经营不利。

3. 康乐经营受政策法规影响大

康乐需求是建立在一定物质基础、社会基础上的需求，很容易受到各方面因素的影响。在我国，康乐经营受政策影响较大，主要表现在：由于康乐业兴起晚而发展快，相关的政策法规与康乐业的发展不同步，有些政策相对滞后，使康乐经营管理中出现了盲目和投机的现象，给康乐业的健康发展带来了不良影响，也给投资者带来了风险。

我们相信，随着我国政策法规在制定和实施上的逐步完善，这种情况也会随之有所改善。但是，投资者在投资和经营时仍应该更多更准确地掌握相关的政策，如了解政策上关于返奖游戏机与赌博、按摩服务与色情服务等的界限划分，以规避由此带来的风险。

二、康乐项目的经营策略

康乐企业应具有一定的经营目的，这可从两个方面来看。经济方面的目的包括：拓展市场，获取利润；树立企业形象；确立发展方向；成本与利润的分配。社会方面的目的包括：满足消费者的消费需要；改善经营环境以净化社会；增加就业机会和提高人们的生活质量。

康乐企业的经营策略是为了实现企业的经营目的所制定的市场竞争对策和战略行动方案，具体可分为产品经营策略、价格策略、市场营销策略。

经营策略

（一）产品经营策略

产品经营策略就是制定企业在产品及其生命周期内各个阶段的经营对策。娱乐产品与其他商品一样，投入市场后便开始经历从成长到被淘汰的过程，大致分为引入期、成长期、成熟期、衰退期和再生期几个阶段，即产品的生命周期。

1. 引入期

每一种新的娱乐产品或娱乐项目出现，都有一个让消费者对其熟悉、接受的过程，尤其是那些比较超前、尚不为一般人所了解的项目，更需要花相当长的时间进行宣传和介绍，这就是所谓的引入期。这一时期，由于消费者对产品不了解，产品的销售额不会很高，而宣传和介绍的投入却非常大，为的是使产品尽快为广大消费者所接受、喜爱。因此，这一时期产品销售的利润很低、甚至亏损，应尽量缩短。

2. 成长期

在这一时期，由于企业进行了大量宣传工作，人们已渐渐熟悉和接受新的娱乐方式，企业的营业额呈上升趋势。但这时企业仍应加强宣传和推销活动，扩大产品的受欢迎程度，进一步扩大市场。

3. 成熟期

成熟期是产品从生产到市场销售处于全面成熟的时期，顾客对产品从了解、熟悉到喜欢。这时由于经营经验的积累，生产成本降低，营业额和利润都达到了顶峰，但后期开始有下降的趋势。

4. 衰退期

娱乐消费者的消费需求和消费口味总是随着社会和时尚的变化而变化，当新的产品出现时，许多老产品就会面临激烈的竞争，并开始进入其生命周期中的衰退期。这个时期，顾客会渐渐减少，企业产品市场开始萎缩，营业额和利润都迅速下降。

5. 再生期

当产品进入衰退期时，企业应适时地分析市场状况和企业自身的条件，确定产品是否已到了非淘汰不可的时候。若市场还有潜力，企业还有竞争的力量，则应精心策划新一轮的促销策略，针对市场需求的新特点和竞争的新形势，采取各种调整措施，使产品的销售出现新的生机，再次取得一定的市场地位，这就是产品的再生期。

产品生命周期的理论阐述了产品生命中每一个时期的特点，这些特点极大地影响着企业的各种经营策略，使企业可以在不同的时期较为准确地制定下一步的目标和计划，并及时进行必要的调整。

产品生命周期理论对娱乐行业具有一定的指导意义，产品的生命周期越长，一次投资的收益期就越长，对企业就越有利。企业应尽一切努力最大限度地延长每项娱乐产品的生命周期，特别是延长其中的成熟期和再生期，而尽量缩短引入期、成长期和衰退期。企业在娱乐市场日益激烈的竞争中要想达到以上目的，就必须在不同的时期采用不同的策略。如在产品的引入期用巨大投资进行广告宣传，开拓和扩大市场，用优惠的价格吸引消费者，不急于追求盈利等。这一时期所追求的重要目标是迅速在目标市场上扩大影响，树立形象，即扩张策略。在成长期，企业应运用资金价格及销售手段努力保持并继续提高企业的市场地位和市场占有率。在产品获利的巅峰时期，应全力降低成本，最有效地利用企业现有的资源和能力，使利润率达到最大点，即盈利策略。在成熟期的后半期，集中力量维持优势，稳定目标市场，即市场集中策略。如果产品进入衰退期是由于经营管理不善引起的，应果断采用整顿战略，在产品价格、销售及管理方式等方面进行改革，以提高企业实力，争取进入再生期，以取得更为辉煌的发展。

知识链接　营销学中关于产品的介绍

企业的一切生产经营活动都是围绕着产品进行的，即通过及时、有效地提供消费者所需要的产品而实现企业的发展目标。企业生产什么产品？为谁生产产品？生产多少产品？这似乎是经济学命题的问题，其实是企业产品策略必须回答的问题。企业如何开发满足消费者需求的产品，并将产品迅速、有效地传送到消费者手中，构成了企业营销活动的主体。企业时时刻刻都在开发、生产和销售产品，消费者时时刻刻都在使用、消费和享用产品。但随着科学技术的快速发展，社会的不断进步，消费者需求特征的日趋个性化，市场竞争程度的加深加广，导致了产品的内涵和外延也在不断扩大。

以现代观念对产品进行界定，产品是指为留意、获取、使用或消费以满足某种欲望和需要而提供给市场的一切东西。电视机、化妆品、家具等有形物品已不能涵盖现代观念的产品，产品的内涵已从有形物品扩大到服务（美容、咨询）、人员（体育、影视明星等）、地点（桂林、维也纳）、组织（保护消费者协会）和观念（环保、公德意识）等；产品的外延也从其核心产品（基本功能）向一般产品（产品的基本形式）、期望产品（期望的产品属性和条件）、附加产品（附加利益和服务）和潜在产品（产品的未来发展）拓展，即从核心产品发展到产品五层次。

产品最基本的层次是核心利益，即向消费者提供的产品基本效用和利益，也是消费者真正要购买的利益和服务。消费者购买某种产品并非是为了拥有该产品实体，而是为了获得能满足自身某种需要的效用和利益。如洗衣机的核心利益体现在它能让消费者方便、省力、省时地清洗衣物。产品核心功能需要依附一定的实体来实现，产品实体称一般产品，即产品的基本形式，主要包括产品的构造外形等。期望产品是消费者购买产品时期望的一整套属性和条件，如对于购买洗衣机的人来说，期望该机器能省时省力地清洗衣物，同时不损坏衣物，洗衣时噪声小，方便进排水，外形美观，使用安全可靠等。附加产品是产品的第四个层次，即产品包含的附加服务和利益，主要包括运送、安装、调试、维修、产品保证、零配件供应、技术人员培训等。附加产品来源于对消费者需求的综合性和多层次性的深入研究，要求营销人员必须正视消费者的整体消费体系，但同时必须注意因附加产品的增加而增加的成本消费者是否愿意承担的问题。产品的第五个层次是潜在产品，潜在产品预示着该产品最终可能的所有增加和改变。

现代企业产品外延的不断拓展源于消费者需求的复杂化和竞争的白热化。在产品的核心功能趋同的情况下，谁能更快、更多、更好地满足消费者的复杂利益的整体需要，谁就能拥有消费者，占有市场，取得竞争优势。不断地拓展产品的外延部分已成为现代企业产品竞争的焦点，消费者对产品的期望价值越来越多地包含了其所能提供的服务、企业人员的素质及企业整体形象的"综合价值"。目前发达国家企业的产品竞争多集中在附加产品层次，而发展中国家企业的产品竞争则主要集中在期望产品层次。若产品的核心利益相同，但附加产品所提供的服务不同，则可能被消费者看成是两种不同的产品，因此也会造成两种截然不同的销售状况。美国著名管理学家李维特曾说过："新的竞争不在于工厂里制造出来的产品，而在于工厂外能够给产品加上包装、服务、广告、咨询、融资、送货或顾客认为有价值的其他东西。"

（二）价格策略

目前，康乐企业中运用较多的价格策略有如下几种。

1. 新产品定价策略

当一个新的娱乐项目被引入市场之初，采用合适的定价策略关系到这一项目今后在消费者心目中的档次和形象，表明了企业所确定的目标市场，也决定了该产品是否能顺利、快速地为目标市场的消费者所了解和接受，使产品尽快进入高利润的成熟期。根据各种娱乐产品本身的特点，新的娱乐项目可采取以下两种策略：

（1）撇油定价策略。这种定价策略是在新的娱乐项目刚刚推出时以远高于价值的价格销售，在短期内收回投资。它适用于那些在项目引进之前，目标市场的消费者对该项目早有了解的情况，这种项目是较高级的活动，其目标市场在经济支付能力上属于高档市场，消费者经济能力普遍较强，并希望以较昂贵的代价获得引领潮流的享受。如高尔夫球项目，由于其场地要求巨大，地形、地面要求特殊，对气候也有一定的限制。而且现在很多人都已了解高尔夫球项目的各种知识，知道它在世界各地都属于较昂贵的"贵族"活动。出于好奇等各种娱乐消费心理，一些高收入阶层的人对这一项目怀有向往之情。因此，企业在项目推出时，面向这一高档目标市场应采用撇油定价策略。形象地说，就像从汤锅里撇取浮油一样获取少数高消费者或先睹为快者的高额利润。

（2）渗透定价策略。这种策略就是在新项目刚刚引入市场时，用足以打动人心的低价将消费者吸引进娱乐场地，然后在场地内再进行各种单项收费。或者以低价将消费者引入，在他们了解、熟悉和喜爱上这一项目之后再逐渐提升销售价格。这种项目的目标市场从经济能力上划分应该是普通人组成的大众市场，消费者对娱乐项目的价格水平十分敏感和重视。如一些高科技的游乐项目，在建成和推出时，人们感到十分陌生。这时企业采用渗透定价策略可将顾客吸引进游乐场，让他们花很少的钱体验其中的某些项目，然后将自己的感受传播出去，让公众了解企业，对项目产生更强烈的好奇心，而使企业很快地打开市场。再如，国内外很多饭店为住店顾客免费提供早餐，其实已经将早餐的费用计在了客房费用里。又如，去游戏厅凭门票赠送游戏币，歌厅包房免费提供一部分酒水，戏水乐园免费提供游泳圈，保龄球场免收鞋租等做法都是如此。

2. 心理定价策略

（1）尾数定价策略。消费者在研究产品的标价时，尤其在审视价格数字时总是从左向右地先看整数，后看尾数，且往往只对整数特别重视并留下深刻的印象，对尾数却常常忽视。根据顾客的这种心理，企业在为产品定价时可以尽量降低价格的整数，而加大价格的尾数，如400元不妨标为399元，这样做看起来企业少收入1元，但能给顾客造成"300多元，价格合理"的印象，有利于促进销售。

（2）声望定价策略。许多有一定经济地位和社会地位的顾客将购买廉价商品看成是一种有失身份的事，尤其是购买生活享受部分的商品和服务，如化妆品和娱乐服务时更是如此。企业可利用这些顾客把高价看成是高质量和身份标志的心理，以高价作为高雅场所的市场定位，吸引高档顾客。

3. 垄断定价策略

某些娱乐项目由于技术原因、政策原因或资金原因等常常只能由少数企业经营，如真弹射击等项目。对这种他人一时无法效仿的项目，企业可以制定超高垄断价格以获取垄断利润。

4. 折扣与让价策略

在市场竞争特别激烈时，或企业产品处于生命周期的衰退期时，可以在原有价格的基础上适当降低或者给顾客以折扣优惠。这种策略对延长产品的成熟期和促进产品进入再生期都有很好的作用。

5. 会员制

会员制是指俱乐部会员制。这是娱乐企业的一种经营方法，也是一种经营体制。其内容与价格有着密切的联系，从某种意义上来说也可称其为一种价格策略。

（1）全封闭式会员制。全封闭式会员制的企业只接待会员，这是最传统最严格的会员制。在企业筹建时就限定了会员权益及将吸收的会员数量，并根据其投资及档次确定会员籍费的价格。这种价格通常都较高，一般从几万至几十万人民币不等。如广州麓湖高尔夫球乡村俱乐部会员籍费为30万元人民币，会员每年还需交会费。会员可以免费使用企业中所设置的一些基本设有可变成本的项目，如游泳、健身、棋牌、桌球等，每年还有几天免费使用住房等设施的优待，其他娱乐设施则需收费，当然对会员的收费有很大的优惠，一般是其他同档次场所相同项目价格的80%。另外企业还定期或不定期地为会员举行各种联谊活动，这已成为俱乐部对会员的重要吸引因素。

（2）半封闭式会员制。由于全封闭式会员制只接待会员顾客，人数有限，对于那些实力较弱、场地较大、项目较多的娱乐企业来说客源不够充足。于是一些大型的高档娱乐场所，如星级宾馆内的康乐部或康乐中心就采用另一种改良的会员制，即半封闭会员制。它是指企业内划出一部分区域或项目作为会员区，只接待具有会员资格的顾客（会员可以带规定数量的朋友入内），而另一些区域，如餐厅、卡拉OK厅等则向社会开放。会员有权享用一些免费项目，付费项目也会得到八折至五折的优惠。这种会员资格也是要购买的，但通常比全封闭式的价格要低一些。

（3）开放式会员制。实行开放式会员制的娱乐企业向全社会开放，有会员和非会员之分。非会员顾客可以在营业场所的任何区域按门市价消费，而会员顾客按会籍价格购买了会员卡后，可得到许多特殊待遇：一是预订时可得到优先安排；二是结账时可得到较大优惠；三是消费额可从购买会员卡的费用中扣除。因此这实际上是一种优惠卡的制度，企业也可预先得到稳定的营业收入，对双方都有利。这种会员制被许多娱乐企业采用。

（三）市场营销策略

娱乐需求是高层次的精神需求，这种需求如何能够得到正确的、充分的满足是需要引导的，而市场营销的作用正是引导消费者接受和享用对人类身心健康有益的娱乐方式和活动。

市场营销应是娱乐经营工作中的头等大事。它是为了使顾客满意，并实现企业的经营目标而展开的一系列有计划、有步骤、有组织的活动，是通过市场研究及各种促销的形式，为顾客提供满足其需求的产品及服务。

1. 娱乐市场的细分

娱乐市场庞大而复杂，消费者对娱乐项目的需求、购买习惯、购买行为，以及对娱乐企业销售策略的反应都是不同的，因此娱乐企业在营销之前要开展市场细分的研究。

（1）按娱乐消费者的年龄，可以分为少年市场、青年市场、中年市场和老年市场。年龄对于人们娱乐方式的选择有决定性的作用，不同年龄段的人的兴趣、爱好和身体条件都不同，例如老年人对溜冰和动感的迪斯科无法适应也不感兴趣，而青少年对于节奏缓慢的垂钓、高尔夫球也不容易着迷。

（2）按娱乐消费者的性别因素，可以分为男性市场和女性市场。男性与女性消费者由于生理上的天然差别、各自不同的社会角色以及性格心理上的差异，对娱乐项目的选择、购买心理、购买习惯及对娱乐促销的反应也是不相同的。

（3）按消费者的社会阶层及文化程度，可以分为高品位娱乐消费市场和普通品位娱乐消费市场。社会阶层较高和文化程度较高的消费者多喜欢较高档的娱乐场所，倾向于较传统的、比较高雅的、有品位的活动，寻求精神上的至高享受；文化程度较低的普通大众，则更喜欢热闹、新奇、比较简单、没有太多礼仪规定的项目。

（4）按顾客的支付能力，可以分为高消费市场和经济消费市场。

（5）按娱乐消费的实际支付者，可以划分为集团消费市场和个人消费市场。

（6）按顾客的来源，可以分为住店顾客和店外顾客两个市场。宾馆康乐部可能主要为住店顾客服务，也可能必须面向全社会招徕，两者需要完全不同的经营方式。如果主要是面向住店顾客，就应更强调服务性，将康乐服务作为饭店食宿服务的补充，使顾客在宾馆内享受到综合性的服务，以提高饭店的档次；而招徕店外顾客则完全是一种经营行为，不仅要提供与价格相符的服务，更要降低成本，以获取利润。

2. 娱乐企业的市场定位

市场定位是指企业根据目标市场的竞争状况、消费者的需求特点及本企业自身的资源条件、特点，建立和发展在企业竞争方面的优势，使本企业所提供的项目和服务在消费者心目中形成优越于其他竞争者的独特形象。

市场定位包括企业定位和产品定位，具体的步骤是：

（1）了解目标市场有关需求被满足的程度和状况。

（2）研究目标市场消费者是否还存在未被注意的需求和特殊需求，或消费者对产品的其他期望。

（3）分析目标市场尚未被满足的需求之所以未得到满足的原因，研究这些需求的特殊性。

（4）分析确定本企业能否提供与众不同的产品来满足目前尚未得到满足且未被注意的特殊需求。

（5）确定本企业要建立和发展的独特性，进行市场定位。每一个娱乐企业在经营中都应尽量向市场提供他人没有的项目，即使是竞争对手已有的项目，企业也应采用明显不同于他人的服务方式，从而使自己的企业和产品具有显著的特色，以满足目标市场相应的特殊需求。例如，20世纪90年代后全国各大城市出现了各种类型的娱乐休闲场所，极大地丰富了人们的生活，可以去唱卡拉OK、跳迪斯科、听歌或是在各种酒吧中畅饮。然而众多的娱乐场所中很少有让人静心思索、倾心交谈的地方。于是，为了迎合消费者的特殊需求，近年来在城市的各处出现了以品茶读书、听古典音乐为主要内容的茶室，并且受到欢迎。除此以外，娱乐企业所确立的产品特色应与竞争对手的产品特色有明显区别。企业应在设施设备、服务上创造出与竞争对手明显不同的特点，来满足目标市场消费者的需求；应尽量扩大营业场地、增加经营项目，以最大规模在市场份额上取得领先地位。它们可以以最好的产品在质量上领先，即以状态完好的设施、高贵典雅的气氛和亲切周到的服务使本企业的娱乐产品区别于人。总之，企业树立特色应有的放矢，或者能够巩固企业目前在市场上已占有的地位，或者能够利用竞争者的弱点，或者能够弥补市场空缺。

3. 康乐企业的促销

康乐企业的促销活动是指企业与消费者之间互相沟通信息，从而促进消费者购买行为的活动，包括人员推销、广告促销和公共关系三种形式。

（1）人员推销。人员推销是康乐企业通过专业人员或企业全体人员向消费者传递本企业设施和服务信息的过程。它的作用主要表现为：提供市场信息，增加消费需求，突出企业产品的特点，稳固企业的市场地位。这种促销活动是通过推销人员与顾客面对面交谈来促进产品销售的推销方式，是一种最原始的推销方式。

（2）广告促销。广告促销是借助信息传播媒介向社会提供本企业康乐设施和服务项目信息的促销方式。其最大优点是直观、迅速、范围广，尤其是借助广播、电视等传播手段，效果更佳。

（3）公共关系。康乐企业公共关系的业务之一，就是经常搜集有关消费者购买行为的信息，分析其特点，从而有的放矢地传播康乐企业及其产品和服务的信息，促进消费者的购买行为。

康乐企业促销活动的基本策略主要分为以下几个方面：

（1）销售渠道策略。康乐企业向消费者提供的服务项目，要经过一系列中间环节。在流通领域所经过的线路和在这一线路上所发生的各种活动的总和，构成了商品的销售渠道。企业的渠道策略对其他营销决策也会产生直接的影响，因此销售渠道的选择是康乐企业营销工作中的重要策略之一。

（2）信息传递策略。信息传递策略是指康乐企业充分利用各种信息和信息渠道进行促销活动的策略。康乐企业向中间商、消费者和公众传递信息；中间商向消费者和公众传递信息，消费者通过口头交流相互提供信息，并向公众传达信息。与此同时，他们又相互提供信息反馈。

（3）内部促销策略。内部促销策略是指康乐企业运用企业内部一切条件包括前台人员向来本企业消费的顾客直接或间接促销企业康乐设施和服务项目的策略。内部促销的方式主要可以充分利用酒店设施环境，如在大堂、电梯、客房、餐厅的插页里展示本酒店娱乐健身设施的资料，资料里有活动的内容、时间和地点，便于顾客事先做好安排。

（4）营业推广策略。营业推广指康乐企业为了促使目标市场的消费者尽快消费或大量消费自己的服务项目而采取的一系列鼓励性促销措施。大部分营业推广活动的目标是在短期内迅速刺激需求，取得立竿见影的效果。营业推广与其他促销方法特别是广告相配合，效果更佳。

（5）广告策略。广告策略是指康乐企业通过报纸杂志、广播电视等媒介，把有关产品和服务的知识与信息有计划地传递给消费者的策略。这种促销策略能够在康乐企业和消费者之间起到沟通作用。

（6）公关策略。公关策略是指康乐企业与公众发展良好关系所使用的方法和所进行的各种活动。公关作为促销的重要手段，已日益得到普遍重视和广泛应用。

（7）人员推销策略。人员推销策略是指康乐企业通过推销人员或全体员工与顾客面对面交谈来促进企业经营项目销售的推销策略。它能提供康乐市场信息，增加康乐消费需求，突出康乐企业经营项目的特点，稳固康乐企业的市场地位。

（8）特殊推销策略。特殊推销策略也称为综合推销策略，是康乐企业利用和创造一切有利时机，运用各种推销策略的综合优势来推销康乐服务项目的策略。

现代康乐企业经营管理者不仅要准确掌握以上促销活动的基本策略，更重要的是灵活、恰当地运用各种策略对本企业或本中心的康乐项目和服务进行促销。

第二节　康乐部的管理

一、康乐部管理的原则

饭店康乐部管理属于部门管理的范畴，是饭店康乐部管理者和管理机构在饭店的领导下，运用现代化的管理思想、方法和手段，执行决策、组织、指挥、控制等管理职能的活动。

康乐部的管理有如下几个原则。

1. 坚持计划管理与灵活性管理相结合的原则

饭店康乐部计划管理是指康乐组织在饭店计划指导下，根据饭店内外环境条件，用目标管理的方法，通过对计划的编制、执行、控制，确定康乐部的经营目标，指导经营业务活动，保证取得双重效益。计划管理对饭店的康乐经营业务活动具有指导性、综合性、全面性与规范性。科学的计划管理是保证康乐管理的必要条件，也是康乐管理的首要职能。通过计划管理，康乐经营者可以选择更加有效的经营管理方案，发现、利用有效物资，减少成本，防止浪费，增加提高收入与利润的机会，而不是采取零碎、杂乱无章的经营管理方式。此外，由于康乐组织本身多功能综合服务表现得越来越充分，工种与分工越来越细，每个班组与工种作为饭店整体的组成部分，协作平衡关系也越来越密切。采用计划管理有利于控制，为其提供了评价下属工作状况和经营实绩的标准。

知识链接

康乐部

计划可以分为长期计划、中期计划和短期计划，长期计划是短期计划的指南，短期计划是长期计划的过程。高层管理人员应善于做长期计划，基层管理人员则应善于做短期计划。康乐部可根据饭店的经营目标，结合自身特点做好若干项详细的短期计划。例如，要确定康乐部流动资金的占用及来源，康乐项目设施、设备的添置与更新，物料用品的存储与采购数量，人员的安排和编制定员，各工种的劳动定额，成本控制，宣传促销等多种计划。

康乐部在坚持严格的计划管理的同时，还必须具有一定的灵活性，因为在实施计划的过程中，会遇到原有长期计划和短期计划都无法预料的情况。由于康乐经营活动的独特性，尤其是在实际经营活动中激烈的市场竞争、人们消费热点的转移等情况下，都要求经营者能灵活、及时地改变计划。例如，在相当长的一段时期内，康乐部娱乐分部的营业收入构成占主导地位，但近年来，由于人们对桑拿健身的逐步认知与接受，使之一跃成为营业收入的主项，其收入均为部门年收入的1/2。因而，在某一年度的计划目标中，对整个部门的各项计划指标，包括设施设备改造、人员编制、促销计划，在下半年都做了重大调整。可以看出，计划是事先根据预测可以发生的情况制定的，但预测并不一定完全准确，所以计划不适应具体情况就必须灵活处理。但是，灵活性在饭店康乐部管理中不可应用过多，否则会使计划失去权威性，影响以后计划的执行。对于反复出现的现象和容易准确预测掌握的情况，就要严格执行计划管理。总之，在康乐部的管理中，必须坚持计划管理和灵活性管理相结合的原则，才能保证其有条不紊、灵活多变地去实现经济效益和社会效益的目标。

2. 坚持以人为中心的管理原则

在企业化的生产经营管理中，人是最重要的资源。坚持以人为中心的管理原则，是当今世界上最基本的、也是最流行的管理原则。康乐企业的商品价值是借助一定的设施设备，通过服务员的服务而最终实现的。康乐企业本身亦是由人来进行经营管理的，而且饭店康乐部员工的基本素质、服务技能水平、工作态度将直接影响企业产品质量，关系企业的经济效益和社会效益。所以，在康乐部的日常管理中，要把以人为中心作为经营管理的基本指导思想。

坚持以人为中心的管理原则，就是指饭店康乐部管理工作要以引进竞争机制为中心，以激励员工、调动积极性与创造性为中心，以人的服务为中心；就是根据康乐经营管理的需要和员工的工作表现及其素质以及其他因素，不断地对本部门所属各工作环节、各工作岗位的人员进行合理调整，以利工作更有成效地开展；引进激励机制，根据人的自我价值的实现需求，因人而异地引导，给予不同层次的满足，奖勤罚懒，奖优罚劣，甚至可采取淘汰制，从而激励员工充分发挥人的主观能动性，更好地进行工作。

坚持以人为中心的管理原则，主要围绕以下几个方面展开工作：

（1）对员工的动力进行有效的激励管理，即管理者要创造出使他的下属愿意不断尽全力去工作的态度与行为。美国假日旅馆集团创始人凯蒙·威尔逊曾经说过，没有满意的员工就没有满意的顾客；没有使员工满意的工作场所，也就没有使顾客满意的享受环境。因而应根据每一位员工不同的需求层次（生存、安全、社会归属、自尊、自我实现），选用适当的动力因素，综合进行激励。例如，实施有吸引力及刺激性的工资制度及奖金制度；提供有效、健康的后勤保障、休息、工作餐、工作服；提供各种形式的福利保障、健康保险；提供团体娱乐活动；等等。

（2）康乐部门应紧密配合人事部门进行有效的人事管理，包括确定每一岗位所需的员工数量，挑选和录用员工，分配、培训员工；日常的管理，包括对员工的工资管理，评估考核、奖惩、晋升、辞退等的管理。

（3）康乐部门应根据其业务性质特点，有效地进行现场督导管理。由于康乐服务项目多，性质类别差异性大，现场服务与现场督导的重要性尤为明显。借助指示、命令等手段，对员工的工作任务进行有效的现场分工安排，对员工进行现场的示范与指导，在日常的管理中最为普遍及实用，通常强调"走动管理""现场管理"。

（4）实施有效的沟通与协调，确保各类信息的畅通。通常做法有制定公平的评价制度、法律制度、对话制度；明确办事政策及程序；保持饭店的正常通信；征询意见及信息反馈。

（5）加强企业文化建设，用崇高的精神力量来团结、鼓舞员工，使全体员工相信，只有很好地将个人利益有机地融入企业活动之中，他们的个人目标才能得到很好的实现。

此外，让员工提合理化建议、参与决策等做法，能够激发员工的主动性、自觉性和创造性。这些做法都是康乐部门管理人员在日常工作中可以选择的，也只有通过经济利益的激发，通过文化思想、精神力量的微妙渗透及传递，才能激发员工、鼓励员工、团结员工，最终达到个人与企业目标的双赢结果。

3. 坚持经济核算的原则

饭店康乐部通常是作为一个单独的营业部门，可视为一个相对独立的经济组织，所以应实现独立的经济核算。在实际管理中，要不断开辟新财源，最大可能地增加收入，并努力降低成本费用支出，以求最大利润。加强经济核算，不仅要制定严格的经济核算体系和科学的核算制度，同时也要在完善数量指标的同时重视质量指标。加强经济核算必须做好以下工作：

（1）建立健全各种工作定额，做好原始记录并保存原始凭证，做好单据管理。例如，保龄球馆每天要对接待的顾客及其活动消费情况做原始记录，总台应将顾客使用的活动项目、付费方式等做详细记录，顾客有其他消费时还要做记录，并在各个环节保留原始凭证。最后由核算人员与服务台结账人员对照原始凭证，进行核算分析。

（2）按康乐项目分部门进行核算，定期开展经济分析活动。确定专人负责每日各班组、各营业点、各活动项目的登记表及累积活动，向康乐部提供当日营业分析报表，以及月、季、年度的营业报表。绘制有关经济活动的曲线周期表、图，提供一定时期内各班组的成绩报表（成本、工资、能耗等）。

（3）实行指标分解，健全岗位目标经济责任制。把康乐部主要经济指标合理分解，分别落实到有关职能部门、业务部门、班组直至个人。

（4）严格遵守与执行国家的财务纪律，加强资金和费用的管理。康乐部作为国家的一个经济细胞，受国家法律的严格保护，同时必须严格遵守国家财经纪律，使企业正常合理地发展，不断提高经济效益。

4. 坚持责、权、利相结合的原则

在饭店康乐部门经营管理中，责、权、利科学地结合和平衡统一，特别是要和个人的利益相结合，以促进个人的责任感，逐步形成既有激励又有自我制约的责、权、利相结合

的康乐经营形式。这是康乐部进行科学管理的基础。

受经营生产和客观经济规律的影响，为调动部门、员工积极性，达到自我激励的效果，必然要以合同形式来督导全体员工和班组的经济业务活动，这是一种管理制度，即责任，具体可体现为经济责任、岗位责任等。它包括部门、班、组和不同岗位人员的经济活动和经济效益指标、社会效益指标、星级标准考核、人员的职责范围，工作、销售、服务数额、质量标准。例如，康乐部门每年应完成多少营业额，达到多少利润；康乐经理是否有效地监督并推行本部门的各项正规化管理制度；美容美发场地经理在人员技术培训上是否达到当地领先水平；歌厅经理每逢节假日有无组织策划有影响的大型文艺活动；桑拿浴室员工清洗水池的标准是什么。当然，以上的事例都应有明确的、定量化、标准化的成文规定，以作为责任监督考核部门考核管理人员、员工是否尽职尽责，进行奖惩、分配以及晋升发展的基础依据。

在履行责任、完成义务时，必须有相应支配人和事物的保证力量，这就是权力。只有职责没有权力、管理者就不可能承担起应有的责任。相反，有权力而没有责任，就会导致滥用权力，瞎指挥，直接造成经济损失。权责一致这一原则是十分重要的，二者相互制约，不可分割。例如，现场基层管理督导人员没有权力对违规违纪员工进行经济处罚，但要求员工上班时不许迟到早退；反之，给予歌舞厅的场地经理一定的打折权力，而又不规定折扣的权限，结果他恣意免单、打折，造成企业的损失。这种现象过多，以致管理人员难于避免一些违规现象的发生，就是上级主管部门也无法有效地加以控制监督。

康乐部门是营业部门，必须在经济活动中体现出一定的社会效益和经济效益指标，表现在分配上则是"按劳分配，兼顾国家、集体、职工三者利益"。尤其是物质利益的体现，直接影响着康乐企业自下而上的发展，影响着员工个人生产的积极性与劳动热情。在日常工作中负了责任，执行了权力，必然要得到一定价值的体现。例如，意识到自己的行为对企业有意义，员工在工作上的成就感、自尊心会增强；企业发展进步，个人相应得到了较高工资和奖金、福利，管理人员和员工就能激发热情，自觉发挥主人翁责任感，遵守制度，按程序操作，提升服务水平，强调服务质量，提升工作效益，关心部门经营状况。这样既履行了自身的责任，又达到了促进发展的效果，使康乐管理进入良性循环的轨道。

因此，只有首先明确了责任，再给予相应的权力，并承诺有效的物质和精神利益奖励，做好责、权、利相结合，才能激励员工出色地完成工作。否则，权责不分，利益不挂钩，只会导致人人推卸责任，或者争夺权力、滥用权力，谋求私利、最终导致管理陷入瘫痪。

5. 坚持管理现代化的原则

管理现代化原则主要包括以下四个方面：

（1）管理思想现代化。这主要是指在管理思想上由传统型转向现代型，由内向型转向外向型。树立以人为中心的管理思想和以满足市场需求为中心、开展企业经营服务活动的观念，这样才能适应现代社会的要求，提升企业素质，达到提高经济效益的目的。

（2）管理方法现代化。要把企业管理从主要依靠老式的工作经验和其他行业的管理方法及直观判断，转移到主要依据本行业特点来管理的科学方法上来。把定性分析和定量分析结合起来，尽量使企业管理定量化，要充分利用数学方法对企业经营服务过程作全面的动态分析，把管理现象和管理活动模式化。

（3）管理手段现代化。管理手段现代化主要是将电子计算机运用于管理各个环节，逐步形成管理信息系统。这样便于管理人员及时掌握企业经营管理全貌，为经营管理决策提供详尽、全面、准确的数据资料，并为市场预测和管理方法由定性向定量发展创造基本条件。

（4）管理人员知识化、专业化。管理人员知识化、专业化是康乐企业管理现代化的关键。康乐企业管理人员除必须掌握一门或几门外语外，还要具有管理理论知识、经济理论知识和其他社会科学知识，才能把握经济社会动态，管理好员工和处理好外界关系。还要学会熟练地使用电子计算机，提高管理工作效率和质量。只有这样，才能使企业在日益复杂的经济环境中生存发展。

二、康乐部管理的方法

（一）目标管理方法

目标管理方法就是指管理者与下属一起讨论制定计划的目标和行动方案，并以此来指导、检查和考核下属的工作实绩。这既是一种计划方法，又是一种管理方法，其主要优点如下：

（1）可以激发下属的责任感。行为科学家通过研究发现，如果人们认为他们对自己的工作拥有哪怕是最低限度的个人控制权，他们也会更加负责地去把工作做好。

从事康乐活动服务的人员应具备相当的工作独立性及处理问题的灵活性，要求员工善于解决工作中人的问题。通过实践证明，使员工拥有适当的自我控制和决定权，将给他们带来更多的工作满意度和更高的劳动效率。同样道理，当一位员工知道计划是由自己参与制作的，那么这种自我成就感就会促使他们更积极地实现计划。

（2）使管理者可利用下属的专业技术知识和经验，与计划目标进行有效的沟通，同时可以发现、培养人才。

在康乐经营管理的实践活动中，要求绝大多数的员工拥有专业技术知识和经验。例如，卡拉OK厅、舞厅的音控人员必须掌握灯光、音响系统的调试技术，对设备性能有充分理解，并且掌握一定的设备维修保养知识和技能；健身房的服务人员必须掌握各类健身运动器械的性能、特点和操作技巧，以及人体结构、运动生理特点等专业技术知识和经验。当康乐部经理提出要改进舞厅灯光、音响效果时，可能需要征询DJ员的意见——哪一类型、什么品牌、什么功能的音响较适于舞厅，以取得最佳的匹配效果。或者当康乐经理要购买美发用品时，可以征询美发师的意见，了解哪一种染发膏或油膏较易被顾客所认同，在实际操作时效果最佳，而成本又可控制在一定的范围内，美发师可以根据日常工作所得的第一手经验与资料给予最准确的答复。显然，一起制定计划的过程，也是一起对计划进行理解和掌握的过程。

运用好目标管理，要注意以下几点工作：

（1）制定好科学合理的目标。饭店管理者应制定饭店长远的发展目标，而作为康乐部各层次的管理者在不同时期对各项工作则应制定明确的目标及实现目标的计划，如成本控制计划、设施设备改造计划、营销计划等。在制定计划的时候也要考虑职工接受的可能性。

（2）要将制定好的目标以各种形式传递给各岗位工作人员，使他们理解康乐部远期和近期的计划目标，懂得计划目标确定的标准、计划目标制定的要求和各层计划目标的连接方式等。

（3）对实现目标应实施的各种行动方案，要认真地与各岗位工作人员进行讨论，以激发下属的责任感。

（二）全面质量管理方法

全面质量管理方法指康乐部门每一个岗位工作从一开始到结束的全过程和每一个人都要参加质量控制管理。

1. 全面质量管理的步骤

（1）计划阶段。明确质量管理的任务，建立质量管理的机构，设立质量管理的标准，制定质量问题检查、分析和处理的程序。

（2）实施阶段。要求完成上述计划的各项质量管理任务，主要是实施质量标准，按质量标准进行作业。

（3）检查阶段。具体可采用在事前进行自查、抽查、调查的方法，以保证服务质量完美无瑕。事后如发生问题，可进行重点检查分析。

（4）处理阶段。对现存的质量问题立即进行纠正，同时，对未来配置的改进方案不断提出建议。

计划、实施、检查和处理这四个阶段，是一个不断循环往复的动态过程，每一次循环都应进入一个新的质量阶段。

2. 质量问题的分类处理

由于康乐部门项目多，服务形式、类型差异性较大，服务质量方面的问题涉及广泛，如服务态度问题、服务质量问题、环境卫生问题、设施设备问题、服务技能问题、活动安全问题等，而人的精力有限，一定时期内只能集中精力处理、解决某一件事情，因而质量问题的处理通常要采用分类法，即按问题存在的数量和发生的频率大致分为A、B、C三个等级类别：A类问题是要重点加以解决的问题，否则会直接影响康乐部形象，减少客源，如健身房设施、环境较差，美容厅卫生条件差，游艺机房服务差等；B类问题不如A类问题严重，但积多后会上升为A类问题，如服务人员服务态度不好，歌舞厅顾客所点曲目播放太慢等；C类问题一般不会对顾客造成大的影响，如服务人员对外宾不能用外语进行正常的服务接待。

进行了以上分类后，管理工作可按序考虑。先解决A类问题，以使康乐部的工作有明

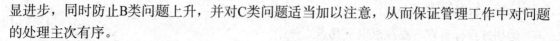

显进步，同时防止B类问题上升，并对C类问题适当加以注意，从而保证管理工作中对问题的处理主次有序。

3. 质量问题的原因分析

为解决所存在的质量问题，还需对质量问题产生的原因进行系统的分析。通常运用因果分析法来做此项工作，即逐步分析复杂的因果关系，找出问题根源进行解决。

例如，歌厅中客人投诉所点曲目播放太慢，运用因果分析法分析如下：

通常的点歌程序为：一桌客人查询歌本后，在点歌纸上点上自己所喜爱的歌曲，由盯台服务人员迅速送至盯房，按台号顺序，首桌并按"一桌1首，4人以上8人以下2首"的原则进行放歌。

分析中发现：①有些客人只习惯写上曲名，而忘了写上代码。②一桌客人中，有些客人一下子点了五六首歌，而通常又不爱写上自己的台号或名字（或姓氏）。③不细心的服务人员只顾收点歌单，而忘了提醒客人注意以上事项，径直交给盯房。④盯房人员不够用心，笼统地将歌单只按桌号摆放，按顺序播放，而忘了可以按同一桌号，不同顺序进行连放。⑤盯房音控人员可能对碟片不太熟悉，无法迅速找出没有代码的碟片。⑥盯房音控人员的放片速度过慢。⑦机器设备陈旧落伍等。

可以看出，这个问题在多方面都存在可能发生的因素。通过分析，对症下药，制定以下方法：①提高从业人员责任心。②加强任务意识的深层培养。③要求从业人员精通业务。④改进影碟机，增加切换功能，一机多项功能等。

实践证明，这样做效果更好。

（三）行政命令与法规管理方法

行政命令法就是管理者通过发布强制性批示的方式对下属进行管理，主要表现为工作会议形式。这种方法的优点是具有灵活性，可及时、正确地解决新问题，布置新任务；其缺点是没有先导性和自我调节控制的功能，即缺乏自动化管理功能。

法规管理方法就是管理者通过制订要下属遵循的规章制度对下属进行管理的方法，表现为《员工手册》《岗位责任说明书》《作业规程》《注意事项》等。此类方法有三个特点：强制性；稳定性，即在日常工作中适用，不因人因事而异；可预测性和先导性，即每一员工可事先判断自身行为是否合乎规章制度，其行为后果是什么，如激励、奖励或惩罚。

对每一位员工来说，法规管理方法的优点是具有可事先指导和调节个人行为的作用。当员工一进饭店，读了《员工手册》，便知作为一名饭店员工应遵循的基本行为准则，如不能从饭店大道走，应走员工通道；读了《岗位责任说明书》和日常服务员《作业规程》及《注意事项》后，就能做好本职岗位的日常工作了。这类方法一般适用于有规律可循的日常工作，如服务员接待、健身房服务、舞厅服务等程序的操作。其缺点是缺乏灵活性与弹性。由于实际情况千变万化，新问题层出不穷，因而仍需在实际工作中教育员工以使顾客满意为最终宗旨。此外需配以指示命令法，即遇到例外情况要及时请示管理人员，根据管理人员的指示命令来加以调整。

（四）现场管理方法

现场管理方法是用科学的管理制度，对康乐场馆现场运行的各个生产要素进行合理有效的计划、组织、协调、控制，使其处于良好的运作状态，保证优质、高效、有序地正常营业。

现场管理要求管理人员熟悉基本操作程序与服务规范，能够敏锐地捕捉问题，对现场中的人与物、场所的结合状态不断进行调整，迅速有效地解决现场出现的突发性问题。要求管理人员具有一定的水平和素质，防止瞎指挥或凭主观臆断解决问题。

现场管理有助于管理人员迅速掌握营业第一线状态、客源信息及营业动态，从而较快地提高管理水平，沟通管理层与操作层，减少信息传递环节与失误，促进服务质量的提高。

（五）标准化管理方法

康乐部是提供服务的部门，因此，一切服务都应强调程序化、质量标准化、工作制度化。要进行严格的培训和管理，使员工具备承担本岗位工作的知识技能和实践技能，并要求所有员工按照标准、程序、规章要求去做，不得随意更改。工作中可以要求每个员工随身携带工作记录手册，随时对照检查自己的工作职责、工作程序以及完成任务的情况是否已经达到了服务质量标准。

 知识链接　康乐部的问讯服务

（1）熟知酒店内服务设施情况。

（2）熟知本地区交通、游览、购物等情况，掌握准确信息。

（3）回答必须简明。语气温和解释清楚。

（4）每天收集酒店内外最新信息。

（5）诚心接待每一位问询者，专心倾听所提出的问题。接听内外部打进来的问询电话。

（6）准确回答问询，绝不能说："我不知道"，对无法马上回答的问题，应解释"对不起，我立即给您查询"。查清后应及时回答或耐心解释，或帮客人想办法。

（7）接受客人表扬或投诉。无论是表扬或投诉都要真诚地感谢客人。对投诉服务质量问题表示歉意,能改的立即改正，其他问题应上报处理。

（8）注意客人经常问询的主要内容：

①本地或酒店近期的重要活动。

②酒店各营业场所的消费项目及价格。

③酒店各营业近期优惠推广项目。

④酒店内部服务设施及服务时间。

⑤市区交通情况。

⑥购物地点及路线。

 **课堂讨论**

康乐部经理应具备哪些管理才能?

 **技能操作**

学生两两配对,进行客人与康乐部前台接待员的角色扮演,针对以下几组客人,模拟推荐康乐项目。

一批聚会的年轻人;家庭聚会;单个商务客人;结伴而来的同性或异性朋友。

课后习题

1. 康乐部的经营特点有哪些?
2. 应如何进行康乐项目的经营?
3. 康乐部的管理活动应遵循哪些原则?
4. 康乐部的管理方法有哪些?

第七章　康乐服务质量管理

本章导读

➲ 为顾客提供优质服务，是由康乐企业的经营性质决定的。优质服务的定义、优质服务的内涵、如何提供优质服务、如何评定优质服务以及如何改进非优质服务，则是康乐管理和服务人员必须掌握的。本章主要对上述内容展开讨论，从理论上对康乐部的优质服务进行评述。

学习目标

➲ 了解康乐服务质量的含义。
➲ 掌握提高康乐服务质量的方法。
➲ 理解优质服务的定义及特征。
➲ 了解优质服务的内涵。
➲ 掌握提高优质服务的方法。
➲ 了解投诉的来源。
➲ 掌握投诉处理的原则。

章前案例

卡拉OK厅的客人投诉

一名卡拉OK厅的服务员自认为歌唱得非常好，并有在客人面前表现的习惯(如经常代替不是很会唱歌的客人演唱)。歌厅经理认为此举可以在一定程度上活跃卡拉OK包房的气氛，且也属于该卡拉OK厅的一种服务特色。一直以来，该服务员的此种服务习惯为许多性格内向的客人所接受，并确实在一定程度上活跃了卡拉OK厅的气氛。但是有一次，几位客人在卡拉OK包房内商谈一项重要的商务合同，该服务员对此并未察觉，仍然像以往一样在包房内热情地为客人唱歌并多次打断客人之间的谈话，结果招致客人反感并向营业厅经理投诉。

问题

营业厅经理应当如何处理该事件？

案例分析

之所以会出现这种状况，主要是由于平时缺乏对员工的训练。在投诉事件发生后，经理应主动向顾客道歉，并对该员工进行个人教育，要求其以后避免类似情况的发生。同时，应教导其他员工引以为戒，在平时的工作中不断培养自身的观察能力，审时度势，杜绝冒犯顾客的现象发生。

第一节 康乐服务质量管理概述

一、康乐服务质量的含义

康乐部服务质量是指为满足顾客的需要，部门与顾客之间接触的活动以及康乐部内部产生的结果。康乐部服务是以顾客为中心展开的，服务质量是衡量消费者服务期望满意度的重要指标，即酒店康乐部所提供的服务是否符合消费者的期望。康乐部服务质量主要包括康乐设施的保养维护、服务时间与速度性、服务人员的态度等。服务质量的好坏直接影响到酒店的声誉、形象、管理水平和经济效益。因此，必须对酒店康乐部的服务进行严格的质量管理。

知识链接

服务质量管理

二、康乐服务质量管理的原则

康乐服务质量管理是指采用一定的标准和措施来监督和衡量服务质量管理计划的实施情况，并随时纠正出现的偏差，实现康乐服务质量管理的目标。不同档次的康乐部门应该制定不同的康乐服务质量标准。提高康乐服务质量是一个循序渐进的过程，需要遵循一定的原则。

1. 系统性与连续性统一的原则

康乐服务质量管理的核心，就是做好各岗位员工之间、部门与部门之间、员工与顾客之间，以及服务人员与管理人员之间的协调。因此，服务质量管理是全方位、全过程、全体人员参与的系统工作。同时，康乐部必须保持其服务质量控制体系的连续性，实现服务质量的稳定性，以获得长远的社会效益和经济效益。

2. 指挥统一性的原则

康乐部各级岗位的服务员和管理人员都必须严格贯彻执行岗位工作责任制，不得越级指挥或者越级汇报。坚持指挥统一性原则是服务质量控制的关键所在，否则将极大地损害上级管理人员的形象，挫伤现场管理人员的积极性，导致上级对下级的管理失去控制。当然，服务质量控制的指挥统一性原则并不与走动式服务管理模式中上级深入实际的要求相矛盾，只是要求服务管理人员在发现下级问题的时候应采取正确的指挥方式。

3. 科学性与适应性统一的原则

服务质量控制的科学性，是指必须建立健全服务质量控制的规章制度和保证严格执行这些规章制度，强调服务质量控制的严肃性。

服务质量控制的适应性，是指必须针对外部消费者的文化习俗、本企业所在地的地域特色、季节差异、市场环境的变化、服务产品技术的更新，而调整服务质量控制规程和标准的制度创新机制，强调服务质量控制的针对性。

服务质量控制的科学性决定其适应性，服务质量控制的适应性保证其科学性，即科学的，才会是适应的；适应性强的，才能更科学。

4. 注重专业技术的原则

康乐类项目服务人员的专业和技术水平，直接影响康乐服务质量控制结果。比如，运动类项目的服务和管理人员的规则裁判、救护防护、示范教练水平，直接影响客人消费的安全和兴致；再如，保健类项目服务人员的操作技能水平、娱乐类项目工作人员的专业技术知识和技能水平，都会直接影响服务质量。所以，康乐部必须对录用员工制定严格的专业技术要求；对在岗人员服务操作中执行专业技术规程的情况进行严格监督、检查、考核、评比和奖惩。

5. 控制关键环节的原则

服务质量控制的目标，是使康乐服务过程中的各个环节都能够得到有效监督、检查和控制。但是，只有控制住一些关键环节的服务质量，才能较好地控制服务的全过程。比如，在整体的康乐服务过程中，服务态度是关键环节；但是，在运动类项目服务过程中，服务技巧是关键环节；在保健类项目服务过程中，技能是关键环节；在娱乐项目服务过程中，组织能力是关键环节。所以，康乐服务质量控制的步骤，要从对这些关键环节进行定性和定量的监督、分析、评定和控制开始。

6. 服务管理灵活的原则

康乐服务质量控制应该坚持系统性、科学性和指挥统一性的原则，保证规范性和严肃性。同时，在此前提下，还应该根据康乐部内部经营项目比较多、经营规律差异比较大的特点进行灵活管理。比如，在收费方式上，灵活选择按时收费或者分场次收费；根据服务项目的活动难度，选择是否安排教练、陪练；根据营业规律，灵活安排营业时间和员工班次；根据客人的体质、要求，安排不同的训练、保健计划；根据市场流行时尚和趋势，灵活调整项目内容，并组织相关的培训和研究；根据客人的感受，调整操作体位、手法和力度；根据经营和市场的需要，制定不同的市场营销组合等。

三、康乐服务质量的内容

康乐服务质量的内容包括有形的服务质量和无形的服务质量。有形的服务质量是指康乐部提供的有形产品，主要包括酒店的康乐设施、设备的质量和康乐项目的质量；无形的服务质量是指酒店提供的无形产品，主要包括劳务质量和环境质量。

1. 康乐设施、设备的质量

康乐设施设备质量是客人享用康乐的前提和保证，包括设施的先进程度、舒适程度、方便程度、安全程度和完好程度。康乐设施性能要达到康乐企业经营服务的要求，符合产品设计的寿命。康乐设备要符合国际和国家安全卫生标志，应当考虑到有防止事故发生的各种装置及安全服务，如自动报警、自动断电、自动停止等；如健身房应配急救药箱、氧气袋及急救用品等，对健身过程中出现身体不适的客人进行及时照顾。所有的康乐设备都要严格按卫生标准进行清洁和消毒。康乐设施外观应当与康乐项目相协调，符合时代潮流，注意客人使用时的适用性和易操作性，还要配合舒适的装修环境，提高客人的满意度。

2. 康乐项目的质量

现代消费观念认为，高星级酒店应该是一个包罗万象的小社会，可以享受到各方面的乐趣。对于有足够经营场地和条件的高星级酒店，应当最大限度地使康乐部项目更加多姿多彩，可以把传统康乐项目与创新康乐项目结合起来，康乐项目之间要努力实现相互配套，进一步满足客人的多样化和整体需求。如可以开设室内康乐项目，包括保龄球、台球、乒乓球、壁球、羽毛球、棋牌、舞厅、迷你室内电影、卡拉OK等，也可以开设户外康乐项目，包括有网球、高尔夫球、游泳池、温泉水疗、室外游乐项目等。

康乐项目必须突出自己与众不同的地方和优势。同时，还要把独特的健康休闲氛围渗透到酒店的各个方面，使酒店的个性和风格更加突出。如酒店可为女性设置专属楼层，里面有瑜伽设施和化妆品，有专业美容美体、艺术美甲、美发护发等，给其闲适又舒缓的感觉。

3. 劳务质量

康乐部的劳务质量主要包括康乐员工的形象和素质、管理水平、服务技能和服务态度等。

首先，经营管理人员应当具备系统的康乐管理知识和专业知识，能够设计出最优的具有可操作性的服务程序和作业方法，使服务人员的动作、语言规范、时间限制等都有量化的服务标准，使康乐服务质量具有可衡量性；还要建立严格的服务质量管理制度，以便根据服务质量标准及时监督、检查、衡量、评估服务质量水平，对不符合质量要求的服务行为制定改进措施。

其次，服务人员要做到服务态度最优化、服务技能专业化、服务效率高效化、服务方式灵活化、服务细节人性化，让热情待客、殷勤服务有形化。以服务方式灵活化为例，高星级酒店都有各自习惯的服务方式，客人也有自己习惯接受的服务方式，服务方式灵活化就要求酒店尽量按客人习惯接受的方式提供服务，这样就能在标准化、规范化服务的基础上提供个性化服务，从而达到超越客人期望的目标。

此外，针对康乐部的特征，还应当配备专业康乐师、相关的教练指导、健康咨询师等，因为现在大部分康乐项目的操作和服务都具有较强的专业性，配备专业康乐指导人员能为客人提供正确的指导性服务，对于某些特别专业的项目还可以开办培训班向客人提供技术上的服务，这些同时也是康乐部高品质服务的体现。

4. 文化质量

康乐产品与文化的融合是酒店康乐业发展的必然趋势，也是一种更高层次的竞争手段。经营者应当把注意力转向提高康乐产品的文化品位和文化内涵，突出产品的知识化特点，充分体现产品文化价值的作用，坚决避开低级趣味和康乐消费中的不法行为。结合中国酒店原有的特长，再结合康乐项目文化性，使康乐的经营管理实现一种高品位的提升。如羽毛球运动除了全面锻炼身体外，还可以开展羽毛球文化探源、历史、经典赛事、故事等为主题的活动，把羽毛球运动塑造成培养良好道德风尚、陶冶情操、交流友谊、创造和谐的文化产品，把羽毛球的文化逐步内化为人的内在精神气质。又如高尔夫深厚的文化内涵是基于500年来所形成的高尔夫礼仪和规则，是一种历史的延续和进步，高尔夫的经济价值正源于其文化内涵。这项文明高雅的运动有着绝佳的交际交流的文化职能，使人们保持身体平稳和协调，保持平和的心态，体现人与自然的融合。运动过程中体现公平、诚实、和谐、信任以及对自身潜能的追求，还必须考虑场上策略的运用。又如可以借助酒店的多功能厅举办小型音乐会、画展、书法展以及各种文化交流活动，进一步体现康乐部甚至整个高星级酒店的文化层次。可见，借助文化的亲和力将康乐产品中的文化因素与消费者的价值观念结合起来，可以满足客人对康乐活动更高层次的需求，也可以使企业能在竞争中立于不败之地。

四、提高康乐服务质量的方法

1. 合理使用、维护和更新康乐设施设备

酒店康乐设施设备是康体项目服务的载体，同时，设施的质量也是体现酒店康体服务水平的重要指标，所以科学合理地使用康体设施就显得尤为重要。首先，合理使用并建立专门部门对设施进行维护，可以保证并延长设施的使用寿命。提高设施的使用效率，就能降低设施无谓更新、更换导致的资金浪费。其次，按照正常的使用标准，科学合理的更新设施，有利于从根本上提高康体项目服务质量，提高酒店的消费档次。

2. 建立严格的服务质量管理制度

酒店可以根据《旅游饭店星级的划分及评定》服务质量评定标准中关于康乐服务的部分，制定本酒店康乐服务质量标准及操作规范。饭店除了要求康乐员工严格按照康乐服务标准及操作规范对顾客服务，还要对员工进行有针对性的培训（定期或不定期），如沟通能力的培训、技能培训、技巧指导性培训等。

3. 开通顾客意见反馈渠道

为了确保酒店康乐部朝着健康的方向发展，康乐部不仅要提供完善的设施、高雅的环境，还要因人而异地向人们提供指导、咨询，开通顾客意见反馈渠道，酒店需要站在顾客的立场而不是从企业的角度了解顾客的需求和期望，用科学的方法去分析自身的服务是否满足顾客的需求。

4. 个性化服务创新

创新包括两个方面，项目创新和服务创新。酒店经营者应对那些康乐形式单调、内容不受消费者青睐的项目加以改造，使其更符合客人的需要。康乐部只有不断推出区别于竞争对手的特色产品才能吸引更多的顾客，并最终得到市场的认可。比如，酒店可以从服务方面进行创新。例如，酒店康乐服务员引导团队客人进行有规则的比赛，使其他客人可以消费另外的康乐项目，从而提高饭店的收益。

五、影响康乐服务质量的因素

影响酒店康乐部服务质量的因素包含两个方面的内容，即硬件部分和软件部分。硬件部分主要是指康乐部提供的设施设备和环境氛围；软件部分主要是指康乐部员工的素质和服务文化。

1. 设施设备

酒店康乐部的设施设备是客人享用康乐的前提和保证，它包括设施的先进程度、舒适程度、方便程度、安全程度和完好程度。康乐设施性能要达到康乐企业经营服务的要求和符合产品设计的寿命，康乐设备要符合国际和国家的安全卫生标志，应考虑到有防止事故发生的各种装置及安全服务，如自动报警、自动断电、自动停止等。如健身房应配急救药箱、氧气袋及急救用品等，对健身过程中出现身体不适的客人进行及时照顾，所有的康乐设备都要严格按卫生标准进行清洁和消毒，康乐设施外观应与康乐项目相协调，符合时代潮流，注意客人使用时的适用性和易操作性，从而提高客人的满意度。

2. 环境氛围

康乐部提供的产品不能仅限于满足客人对于康乐的基本需求，而要整合各个要素形成满足顾客个性化需求的氛围，使顾客从中获得难忘的体验。康乐部环境氛围的深度营造也会激发顾客强烈的感情认同，使顾客获得独特、难忘、持久的感受，从而形成顾客忠诚。康乐部环境氛围主要包括康乐部装修的色彩氛围设计、声音氛围设计、灯光氛围设计以及员工的着装设计。如对于康乐部SPA馆来说，这里是让客户身心放松的地方，因此，可以播放以休闲放松、调节情志为主的音乐，更能给顾客舒适放松之感。

3. 员工素质

员工素质是现代化企业综合竞争力的原动力，包括服务态度、服务效率、专业技能等多个方面。酒店是一个特殊行业，它所提供的产品就是服务，而酒店的康乐部更是如此。因此，良好的职业道德、强烈的服务意识、良好的沟通交流能力等一系列因素直接影响着康乐部的服务质量。

4. 服务文化

酒店的服务行业属性决定了服务文化在其竞争力中举足轻重的地位。康乐部独特的娱乐休闲属性又决定其服务文化在运营管理中的重要性。康乐部服务文化包括情感化服务、精细服务、语言服务、超值服务、方便性服务等。顾客到康乐部消费，服务本身就是主要产品之一，顾客消费其他产品，也需要得到高质量的服务，所以，服务管理是康乐部服务质量管理的生命线。高质量的服务，需要高素质的员工来实施，并且要匹配有相应的设施、服务制度、服务项目与创意、服务仪式、服务行为、服务情感表现等。因此，高质量、高品位的康乐部服务会形成特有的文化。

 知识链接 服务文化的工作内容

服务文化应该主要包括以下工作内容：

（1）服务文化评估：客户满意调查、内部满意调查、服务能力调查、服务文化效果评估。包括产品：服务文化调研报告。

（2）服务文化设计：服务理念、服务行为。包括产品：服务文化手册、服务能力模型。

（3）服务文化规划：目的与原则、阶段推进计划、保障措施。包括产品：服务文化三年（五年）规划、服务文化推广实施计划、服务文化深植方案。

（4）服务能力建设：培训与辅导、跟踪、阶段测评。包括产品：培训教案、跟踪测评报告。

（5）服务氛围营造：环境应用、案例编写、活动。包括产品：服务文化可视化设计、服务文化故事集、活动方案。

（6）服务品牌塑造：品牌命名、品牌设计、品牌推广。包括产品：品牌名称、品牌logo及VI、服务品牌手册。

第二节 康乐部的优质服务

康乐部的优质服务应该从两个大的方面去把握，即硬件部分和软件部分。硬件部分主要是指设施的建设和设备的配置，这是由企业决策者决定的，在此不作深入探讨；软件部分主要是指服务员提供的具体服务，这与企业的管理者及服务员均有非常密切的关系。为顾客提供优质服务是服务员时刻都应高度重视并付诸行动的内容。

一、优质服务的定义及特征

康乐部向顾客提供的服务，以其特定的内容创造使用价值，参与商品交换，具有商品的一般特征。提供优质服务是商品经济中价值规律的客观要求，要想提供优质服务，就应该认识其本质，弄清其定义及特征。

（一）优质服务的定义

在讨论优质服务的定义之前，首先要清楚什么是服务。

1. 服务

国家技术监督局的有关文件为服务所下的定义是："为满足顾客的需要，供方与顾客接触的活动和供方内部活动所产生的结果。"这个定义属于推荐性国家标准，适用范围很广。为了更有针对性，也为了论述的方便，本书在上述定义的基础上将饭店服务及康乐服务定义为：在一定的场所和时间内，供方以提供活劳动的形式满足顾客合理需求的单向供应过程。这个概念中所说的"在一定的场所和时间内"是指在营业场所和营业时间内，否则就不会发生一般的服务与被服务的关系了。例如餐厅服务员与公共汽车的司机，在不同的营业场所和时间内，服务与被服务的角色就会被置换。概念当中的"供方"是指提供服务的企业，具体的提供者就是服务员。"合理需求"是指顾客在购买服务产品时应与供方以等价交换为基础。而且，顾客的需求还应符合国家的政策法令和社会道德规范，假如有个别顾客要求提供赌博或色情服务，应该予以拒绝。

2. 优质服务

优质服务的定义是：顾客在消费过程中，认为其满意度达到了期望值的那部分服务。

期望值，是指人们希望某一事物所应达到的水平。就服务行业而言，期望值是指被服务者希望所受服务达到的水平。期望值是个变量，因人、因地、因时、因事不同而有所不同，其产生过程如图7-1所示。

优质服务

满意度是指人们对所感受到的事物的满意程度，是衡量服务质量优劣的动态标准。

评价服务质量的优与劣，要视被服务者的普遍感受而定。当期望值大于满意度时，所受服务即为劣质服务；当期望值等于满意度时，所受服务即为标准服务；当期望值小于满意度时，所受服务才是优质服务。

（二）优质服务的特征

康乐部的优质服务是指消费客人对康乐部的管理者和服务员所提供服务的期望值和满意度的相对统一。它的基本特征是建立在规范化服务基础上的个性化服务。

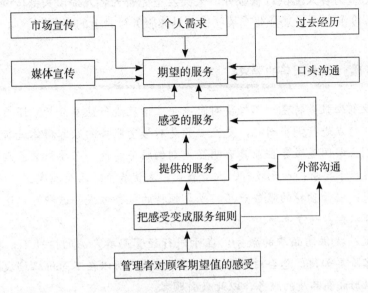

图7-1 期望值的产生过程

规范化服务即标准化服务,是针对服务中反复出现的常规性事务,以业内共同的认识为标准而提供的服务。规范化服务是具有共同特征的服务,一般情况下可以满足大多数顾客的要求。

个性化服务指为顾客提供与众不同的、有针对性特征的服务,是规范化服务的发展和延伸。个性化服务包括情感服务、特色服务、超常服务等特殊内容。

1. 情感服务

情感服务是指在尊重和理解顾客的基础上,能使顾客在精神上、感情上得到亲切感的服务内容和服务行为。例如,很多企业都建有顾客档案,并且要求服务员熟悉回头客的情况,当他(她)第二次来消费时就不得简单地称呼"先生""小姐",而应在前面加上姓氏,即"×先生""×小姐",或姓氏加职务,如"×经理""×总"。有时,根据顾客档案还可以在顾客生日当天向其道贺或赠送生日礼物。又如,当企业的管理者举办联谊会时请顾客参加,在重大节日向顾客赠送一些礼品,如新年时赠挂历、圣诞节赠小玩具。通过这种服务,可以使顾客感到企业的管理者或服务员时刻都在想着自己,从而增进与企业的管理者及服务员的感情。当顾客与服务提供者的感情比较融洽时,期望值更容易得到满足,即使在服务中偶尔出现一点小的失误,也会得到他们的谅解。

2. 特色服务

特色服务是指向客人提供的具有本企业特点的服务内容和服务行为。服务内容特色多与服务项目密切联系,其服务内容都有典型的风格和鲜明的特色。

服务行为特色是指通过具体的服务过程和服务细节所体现的本企业的服务特点。例如:为打网球的客人免费提供按摩服务,以解除客人运动后的疲劳;对初学打保龄球的客人免费提供基础知识和技能方面的培训;某健身房免费为客人提供专业化的健身训练指导服务；某桑拿浴室为客人提供订餐服务；某美发室免费为客人提供头部按摩服务等。这些服务都在不同程度上强调了某企业或某项目在具体服务行为上的特色。

 知识链接　特色服务的要求

服务企业创立服务特色，不仅要对自身企业情况进行认真分析，还要对同类服务企业的情况、特点进行调查研究，更主要的是对接受服务的顾客群体进行分析。在此基础上努力创立与同类服务企业具有明显差别的服务特色。若要依靠差别性形成服务特色，应把握以下要求：人无我有、人有我优、人优我全、人全我变。

人无我有：经营独特的服务产品，或者独特的服务方式。这即可以达到拾遗补阙的作用，又可以独占一方市场。

人有我优：提供高品质的服务。在于同行经营同类产品的情况下，提高服务质量。不论顾客阶层如何，总会对服务质量有所强调。所以在不同价格档次的服务产品经营上都可以形成高品质的服务，以此吸引顾客。

人优我全：扩大服务品种，以服务内容、服务种类齐全形成特色。

人全我变：在同行业强手如林时，适时转变经营方向，创立新的服务品种也不失为形成特定服务的好方法。

遵循上述四项要求，可以使企业形成一定的服务特色，也体现了企业服务的独创性。

3. 超常服务

超常服务是指企业在经营过程中向消费客人提供的超过常规服务标准和服务范围的服务。它能够满足一些客人的特殊需求，对提高饭店或康乐企业的声誉有很好的作用。

超常服务是根据"尽量满足客人的一切正当需求的原则"而提出的。提供超常服务除需要企业管理者授权外，还要求服务员具有良好的素质和能力。1970年成立的国际"金钥匙"协会，就是一个倡导超常服务的民间组织。这里举一个"金钥匙"服务员提供超常服务的例子。

一天，北京某饭店的一位"金钥匙"接到一个电话，一位法国客人让其帮助购买一盘摄像机用的磁带，并告之其正在朝鲜等着急用。原来，这位客人前不久入住该饭店时，曾在北京某商场买了一盘摄像磁带，当他到朝鲜后发现不够用，便抱着试试看的心理，给王府饭店的"金钥匙"打了上述电话。接电话的这位"金钥匙"按照客人的要求买到了摄像带，并与朝鲜航空公司联系，于第二天中午将摄像带送到了这位法国客人手中。

不过，这样的超常服务不只"金钥匙"能提供，现在其他服务员也能提供。一次，一个婚庆机构在北京某饭店举办有500对新郎新娘参加的婚礼。喝过交杯酒之后，有几位新人向服务员问道："小姐，我可以把这个酒杯拿走留作纪念吗？"按照常规，这种要求会被拒绝，但这一次却没有，服务员将酒杯赠给了顾客，顾客非常高兴。

在国外，这种超常服务的例子早已很多，一个朋友谈起过他感受到的一次超常服务。

20年前，这位朋友随中国代表团赴西欧卢森堡访问，曾在一家中国人开的"孔夫子酒店"用餐，该酒店的服务员是中国人。吃过饭以后，他们想去看电影，于是找来餐馆的服务员，请他指示去电影院的路径，这位服务员说："我已经到了下班时间，等我换下工作服带你们去电影院。"于是他换好衣服，又开着自己的私车把他们送到电影院。由于他们不会讲卢森堡语或德语，那位服务员自己掏钱为他们买了电影票，并执意不收他们的电影票钱。时隔20年，当时看过电影的人甚至已将电影的情节淡忘了，但对那位提供了超常服务的餐馆服务员却念念不忘，记忆十分深刻。

现在，提供超常服务已越来越受到企业管理者和服务人员的重视并付诸实践，如某游艺厅的服务员得知一位顾客正在寻找丢失的飞机票，便不顾自己已到下班时间，连续翻找三个垃圾桶，终于找到了顾客丢失的飞机票；某保龄球馆的服务员在球馆未向顾客承诺提供免费培训的情况下，利用业余时间教会了初学打保龄球的顾客。类似的例子信手拈来，不胜枚举。

二、优质服务的内涵

优质服务的关键是顾客对服务所感受到的满意度是否能达到或超过期望值。那么，从哪些方面去考查和评估满意度呢？下面将介绍评估优质服务的五项要素。在每个服务项目上为这些要素制定出具体的量化指标，就成了衡量标准。

（一）服务的内容、特色和专业技术

服务是一种特殊的产品，是不可贮存的、边生产边消费的产品。服务之不同体现在其内容、特色和专业技术等方面。

1. 服务的内容与特色

不同的服务项目所提供的服务是不可能相同的。从大的项目看，如餐饮业、运输业、商业、康乐业，虽然同属于服务行业，但它们提供的服务内容与特点等都有很大差异。即使同一行业内的不同项目，其内容和特色也各不相同，如康乐业中的游泳池、卡拉OK厅、保龄球馆、电子游艺厅等，它们的服务之间也存在着差异。因此，评估优质服务首先要注意这些服务的内容及特色的区别。例如，某保龄球馆提供的服务内容除了必备的保龄球道机器和球之外，还提供公用保龄球鞋、滑石粉、毛巾、茶水、贵宾存球柜，并提供其他特色服务，如记分服务、培训服务、洗球服务、打孔及修球服务等。

2. 服务的专业技术

指消费客人能意识到的服务员提供服务的专业知识和业务技能，如保龄球服务员的裁判知识、运动知识、示范能力、排除机器故障的能力等。这里所说的知识和能力并不仅仅体现在对客直接服务中，例如保龄球机器设备的维修和保养工作多是在客人看不见的时间和地点进行的，如果服务人员在这方面的能力较差，机器设备的故障率就会升高，引起客人的抱怨。

（二）服务态度和服务行为

1. 服务态度

服务态度是指顾客能否感知到提供服务的员工是否在友好地、自愿地为他们解决问题，并将他们的利益放在首位。顾客需要的态度是：热情与诚恳、礼貌与尊重、亲切与友好、谅解与安慰——被服务者的精神需要。这些需要的产生是因为被服务者是有思想、有感情的人，而人的思想感情是复杂的、发展变化的，并且因人而异。这就要求管理人员和服务员通过细致的观察和分析，用心理学和统计学的理论和方法进行探讨，找出其中的一般规律，指导服务工作。

2. 服务行为

服务行为是指提供服务的主要活动。供方的这些活动是为了提供某种服务，没有这些活动，顾客的需求就得不到满足。服务行为是为满足顾客的实际需要而采取的，是使顾客的满意度达到期望值的主要因素，对服务质量的好坏起到至关重要的作用。服务行为的优劣主要体现在服务过程中服务员主动精神的发扬和服务规范的落实。例如，在保龄球服务中饮料提供是否主动、规范；当顾客一时找不到适合自己使用的公用球时，服务员能否主动帮助挑选。再如，在游泳池或戏水乐园，发放更衣柜钥匙的服务员是很尊重地将钥匙递给顾客还是很随意地扔给他们；顾客的泳圈充气不足时能否主动帮助充气；当顾客发现丢失物品时，能否主动帮助寻找；当顾客发生溺水事故时，救护员能否及时有效地救护等。这些服务行为的优劣决定着一个康乐企业的服务档次，也能反映出一个服务员的素质和能力。

（三）服务项目的可参与性和服务工作的灵活性

1. 服务项目的可参与性

在某些项目中，可让消费客人体验参与的乐趣，并在参与中得到锻炼和陶冶。大部分康乐项目的参与性都很强，例如，只有亲自打保龄球才能体验到保龄球的魅力；电子游艺机非常有趣，它的趣味性在参与中才能体会到；卡拉OK厅之所以发展极快、遍及各地，也是因为它具有极强的参与性，而且这种参与性还在发展，过去的卡拉OK设备都是由歌厅的调音师来调整参数，现在有很多豪华歌厅，特别是在贵宾间内，都配备了客用的卡拉OK调音台，顾客可直接参与调试，根据自己的需要和喜好来调整参数。现在社会上很多新兴的康乐项目都突出了参与性，很受人们欢迎，如陶艺馆（顾客可以自己动手制作陶器）、布艺馆等。顾客参与这些康乐活动的满意度在很大程度上反映了企业的服务质量水平。

2. 服务工作的灵活性

接受服务的对象是有感情色彩的人，人不仅有物质需求，而且有精神需求，这些需求因人而异，要求提供服务时具有灵活性。具体表现在以下几个方面：

（1）营业制度。现在营业制度上的灵活性越来越大，例如商店，过去都是柜台售货，现在则大部分采用开架售货的方式。康乐业在经营方面也有很大灵活性，例如某游艺厅在开业初期发现参观的顾客多而消费的少，于是决定拿出一部分游戏币免费赠给顾客试用，以引导消费，此方法立刻产生了促销效果。再如，一些卡拉OK厅采用多层次打折收费的制度，制定多种打折标准，有的折扣服务员就能确定。这些灵活的做法对刺激消费、促进销售起到了很好的作用。

（2）营业时间。例如，某康乐企业的戏水乐园在旺季采用分场次营业的方式，这样做是为了在场间休息时能够集中清理场地，搞好卫生工作，同时在两场之间的时间段内可以引导客人消费其他项目，如游艺机、保龄球等；在营业淡季则采用计时收费或不限时间的经营方式，因为这时顾客较少，卫生工作不需集中时间进行，同时顾客的选择余地也比较大。再如有很多康乐场所采用弹性营业时间，某康乐宫平时在午夜12:00停业，但此时如果顾客兴致正浓，则营业时间将随顾客的要求延长。这种弹性营业时间制度能够满足大部分顾客对营业时间的需求。

（3）服务方式。现在很多康乐企业的管理者都要求服务员主动服务，但是这种服务并不是任何时间和情况下都能收到好的效果。例如几个生意人正在桑拿休息室内谈生意，而服务员一会儿主动问要不要按摩，一会儿又主动问要不要鲜榨果汁，没两分钟又主动问要不要刮痧或拔罐，这样反复干扰反倒会惹恼顾客。再如有些卡拉OK厅或夜总会采用立式服务，有些采用跪式服务，有些则采用蹲式服务，很难说哪种服务方式好，哪种服务方式不好，应该根据情况灵活处理。如果是餐厅兼营卡拉OK，则应与餐饮服务方式接近，立式欠身服务就可以了；如果歌厅不太拥挤，服务员又穿着旗袍或长裙，则服务员可采用弯腰或半蹲式服务；如果歌厅里的沙发比较矮，服务员采用立式可能会遮挡顾客的视线，此时服务员如果再穿上领口较低的上衣和紧身短裙，则不宜弯腰或蹲下，此时则可采用跪式服务。但我们不提倡为了给顾客营造一种至高无上的"上帝"感觉而采用跪式服务，因为它违背了顾客花钱购买服务产品的公平交易的原则。

（4）服务对象。康乐服务是一个动态过程，一方面，被服务对象存在需求差异；另一方面，客人消费存在随意性；再一方面，康乐消费过程中也会出现一些突发事件，这就要求康乐服务员随机应变，在不损害客人利益的原则下，灵活得体地提供服务。例如对不同的服务对象应采用灵活多变的服务方式。对初次来的客人与经常来的客人、懂运动规则的客人与不懂运动规则的客人、青年客人与老年客人、男士与女士、普通客人与VIP客人等，要视情况灵活服务，以满足不同客人的不同需求。另外，对突然发病或受伤的客人、醉酒的客人、丢失物品的客人、有意捣乱的客人、要求超服务范围的客人、无成人带领的儿童客人、情侣客人等，应区别对待，灵活服务。对不同情况能否灵活处理，反映了服务员在个人素养、服务技能、应变能力、服务经验等方面的综合水平。

为了能让服务员掌握灵活服务的尺度和能力，就应该加强对服务员的培训，提高他们的素质和能力，使他们能在各自的服务岗位上做出相应的贡献。

（四）可靠性和突发应变能力

这是指顾客在消费过程中无论出现已经商定的情况还是意外情况，都能够相信并依赖服务机构及其员工在以顾客最高利益为重的前提下，履行承诺并提供服务。

1. 可靠性

康乐部如果通过管理和宣传，使顾客对企业产生很强的信任感，相信企业的设备质量和员工的服务能力及安全保证体系都是可靠的，这就为提高顾客对整体服务质量的满意程度奠定了心理基础。在设备方面，如果顾客知道某保龄球馆的球道平整度非常好，且机器设备的故障率很低，那么他们将很愿意到这个球馆打球。在卫生条件方面也是如此，武汉蓝天嬉水乐园在开放前期客流量不足，因为大部分人对该处水的质量没有信任感，担心通过戏水池水传染上艾滋病之类的传染病。后来该乐园针对这一问题进行了改善，池水全天循环过滤消毒，清澈卫生；此外完善室内各种设施，设有儿童戏水池、合家欢天地、穿越假山溶洞的漂流河、木制吊桥、热水按摩池、宽大的家庭滑道、惊心动魄的蓝色"尼亚加拉"螺旋式滑道及武汉市最大的室内模拟海浪造浪池、水上迪斯科舞台及酒吧，还有别具一格的民俗风情小屋。不久就消除了人们的顾虑，来戏水的顾客逐渐多了起来。安全是人类的五大基本需求之一，在康乐经营中，安全工作尤为重要。只有加强管理，建立较完善的安全制度和安全保障体系，才能最大限度地降低事故发生率，消费客人才能放心地进行康乐活动。

2. 突发应变能力

康体娱乐过程中，突发事故时有发生。例如：北京某山坡滑道曾发生过翻车使客人摔伤致死事故；广州某游乐场发生过载人气球升空失控摔死游客的事故；此外还有诸如停电、停水、火灾、斗殴、空调故障、电梯故障、丢失儿童、突然发病等事故。关键是要让消费客人相信，无论何时出现任何差错或发生一些始料不及的事情，服务提供者都能迅速主动地控制事态，并且能找到创新的、让人接受的解决方法。尽管人们都不希望发生意外事故，但完全杜绝意外事故是很困难的。重点是当事故发生时，服务提供者要能有效地控制和妥善地处理，稳定顾客的情绪，减少事故所造成的损失和影响。

（五）物有所值

只有消费客人认可康乐企业能提供物有所值的服务，才会在价格方面认为是满意的。当消费者认为物美价廉、物超所值时，就会感到很满意。因此，绝大多数企业都千方百计地让客人对自己的产品包括服务感到物美价廉。康乐企业出售的设备使用权、场地使用权、人员服务等都是物质性的，即通常所说的"物"。物美和价廉是辩证统一的，物美建立在一定价格成本基础之上。对企业和消费客人来讲，都不能一味地追求绝对的物美价廉。企业不可能不计成本地追求物美价廉，那样自身将无法生存；消费客人也不应奢望以低价来购买高档产品，如果打算在二星级饭店享受到五星级饭店的服务，是不现实的。也就是说，消费客人应该以合理的费用购买相应的消费项目和服务档次。

对于企业来说，经营的根本目的在于盈利，物美和价廉是获取盈利的形式和手段。企业不可能也不应该一味地靠增加成本以求物美，也不可能一味降价竞销。为追求物有所值，企业除了采用常规的定价方法，如全部成本定价法、资本报酬定价法、成本系数定价法、投资成本回收定价法、倒向研究定价法等以外，还常常采用撇脂定价法、渗透定价法和垄断定价法等特殊手段，这些对服务项目的定价方法若运用得当，客人仍然会感到物有所值。

三、优质服务的提供

优质服务就是使顾客满意度大于期望值的服务过程。根据这个原理，可以推论出如何保证优质服务，即如何使顾客的满意度达到并超过期望值的问题。为了解决这个问题，首先应该将顾客的期望值量化，也就是制定出令顾客满意的服务标准，以及与之相应的程序、规范等；其次便是贯彻实施这些程序和规范，使顾客得到满意的服务。

1. 制定服务制度

这里所说的服务制度是专指在具体服务中正在执行的服务标准、服务规范和服务程序。服务标准是指为使顾客获得满意的服务所应达到的量化指标；服务规范是指为达到服务标准所应采用的具体服务方式和准确做法；服务程序是指服务过程中服务行为的先后次序。康乐行业的这类服务制度很多，每个项目的相应内容又不相同，因此不便一一列举。这里只就其制定方法加以介绍。

服务标准、规范和程序的制定可由经理或主管起草，起草的内容越具体越好。草稿可向有经验的员工征求意见（一般指中级以上的员工），再请一部分常来的顾客提意见，得到反复修改后再公布实施。

制定规范，应针对顾客的期望值一条一条地制定，例如针对因等候时间长而容易产生抱怨的问题（顾客一走进饭店或康乐企业，就应列入服务范围，等候期间同样应包括在内）等。服务规范应包括以下几个方面的内容：

（1）针对接听电话问询速度慢的问题，规定问询台服务员必须在铃响两声之内接听。

（2）针对办理交款手续效率低的问题，规定收款和开写单据应该在 2 min 之内完成，手续比较烦琐的可适当延长时间。

（3）针对客人在排队等候时易产生急躁情绪的心理，采取在排队的地方增加书报、壁画，或者在保龄球馆、台球厅增加游艺设备的方式，转移客人的注意力。

（4）针对已纳入服务程序的等候比不确定的等候感觉时间短的现象，规定对等候的顾客赠送饮料，在服务前一位顾客的短暂空隙招呼后一位顾客。

（5）针对焦急的等候感觉时间格外长的现象，要求服务员设法使焦急的顾客分散注意力，如聊天、介绍一些康乐知识等。

（6）针对知道结果的等候或有限的等候比不确定的等候感觉时间短的现象，规定服务员应尽量告知顾客等候的时间，并且熟悉业务，了解前面正在消费的顾客何时结束消费。

（7）针对有解释的等候比不加任何解释的等候感觉时间短的现象，要求服务员向顾客解释等候的原因，例如在节假日到戏水乐园去的人多，有的室内戏水乐园因更衣柜不够用或出于安全的考虑会限量接待顾客。

（8）针对公平的等候比不公平的等候感觉时间短的现象，要求服务人员在顾客特别多的时间注意维持排队秩序，按先后顺序服务，切忌在有顾客排队时为熟人开后门。

（9）针对多人等候比一个人等候感觉时间短的现象，要求服务员设法引导顾客相互聊天。企业管理者可考虑在容易出现顾客等候的地方摆放椅子或设置吧台。

2. 贯彻实施服务制度

贯彻标准、规范和程序的第一步是对员工进行培训。"培训"是一项系统工程，包括确定目标、准备教材、选择教师、设定课程、确定被培训人员及培训方法、考核和评定培训结果等内容。作为一名服务员，无须掌握上述内容，只要充分认识到培训的重要性，把握住培训的机会，达到服务员的标准即可。

管理部门应经常检查标准的执行情况并定期做出评估，并将员工的工资与达标情况挂钩。对于达到标准的服务员应给予肯定或表扬，对于未达到标准的应找出原因，并制定新的实施方案。有些标准可以打印成册或印在卡片上，以便员工掌握。

四、服务质量的评定和非优质服务的改进

1. 服务质量的评定

服务质量的评定对康乐部的经营和管理具有重要意义。因为只有通过评定，才能分辨出哪些是优质服务，哪些是非优质服务；只有通过评定，才能保持优质服务，改进非优质服务。

（1）评定标准。评定服务质量标准的核心是顾客的满意度。这个满意度来自顾客对服务的期望值和所感受到的服务的比较。在评定过程中，服务质量的标准不应该是抽象的，而应该是具体的、量化的。这就要把顾客的希望和要求具体化，为每项具体的服务工作制定出衡量标准。在一般情况下，每项服务工作的衡量标准不会只有一条，有些可多达十几条。

（2）评定主体。康乐部服务质量的评定主体主要由顾客、服务人员、管理者组成。

第一部分是顾客。这是评定者当中最有发言权的，也是最终的评定者。但是这部分人的评论往往带有个别性，不成系统。因此，需将这部分人的评论加以归纳，从而对服务质量做出全面的评定。

第二部分是服务人员。这部分人与顾客接触最多，能较具体地了解顾客的期望值，因此他们的评定是很重要的。但因他们本身又是服务的具体提供者，所以容易受自身能力和个人喜好的影响，使评定缺少客观性。

第三部分是管理者。管理者因所处的地位不同，对服务质量的评定可能是较为系统、全面的。但因接触顾客的机会少于普通服务员，所以他们的评定可能不够具体和细致。

（3）评定方式。顾客评定采用的主要方式是填写评定卡、现场投诉、写意见信或表扬信以及顾客之间的议论等。其中，填写评定卡是康乐部主动征询意见的方式。评定卡的设计要简单明了、容易填写。

服务员评定的方式主要有两种：一是自我评定，可采用填写评定卡或口头评定的方式；二是互相评定，例如在保龄球馆，球道服务员、收银员、维修员之间都可互相评定，这些评定可以是口头表达的，也可以是以其他方式表达的，但必须客观存在。

管理者的评定是通过某种方式的调查了解，再结合客观条件而做出的评定。他们通过营业现场调查、组织专门话题讨论、暗访等调查方式收集信息，再将这些信息与顾客意见和员工评论放在一起综合归纳，然后对服务质量做出评定。

2. 非优质服务的改进

服务质量可分为优质服务、一般服务、劣质服务。这里所说的非优质服务是指一般服务和劣质服务。康乐部为了更好地经营，就应该保持优质服务，不断地改进非优质服务。另外，优质服务的评定不是一成不变的，它会随着时间、场合、顾客的变化而变化；优质服务的标准也是在不断修正的，因此存在着需要改进的要求。

非优质服务的改进过程实际上就是在经营管理当中不断地发现问题、解决问题的过程，是不断有所发现、有所发明、有所创造、有所前进的过程。需要指出的是，消费客人有时会提出超出服务规范和标准的要求，如果其要求没有得到满足，便会认为所受服务是不合格的。这时，不能简单评定所供服务是不合格的。当然，应该分析研究客人超出规范的需求能否纳入规范，因为规范的制定是以满足消费群体的需求为目的的。

具体地说，首先应识别和记录不合格服务。为了对不合格服务采取改进措施，首先，要分清合格服务与不合格服务，特别是识别不符合规范和标准的不合格服务，然后将其记录在案，在作初步处理后，进一步研究改进措施。其次，在采取改进措施前，必须分析产生不合格服务的原因。分析工作可从两方面进行，即现场对策分析和事后系统分析。现场对策分析应抓住重点，了解不合格服务是否对客人造成了伤害，以便迅速做出判断并采取补救措施；事后系统分析是为了进一步分析发生不合格服务的有关因素和深层次原因。事后分析常对一定时期内发生的不合格服务进行综合分析，以便找出带规律性的原因。

找到产生不合格服务的原因之后，就可以有针对性地制定改进服务质量的措施。一方面，在问题发生的现场，立即采取积极的改进措施，必要时可给客人适当的物质补偿；另一方面，在对引发不合格服务的深层次原因进行分析和评价后，应采取进一步的改进措施。如在服务质量管理体系中制定相关的督导制度，修正有关的规章制度，加强招聘新员工时的考查和筛选工作，维修或更新服务设施等。

简单地说，就是不断地按照PDCA循环的规律改进工作的过程。

下面举两个运用PDCA循环规律改进服务质量的实例。

第一个实例是某戏水乐园为减少顾客在更衣室丢失物品而改进服务的过程。

该戏水乐园是国内第一家室内戏水乐园，营业面积较大，项目较新，在其辉煌时期营业效益非常好。但有一段时间，这个戏水乐园的更衣室里经常发生顾客丢失物品的事件，引起顾客的很大不满。为了减少这类事件的发生，管理者采取了一系列改进措施：针对当时使用的投币式更衣柜锁质量不太好，易出故障，再加上顾客对投币开锁的方式不太满意，认为增加了消费费用的情况，便将投币锁全部更换为专用的更衣柜锁。这是第一个PDCA过程。但在C阶段，又发现这种专用的柜锁出现故障时，没有维修配件，出现一点小故障就得更换整套锁具，而这种锁具价格较贵，这就增加了物耗费用。于是在这种锁损坏后，就换上小抽屉锁，因这种小抽屉锁价格低廉，大大降低了费用。这是第二个PDCA过程。但在这个过程的C阶段，又发现这种锁的重号概率很大，约30把锁中就有一把是相同的钥匙的；而且这种小锁的钥匙小而薄，易折断。所以又将这批小抽屉锁换成大抽屉锁。这是第三个PDCA过程。但在C阶段，再次发现这种大抽屉锁存在着较高的重号概率，约为1／40（锁具质量问题）。为此，又决定购买名厂抽屉锁，而且大、小两种锁具混合使用，这是第四个PDCA过程。在C阶段，发现顾客丢失物品的现象虽已大大减少，但仍不够理想。于是开展了对更衣室服务人员增强责任心、完善服务程序、提高维修技能的培训工作。这是第五个PDCA过程。在第五过程的C阶段，顾客丢失财物的事件较第一个PDCA过程时已经大大减少，而且锁具的故障率也明显降低，顾客的满意度大大提高了。

第二个实例是上述戏水乐园为减少顾客伤害事故而改进服务的过程。

该戏水乐园发生伤害事故的主要原因是顾客玩水滑梯时被划伤或撞伤。为减少这类事故的发生，管理者采取了两个方面的措施：对水滑梯的滑道进行补缝和抛光并打蜡。改进系在顾客手腕上的钥匙牌，让钥匙完全包在钥匙牌中。这是第一个PDCA过程。这个措施明显减少了顾客被划伤的事故，但撞伤事故仍未减少，于是要求滑梯出发台的服务员控制顾客下滑的间隔，并挂上醒目的大钟，要求顾客每间隔15 s下滑一人。这是第二个PDCA过程。在C阶段，发现仍有顾客不听从服务员控制下滑间隔，由于下滑间隔太近而产生的相撞事故仍时有发生。为此又安装了自动间隔报警装置，该装置能在前一位顾客滑出滑梯进入溅落池后才发出允许后一位顾客下滑的声、光信号。这是第三个PDCA过程。在C阶段，仍发现经常发生相撞事故，原因是有些初坐水滑梯的顾客在进入溅落池后不能及时上岸，而是站在水中回味刚才快速下滑的兴奋感，很容易被后来的溅落者撞伤，而且曾发生过严重撞伤，如内脏受伤。于是又要求溅落池的救护员加强提示，让顾客及时上岸，并在溅落池壁的醒目处贴上提示上岸的标语，而且用中、英、俄三种文字写成；又加装了提示顾客及时上岸的自动广播系统。这是第四个PDCA过程。在这个过程中，顾客相撞的事故明显减少，但仍然偶有发生。于是加强培训和检查，要求溅落池救护员在口头提示顾客无效时，必须下到池中疏导顾客，并处理好为顾客打捞失物与坚守疏导岗位的关系，因为有时顾客的贵重饰物滑落在溅落池，往往会很焦急地要求救护员潜入水中帮助寻找，或者自己在水中寻找，这样就很容易被其他溅落者撞伤。通过培训，救护员明确到服务工作应以人为本，为顾客打捞贵重物品固然重要，但是疏导工作是关系到顾客身体安全的更重要的工作。因此，在二者发生冲突时，应把维护顾客人身安全摆在第一位，在清场时或有其他救护员替岗时再入水打捞失物。这是第五个PDCA过程。通过这五个PDCA过程，基本上避免了因在溅落池相撞而引发的伤害事故，使顾客的满意度又提高了一个层次。

戏水乐园非优质服务的改进工作是如此，其他服务项目的服务工作更是如此，服务质量应在不断克服困难、解决问题的过程中得到提高。

第三节　康乐服务的投诉处理

一、康乐服务投诉

1. 对宾客投诉的正确认识

一般来说，客人投诉既有积极的一面，也有消极的一面，消极的一面是可能影响饭店的声誉。因为客人通常在受到不公正待遇后，不仅投诉饭店，而且不可能再光顾，甚至还会把这个不愉快的经历告诉他们的亲朋好友。因此如果忽视了客人投诉或处理不当，将使饭店失去客人，并且无法适应日益激烈的市场竞争环境。积极的一面是投诉像一个信号，告诉我们服务与管理中存在的问题。

（1）客人向康乐部投诉表明他们对康乐部是信任的，是充满希望的。客人只有在相信或希望康乐部能够解决他们的问题时才会投诉。我们不能让客人的这种对康乐部的信任枉费、希望破灭。

（2）客人的投诉可以使我们及时发现服务质量问题，并举一反三，杜绝类似的情况再次发生；同时，康乐部各岗位也可以从这些事件中吸取教训，促进服务质量和管理水平的提高。

（3）客人的投诉可以使我们及时发现设施设备、用具用品存在的问题。康乐设施设备和用具的维护保养是康乐服务管理的重要环节，而顾客作为它们的直接使用者，所发现的问题可以成为第一手资料，为今后改进维护保养工作，再次选购有关设备物品，提供了重要依据。

知识链接

投诉

（4）客人的投诉可以使出现问题的部门和有关个人真正认识到自己所犯的错误。面对客人投诉的压力，许多平时通过内部协调难以解决的困难和问题这时往往会迎刃而解。

（5）投诉的客人往往会再次光顾本店。通过正确处理客人的投诉，解决他们的问题，客人真正实现了作为"上帝"的价值，获得了对服务的满足，从而愿意经常到本店消费。因此，康乐服务与管理人员应该抓住这一有利时机，使客人对本饭店、对本部门的优良服务留下深刻的印象，成为忠实的顾客。

2. 宾客投诉心理

（1）求尊重心理。在饭店宾客感到自己未被尊重，这是投诉最主要的原因。

（2）求宣泄心理。当宾客购买了饭店的产品后，如果他认为有挫折感，就会产生"购买后的抱怨"心理，这种抱怨发展到一定程度就会产生投诉活动。旅客利用投诉的机会把自己的烦恼、怒气、怒火发泄出来，以维持其心理上的平衡。

（3）求补偿心理。宾客希望自己在精神上和物资上的损失能得到补偿。

（4）求公平心理，根据"公平理论"，宾客花了钱而没有获得相应的利益，如价格不合理、服务设施不完善、服务环境差，就会产生不公平感。

3. 投诉的来源和方式

（1）投诉的来源。

①来自客人。饭店的客人构成饭店的市场，他们的喜怒哀乐会直接影响饭店的声誉和效益。一般来说，客人的投诉总归事出有因，但可能因感情或情绪的影响而有所夸张，我们首先应做的是，检讨自己为什么会造成客人的投诉，而不是与其在一些细节上纠缠。或因情节真假参半则一定要让真相大白。无论如何，客人的任何投诉都应成为饭店改进工作的最主要依据。

②来自社会，即舆论界的批评。尽管它对饭店经济效益产生的副作用是间接的，但所形成的社会副效果及给饭店声誉所造成的损失是巨大的。要知道，树立好形象并非一日之功，而形象由好变坏则一夜之间即可完成。

③来自上级。有的可能是转达客人的意见，有的可能是上级自己发现的问题，与前两类相比较，这类投诉更富有理性，也更具有针对性，因此，也就对工作更具有现实的指导意义。

④来自平级。这类投诉往往容易被忽视，它所造成的压力远不及前三类，即便处理不好后果一般也不会十分严重。然而，饭店是一个有机整体，应特别强调一种团队精神，如不能有效地处理好横向之间的关系，其结果会造成内部各个岗位的严重不协调和人际关系的极度紧张，最终导致饭店利益受损。

（2）投诉方式。

①直接向饭店投诉。这类客人认为，是饭店令自己不满、未能满足自己的要求和愿望，因此，直接向饭店投诉能尽量争取挽回自身的损失。

②不向饭店而向旅行代理商、介绍商投诉。选择这种投诉渠道的往往是那些由旅行代理商等介绍而来的客人，投诉内容往往与饭店服务态度、服务设施的齐全、配套情况及消费环境有关。在这些客人看来，与其向饭店投诉，不如向旅行代理商投诉对自己有利，前者既费力而往往徒劳。

③向消费者委员会一类的社会团体投诉。这类客人希望利用社会舆论向饭店施加压力，从而使饭店以积极的态度去解决当前的问题。

④向工商局、旅游局等有关政府部门投诉。

⑤运用法律诉讼方式起诉饭店。站在维护饭店声誉的角度去看待客人投诉方式，不难发现，客人直接向饭店投诉是对饭店声誉影响最小的一种方式。饭店接受客人投诉能控制有损饭店声誉的信息在社会上传播，防止政府主管部门和公众对饭店产生不良印象。从保证饭店长远的角度出发，饭店接受客人投诉能防止因个别客人投诉而影响到饭店与重要客户的业务关系，防止因不良信息传播而造成的对饭店潜在客户、客人的误导。直接向饭店投诉的客人不管其投诉的原因、动机如何，都给饭店提供了及时做出补救、保全声誉的机会和做周全应对的准备的余地。正确认识客人投诉对饭店经营管理的积极面，为正确处理客人投诉奠定了基础。对客人投诉持欢迎态度，"亡羊补牢"也好，"见贤思齐"也罢，总之，"闻过则喜"应成为饭店接待客人投诉的基本态度。

4. 康乐部最容易被投诉的几个方面

（1）服务效率。这是康乐部最容易被投诉的问题，因此，服务人员听到有客人召唤，应该立即应答；听清客人的吩咐后，应该立即行动；不能满足客人的要求，应该及时说明原因；提供服务应该迅速、准确；对营业高峰期排队等候的客人应说明特别照顾，妥善安排，并表示歉意。

（2）服务意识差。康乐服务对于客人来说属于高级消费，他们有理由要求得到较高的心理和精神满足，服务人员必须提供主动、周到的服务和保持热情、礼貌的态度。

（3）服务人员不礼貌。某些情况下，这是因服务人员工作太忙而忽略客人造成的误会。所以，无论工作多忙，服务人员在路遇宾客时，都要使用服务用语问候客人或者让路、示意客人先行；跟客人讲话或者客人跟服务人员讲话时，服务人员应放下手中的工作，切忌边干边听；遇到自己无法满足客人要求的情况，应该去找上级或者其他服务员帮助，力求使客人满意。

（4）服务人员索要小费。某些情况下，个别服务人员变相（如暗示）索要小费，使客人不满意而投诉。小费是国际上通行的客人对服务质量表示满意的表达方式，因此，饭店康乐部必须对收取小费的管理做出明确规定，做好这一环节的控制。

（5）宾客的失物无法找回。

（6）设备维修不及时。康乐设备、用具损坏，服务人员没有及时发现和保修，甚至在客人提出后又没有能够及时通知维修人员或者维修人员不能及时赶到处理。

（7）用品不足。康乐用品不足，客人久唤不补或者补不上。

（8）宾客在康乐部受到骚扰，如服务人员走错房间、认错客人，或者治安管理不善造成客人受到干扰等。

（9）康乐设备、用具、用品、棉织品不清洁。

（10）宾客的消费权益受到侵害，如质价不符等商业欺诈行为。

（11）客人提出意见和建议遭到拒绝。

二、康乐服务的投诉处理

1. 判断投诉客人的类型

在处理投诉的过程中，我们会遇到不同类型的客人，主要有以下几种。

（1）理智型。这类客人在投诉时情绪显得比较压抑，他们力图以理智的态度、平和的语气和准确清晰的表达向受理投诉者陈述事件的经过及自己的看法和要求，善于摆道理。这类人的个性处于成人自我状态。

这类客人通常社会地位、文化程度都较高，投诉客人比较冷静，以讲理为主，如能及时处理，接受投诉，并纠正错误，客人往往比较容易理解，因此，对他们的处理要及时。

（2）火爆型。这类客人很难抑制自己的情绪，往往在产生不满的那一刻就高声呼喊，言谈不加修饰，一吐为快，不留余地。动作有力迅捷，对支吾其词、拖拉应付的工作作风深恶痛绝，希望能干脆利落地彻底解决问题。

这时应当随机应变、灵活处理。例如，处理火爆型客人的投诉一定要保持冷静，态度要沉着、诚恳，语调要略低，要和蔼、亲切，因为你的举动激烈会影响客人。你要让客人慢慢静下来，一般来讲，火爆型客人平静下来的时间需要 2 min 左右，在这段时间里，主要听取客人述说问题；再就是表示歉意。在客人平静下来以后，他自然会主动要求你谈谈处理意见，这时让客人得到安慰和适当补偿一般都可以解决问题。

（3）失望痛心型。情绪起伏较大，时而愤怒，时而遗憾，时而厉声质询，时而摇头叹息，对饭店或事件深深失望，对自己遭受的损失痛心不已是这类客人的显著特征。这类客人投诉的内容多是自以为无法忍耐的，或是希望通过投诉能达到某种程度的补偿。

投诉处理

对此类客人应认真倾听他（她）的投诉或抱怨，搞清楚客人不满的要点所在；表明对此事的态度，使客人感到饭店有诚意对待他们的投诉或抱怨；承诺能够马上解决的当时解决，不能马上解决的给一个明确的承诺，直到客户感到满意为止。

2. 处理投诉的原则

（1）承认宾客投诉的事实。为了很好地了解宾客的所提出的问题，必须认真地听取客人的叙述，使客人感到饭店十分重视他的问题。倾听者要注视客人，不时地点头示意，让客人明白"饭店的管理者在认真听取我的意见"，而且听取客人意见的代表要不时地说，"我理解，我明白，一定认真处理这件事情。"

为了使客人能逐渐消气息怒，饭店管理人员可以用自己的语言重复客人的投诉或抱怨内容，若遇上的是认真的投诉客人，在听取客人意见时，还应做一些听取意见记录，以示对客人的尊重及对反映问题的重视。

（2）表示同情和歉意。首先你要让客人理解，你非常关心他的光临，以及那些服务是否令人满意。如果客人在谈问题时表示出十分认真，作为处理投诉的饭店管理人员，就要不时地表示对客人的同情，如"我们非常遗憾，非常抱歉地听到此事，我们理解你现在的心情……"

假若饭店对客人提出的抱怨或投诉事宜负责，或者饭店将给予一定赔偿，这就要向客人表示歉意并说："我们非常抱歉，先生。我们将对此事负责，感谢您对我们提出的宝贵意见。"

（3）同意客人的要求并决定采取措施。当作为饭店代表处理投诉时，我们要完全理解和明白客人为什么抱怨和投诉；同时当我们决定要采取行动纠正错误，一定要让客人知道并同意我们采取的处理决定及具体措施内容。

如果客人不知道或不同意我们的处理决定，就不要盲目采取行动。首先，我们要十分有礼貌地通知客人将要采取的措施，并尽可能让客人同意我们的行动计划；这样我们才有机会使客人的抱怨变为满意，并使客人产生感激的心情。

（4）感谢客人的批评指教。一位明智的场所总经理会经常感谢那些对场所服务水平或服务设施准确无误提出批评指导意见的客人，因为这些批评指导意见或抱怨，甚至投诉会协助场所提高管理水平和服务质量。

假若客人遇到不满意的服务，他不告诉场所，也不做任何投诉；但是他作为光临场所的客人，会讲给场所以外的其他客人或朋友，这样就会极大地影响场所的未来客源市场，影响了场所的声誉。为此，当场所遇到客人的批评、抱怨甚至投诉的时候，不仅要欢迎，而且要感谢。

（5）快速采取行动，补偿客人投诉损失。耽误时间只能进一步引起客人不满，此时此刻，时间和效率就是对客人的最大尊重，也是客人此时的最大需求，否则就是对客人的漠视。

（6）要落实、监督、检查补偿客人投诉的具体措施。处理宾客投诉并获得良好效果，其最重要的一环便是落实、监督、检查已经采取的纠正措施。首先，要确保改进措施的进展情况，再者，要使服务水准及服务设施均处在最佳状态，最后用电话问明客人的满意程度。对待投诉客人的最高恭维，莫过于对他的关心。许多对场所怀有感激之情的客人，往往是那些因投诉问题得到妥善处理而感到满意的客人。

投诉客人的最终满意程度，主要取决于对他公开抱怨后的关心程度，另外饭店管理者和服务员也必须确信，客人，包括那些投诉的客人，都是有感情的，也是通情达理的；饭店的广泛赞誉及其社会名气来自饭店本身的诚实、准确、细腻的感情及勤奋服务。

3. 处理投诉的程序

（1）倾听客人诉说，确认问题较复杂，应按本程序处理。

（2）请客人移步至不引人注意的一角，对情绪冲动的客人或由外地刚抵埠的客人，应奉上茶水或其他不含酒精的饮料。

（3）耐心、专注地倾听客人陈述，不打断或反驳客人。用恰当的表情表示自己对客人遭遇的同情，必要时做记录。

（4）区别不同情况，妥善安置客人。对求宿客人，可安置于大堂吧稍事休息；对本地客人和离店客人，可请他们留下联系电话或地址，为不耽误他们的时间，可请客人先离店，明确地告诉客人给予答复的时间。

（5）着手调查。必要时向上级汇报情况，请示处理方式，做出处理意见。

（6）把调查情况与客人进行沟通，向客人做必要的解释，争取客人同意处理意见。

（7）向有关部门落实处理意见，监督、检查有关工作的完成情况。

（8）再次倾听客人的意见。

（9）把事件经过及处理整理文字材料，存档备查。

知识链接　中国旅游协会

在当今社会，投诉事件的发生频率越来越高，这是一种进步的表现，促使企业竞争更为激烈，产品质量更高，服务态度更好。

遇到问题时要投诉以保护自己的合法权益，同时具体了解以下内容。

1. 投诉的定义

消费者投诉是指消费者为生活消费需要购买、使用商品或者接受服务,与经营者之间发生消费者权益争议后,请求消费者权益保护组织调解,要求保护其合法权益的行为。

2. 投诉的形式

消费者投诉可以采取电话、信函、面谈、互联网形式进行。但无论采取哪种形式,都要讲清楚以下内容:一是投诉人的基本情况。即投诉人的姓名、性别、联系地址、联系电话、邮政编码等。二是被投诉方的基本情况。即被投诉方名称、地址、电话等。三是购买商品的时间、品牌、产地、规格、数量、价格等。四是受损害的具体情况、发现问题的时间及与经营者交涉的经过等。五是购物凭证、保修卡、约定书复印件等。

消协依法受理下列投诉:

(1)消费者因《中华人民共和国消费者权益保护法》规定的权利受到损害的投诉。

(2)消费者对经营者未履行《中华人民共和国消费者权益保护法》规定的法定义务的投诉。

(3)农民因购买、使用直接用于农业生产的种子、化肥、农药、农膜、农机具等生产资料而使其权益受到损害的投诉。

3. 消协不受理的投诉

(1)经营者之间的争议。

(2)没有明确的被诉方。

①被诉方无法查找;

②被诉方地址不详。

(3)经营者事前已向消费者真实地说明商品存在的瑕疵等情况。

(4)争议双方达成和解(调解)协议并已履行,且无新理由和相关依据的。

(5)因投资、再生产等需要引发的争议。

(6)消费者提供不出任何必要证据的。

①商品超出三包期或保质期,被诉方已不再负有违约责任;

②无购物凭证;

③消费者无法证实权益受到侵害。

(7)有关行政部门、仲裁机构或法院已受理、处理的。

(8)法律、法规或政策明确规定应由指定部门处理的。

(9)消费者未按商品使用说明安装、使用、保管或自行拆动而导致商品损坏或人身危害的。

(10)其他不符合国家法律、法规及规章规定的。

各地的消费者协会,依据属地管辖原则,接受消费者咨询、投诉。

 **课堂讨论**

分析服务质量对于整个康乐企业发展的重要意义。

 **技能操作**

服务员的礼节不周引起了客人的不满,安排学生分别扮演顾客及该服务员的直属上司,模拟对该事件的处理。

课后习题

1. 什么是康乐部服务质量?
2. 提高康乐服务质量的方法有哪些?
3. 影响康乐服务质量的因素有哪些?
4. 优质服务的特征有哪些?
5. 如何评定优质服务?
6. 怎样改进非优质服务?
7. 投诉的来源有哪些方面?
8. 处理投诉的步骤有哪些?

第八章　康乐部人力资源管理

本章导读

➡ 康乐部的组织作为保障康乐部正常运行的管理机构，对康乐部的经营有很重要的作用。康乐部的管理首先是人力资源管理，通过运用人力资源的管理方法和技术手段，发挥康乐部组织中各部分人员的作用，共同努力，去实现康乐部的经营目标。本章主要是从技术方面对康乐部组织机构的设置和人力资源管理展开讨论。

学习目标

➡ 了解康乐部人力资源管理的概念。
➡ 熟悉康乐部人力资源管理的构成。
➡ 掌握康乐部组织机构的设置原则及方法。
➡ 了解员工招聘的渠道。
➡ 掌握员工的培训方法。
➡ 熟悉员工的业绩考核。

章前案例

死板的服务态度

某饭店为吸引顾客推出一项促销活动：持贵宾卡的顾客可以免费打保龄球。有位熟客在打完30局保龄球后对服务员说，他持有该饭店的贵宾卡，但是忘记带来了，是否可以给他免费。在保龄球场服务台工作的小张说："对不起，先生，我们按规定办理免费，认卡不认人，请给予谅解。"这时，站在小张旁边的同事小赵连忙说："你不能这样死板，领班不是告诉过我们在服务过程中要注意标准化服务和感情服务相结合、灵活服务和个性化服务相结合吗？"小张争辩道："我怎么知道他到底是不是真的有贵宾卡？你站着说话不嫌腰疼！"小赵质问道："我说错了吗？"于是，两人你一言我一语地吵了起来，本来要求免费的这位顾客叹了叹气，摇摇头离开了。

问题

遇到类似的情况,服务员怎样处理才是恰当的?

案例分析

当有类似情况发生时,如果顾客执意要求免费,而服务员又拿不定主意,可以向上级反映,根据上级的指示决定是否应当给顾客免费。两个服务员为此事进行争吵,会直接导致顾客对该饭店产生不良的印象,进而影响饭店的声誉。

第一节 康乐部人力资源管理概述

一、康乐部人力资源管理的概念

1. 人力资源

人力资源是与自然资源、物质资源或信息资源相对应的概念,有广义与狭义之分。广义的人力资源是指以人的生命为载体的社会资源,凡是智力正常的人都是人力资源,它以人口为存在的自然基础。在本书的研究中,人力资源是指能够推动国民经济和社会发展的、具有智力劳动和体力劳动能力的人们的总和。人力资源是生产活动中最活跃的因素,也是一切资源中最重要的资源,它具有生物性、能动性、动态性、智力性、再生性和社会性等特点。

2. 康乐部人力资源管理内涵

康乐部人力资源管理,是指运用现代化的科学方法,对与一定物力相结合的康乐部员工进行合理的激励、培训与组织,使康乐部人力物力经常保持最佳比例。同时,对康乐部员工的思想、心理和行为进行适当的引导、控制和协调,充分发挥员工的主观能动性,使得人尽其才、人事相宜,以实现康乐部目标。

根据阿姆斯特朗对人力资源管理体系目标的规定,康乐服务的战略发展目标最终将通过其最有价值的资源——康乐部员工来实现。为了提高康乐部员工的整体业绩,必须制定与整体战略发展目标紧密相连,具有连贯性的人力资源方针和制度,努力寻求康乐部人力资源管理制度和政策与战略发展目标之间的匹配和统一。同时,创造合理的康乐部管理环境,鼓励员工进行创造和创新,培养员工积极向上的作风,制定反应灵敏、适应性强的康乐服务组织管理体系,帮助康乐部实现竞争环境下的具体目标,提供相对完善的工作和组织条件,为员工充分发挥其潜力提供所需要的各种支持。

二、康乐部人力资源管理的原理

1. 人力资源系统优化原理

康乐部人力资源系统优化原理,是指人力资源系统经过组织、协调、运行、控制,使其整体功能获得最优功效的过程。康乐部人力资源系统面对的主要要素是人，康乐部管理者、康乐部员工和顾客都是具有复杂性、可变性和社会性的人。康乐部人力资源系统具有相关性、目的性、整体性、社会性、有序性等系统共性。因此，要达到康乐部员工的群体功效最优，必须注意协调，提倡理解，反对内耗，通过系统优化，达到整体的最优。

2. 人力资源系统动力原理

康乐部人力资源系统动力原理，强调通过物质鼓励，满足康乐部员工对基本物质的需要和物质享受的追求，以达到激发康乐部员工工作热情的目的。康乐部可以通过表扬、精神鼓励、提职等各种形式，表达组织的友爱、信任和对员工能力、工作业绩的肯定，以激励员工内在的工作动力和热情，促使其朝期望目标努力。

3. 人力资源能级对应原理

康乐部人力资源能级对应原理，是指康乐部人力资源管理的能级必须按层次形成稳定的组织形态。不同能级应表现为不同的权力、物质利益和荣誉。康乐部能级对应原理承认能级本身的动态性、可变性和开放性。康乐部员工的能级与管理级次相互间的对应程度，标志着康乐部人才的使用状态。稳定的组织结构，必须达到康乐部各级管理人员的权级和能级相互对应。

4. 人力资源弹性冗余原理

人的劳动能力是有限的，劳动强度要适度、有弹性，以保持旺盛的精力、清晰的智力、敏捷的思维和身体健康。根据康乐部人力资源弹性冗余原理，要求康乐部根据员工的体质和智力水平等因素，适当安排工作强度，合理进行工作强度分工。根据康乐部员工的年龄、性别等人文特征，康乐部员工的工作时间、工作强度应该具有不同的弹性。弹性冗余原理是康乐部每一位领导者在安排工作时间、工作强度、进行岗位调整、制定目标等各方面时都必须考虑的尺度。

5. 人力资源互补增值原理

康乐部人力资源互补增值原理，强调康乐部员工之间的知识互补、气质互补、能力互补、性别互补、年龄互补和技能互补。通过互补增值，能使康乐部人才系统的功能达到最优。选择互补的康乐部员工必须有共同的理想、事业和追求。具有互补性的康乐部员工必须以诚意待人，对周围的合作者能够进行理解、互相沟通，并有共同的发展目标。人力资源的增值互补原理，要求康乐部的人力资源系统追求动态的平衡，允许人才的流动、人才的相互选择和人才的重新组合，允许人才的更新和人才彼此职位的变换，在动态中去追求平衡和完美。

6. 人力资源竞争强化原理

康乐部人力资源系统的竞争，包括康乐部之间人力资源状况的竞争、康乐部内各类员工之间的竞争和康乐部人才所拥有的各种专业技能的竞争。康乐部管理者使用竞争强化原理，必须注意竞争优胜的相对性。员工竞争失败，要鼓励员工检查自己不足，摆正心态；员工竞争获胜，要鼓励员工继续充实自己，以获取更好的职位和更好的工作能力。竞争的阶段性表现为竞争—失败—再发展—竞争胜利的过程。康乐部的管理者要注意对竞争的引导，促进竞争双方改进自己、增强自身继续竞争的能力，使得双方真正在竞争中强化自己。

7. 人力资源利益相容原理

人力资源利益相容原理，是指当双方利益发生冲突时，需寻求一种方案，该方案在原有的基础上，经过适当地修改、让步、补充，使冲突双方均能接受从而获得相容。当康乐部员工之间在某项工作方案上互相冲突、彼此对立时，需要以康乐部管理者为主导，对工作方案进行多次修正，使所有相互冲突的员工能够在方案修正的过程中彼此相容于一个统一体中，为实现共同的目标而努力。

8. 人力资源反馈控制原理

控制是指按照给定的条件和预定的目标，对其中一个过程或一个序列事件施加某种影响的行动。反馈是指一个系统将信息输送出去，又将其作用的结果返送回来，并对信息的再输出发生影响的过程。控制与反馈相互作用，互为前提，同时并存。反馈是实现有效控制的必要条件。人力资源管理系统是一个控制反馈系统。运用控制反馈原理，可以使康乐部人力资源管理的调节工作科学化、高效化，减小与目标值的偏差，排除外部因素干扰，使康乐部人力资源管理系统处于稳定状态。

三、康乐部人力资源管理的构成

人力资源管理体系是指为了实现组织的战略目标，对人力资源实施有效管理，即对人力资源进行计划、获取、整合、开发、利用和控制的管理体系，它是组织管理体系的一个子体系。康乐部人力资源管理体系是由职务分析体系、招聘选拔体系、绩效管理体系、薪酬福利体系、培训与发展体系组成。康乐部人力资源管理体系是一个有机的整体，其各个组成部分之间存在着有机的联系。康乐部人力资源管理体系构成如图8-1所示。

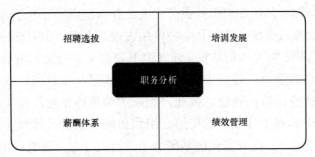

图8-1 康乐部人力资源管理体系构成

1. 职务分析

职务分析是为制定各种人力资源管理政策提供信息资料的基础工作。职务分析是对组织中各工作职务的特征、规范、要求、流程以及对完成此项工作的员工的素质、知识、技能要求进行描述的过程。它的结果是产生职务描述和任职说明。职务分析通过运用科学的手段，为人力资源管理提供有关工作的全面信息，它是进行人力资源规划的基础，是组织招聘录用员工、对员工绩效进行评估管理、制定公平薪酬政策、实施培训的依据,是实现人力资源调控的基本保障。

2. 招聘选拔

招聘是组织吸收与获取人才的过程,是获得优秀员工的保证,它实际上包括两个相对独立的过程,即招募和选拔聘用过程。招聘旨在吸引一批候选人应聘空缺位置,而选拔则是组织运用科学的方法从有效的人选中选择新成员的过程。招募是聘用的基础和前提,聘用是招募的目的与结果。招聘有两个前提:一是人力资源规划,从人力资源规划中得到的人力资源需求预测决定了预计要招聘的职位与部门数量、时限、类型等因素;二是职务描述与任职说明书,它们为录用提供了主要的参考依据,同时也为应聘者提供了有关该工作的详细信息。这两个前提也是制定招聘计划的主要依据。招聘主要由招募、选择、录用、评估等一系列活动构成。招募是组织为了吸引更多、更好的候选人来应聘而进行的若干活动;选拔则是组织从人和事两个方面出发,挑选出最合适的人来担当某一职位;而录用主要涉及员工的初始安置、试用;正式录用评估则是对招聘活动的效益与录用人员质量的评估。

3. 绩效管理

追求良好的工作绩效,是组织的重要目标之一,而组织的绩效与员工个人的工作绩效是直接相关的。因此,对员工绩效的有效控制,是组织人力资源管理的重要职能之一,绩效管理体系是实施绩效控制的有效手段。绩效管理是对组织成员的工作行为与工作结果进行全面、系统、科学的考察、分析、评估,对组织成员的价值进行评价,以提高员工能力与绩效,实现组织战略目标的一种管理沟通活动。绩效管理以工作分析中对任职者的资格要求为标准,对组织成员的工作绩效进行评估,通过科学合理的员工绩效考评与素质评估,可以为员工培训提供依据。评估的结果既可以作为确定员工薪酬的依据,也可以用来对招聘效果进行评估。

4. 薪酬

薪酬是组织成员因向其所在组织提供劳动或劳务而获得的各种形式的酬劳或答谢,其实质是一种公平的交换或交易。薪酬是一种价格表现。由于一个完整的薪酬结构具有保障作用,即员工所获薪酬数额至少能够保证员工及其家庭生活与发展需要,同时也具有激励作用,即公平合理的薪酬可以使员工对组织产生信任感和依恋感,激发员工的良好工作动机,鼓励其创造优秀绩效的热情。因此,组织的薪酬体系在组织实现自己的竞争优势和战略目标的过程中具有十分关键的作用,组织薪酬体系的设计和实施是组织人力资源管理体系的重要组成部分。在对组织的薪酬水平进行设计时,需要以组织的人力资源战略规划为依据,结合人力资源市场价格以及不同职位的薪酬水平,以工作分析为前提,在对各岗位在组织中的价值进行分析的基础上,确定组织成员的薪酬,以绩效考评结果为依据进行发放。

5. 培训与发展

培训与发展是指组织在员工进入组织后,为提高员工的价值而进行的一系列人力资源管理活动。组织成员的培训与发展是组织人力资源开发的一个重要内容。一方面,培训和发展可以帮助组织成员充分发挥和利用其人力资源潜能,更大程度地实现其自身价值,提高工作满意度,增强对组织的归属感和责任感。另一方面,对组织成员进行培训和发展是组织应尽的责任,通过培训以提高组织成员的技能水平、提高组织成员个体特征和工作要求之间的匹配程度,从而增强组织的市场竞争能力。组织对成员开展的培训,必须符合组织的目标,使培训的每一个环节都能实现员工个人、工作及组织本身三个方面的优化。因此,在构建组织的培训发展体系时,要根据组织的人力资源规划对组织当前及未来发展对人力资源素质的要求,结合工作分析对任职者的技能素质要求来确定培训与发展的方向,同时,绩效考评的结果也为培训与发展内容的确定提供了依据。

四、康乐部人力资源管理的特征与目标

1. 康乐部人力资源管理的主要特征

康乐部的人力资源开发与管理因康乐部企业的特殊性,具有其自身的特点。康乐部的特点使得对康乐部人力资源开发与管理要求在动态中寻求一种平衡。康乐部的人力资源开发与管理主要有以下特征。

(1)康乐部开业后就不会停业,并且康乐部每天24 h都在营业,人力资源开发与管理必须面对这一特殊情况。一方面,康乐部要科学、合理地配备各岗位的人员,尽量压缩编制,降低用工成本;另一方面,康乐部在人力资源配备时,要充分考虑员工离职对康乐部经营的影响,要考虑在每一个时间点上对康乐部的人力资源进行连贯的管理。

(2)康乐部的经营与社会的发展和人们的生活节奏紧密相关,与康乐部所在地的人文习惯密切相关,并且这一特点日益明显,康乐部在人员安排和岗位设定上要遵从这一联系。康乐部的许多服务是随着人们生活节奏的变化而改变的,同样,对于康乐部中的人力资源配备也应该跟上这一变化。康乐部在开展业务时,首先考虑的是本地消费群体,因此,康乐部应注重人力资源的本地化特性的培训。

(3)康乐部存在着因季节、周期及与所处区域其他活动相关联而形成的淡季、旺季,并且这种差异在某些地区十分明显,康乐部的人力资源调配及应用要充分考虑到康乐部客情淡旺季的特点,服从于康乐部的客源情况及宾客的活动。随着我国对假期的改革,以及人们生活水平的提高,假日经济应运而生。平日里人们的生活也有了很大的变化,总体趋势是随着社会的进步,人们的休闲时间更多了。作为构成社会的一个部分,康乐部也应该合乎这一发展趋势。但就康乐部经营来看,往往是在人们休息时这个服务性行业才最忙。因此,康乐部的人力资源管理不仅要做好人员的安排,还要兼顾员工在不同工作环境和不同时期的心理,这是康乐部人力资源管理的又一特性。

(4)康乐部在人力资源管理上要对人力资源市场进行有效的预测,这是康乐部人力资源管理过程中的一个重要的而且易被忽视的环节。现在国内的星级康乐部比较盛行人才的拿来主义,尤其是运营不久的康乐部。这打破了康乐部人力资源市场中原有的供

给规律。只有先走一步、看远一步的康乐部的人力资源管理才能为自己获得有效的资源储备。

（5）康乐业是劳动密集型企业，在人力资源的选聘上要注意人力资源的开发，注重成本控制。国内许多康乐部在人员配备时是静态的"搭积木"式的做法，在满员配备了一级人员之后再向上逐级地配备管理人员，使得内部分工过细、人员配备过多。其实人力资源管理要把人作为一种资源，不仅是一个静态的成本的概念，还要注重每一个人员的潜能的开发。

（6）服务已成为康乐部的主要商品，服务的载体是康乐部的员工。这一特性使得康乐部在人力资源管理时，在处理好规范化严格的垂直层级管理的同时，对企业文化的建设、团队精神的培养、员工情绪的把握要做更多的关注，并完善内部的员工激励机制。

（7）康乐部的人力资源管理者既要对从业者服务又要对宾客服务，呈现出双重性。康乐部的人力资源管理不仅仅是停留在对员工的人事管理上，直接与顾客接触，收集宾客的信息，也是康乐部人力资源管理的一个很重要的工作。康乐部的人力资源管理者，不仅要遵循管理程序进行人事管理工作，而且还必须是个能够直接面对宾客服务或具有这类服务经历的多面手，否则是无法开展工作的。同时，现代康乐部越来越重视培训工作，许多成熟康乐部的人力资源管理由后场直接推向了市场，对外承揽培训任务，为康乐部创造经济效益已经成为康乐部人力资源管理工作的一项重要内容。

2. 康乐部人力资源管理目标

康乐部人力资源管理是追求一种以人为中心的管理，其管理的目标在于：

（1）培养专业化的员工队伍。专业化的员工队伍是指有服务意识和服务技能的、具有良好职业习惯的员工群体，是不同于其他行业的具有特殊要求的群体。专业化的员工队伍不可能自发地形成，必须要通过人力资源管理者有意识的挑选、培养和激励后才能形成。康乐部人力资源管理的首要目标在于根据康乐部的特色和经营发展的需要，挑选合适的员工，通过培训，提高其服务技能和对康乐部的忠实度，运用有效的激励手段，激发员工的潜能，最终造就一支高素质的康乐部专业化队伍。

（2）对康乐部内人力资源进行最优配置，形成最有效的人员组合。就如同一盘象棋中每一个棋子都应该充分发挥作用，即不能忽视小兵的用途，也不能过分夸大皇后的作用。康乐部的人力资源管理也是这样，只有对康乐部内的每一个员工进行科学的配置，才能形成康乐部内最佳的人员组合，使每一位员工与康乐部总体协调一致，共同形成合力，完成康乐部的各项经营活动。康乐部的人力资源管理就是要通过有效的手段，让每一个员工都有合理的权责，形成最佳的员工组合，并形成整体的合力。

（3）充分调动每一位员工的积极性。康乐部的人力资源管理不能只是管人，而是要谋求人与事的最优配合，康乐部人力资源管理的最终目标是充分调动员工的积极性。因此，康乐部的人力资源管理要采取有效的激励与最大限度开发员工潜能的措施，创造一个良好的人事环境，使员工安于工作、乐于工作，发挥员工的积极性和创造性。为此，康乐部的人力资源管理在激励机制和培训工作中要注意引进先进的管理办法。

知识链接 人力资源管理

人力资源管理,是指在经济学与人本思想的指导下,通过招聘、甄选、培训、报酬等管理形式对组织内外相关人力资源进行有效运用,满足组织当前及未来发展的需要,保证组织目标实现与成员发展的最大化的一系列活动的总称。就是预测组织人力资源需求并做出人力需求计划、招聘选择人员并进行有效组织、考核绩效支付报酬并进行有效激励、结合组织与个人需要进行有效开发以便实现最优组织绩效的全过程。学术界一般把人力资源管理分八大模块或者六大模块:人力资源规划、招聘与配置、培训与开发、绩效管理、薪酬福利管理、劳动关系管理。诠释人力资源管理六大模块核心思想所在,帮助企业主掌握员工管理及人力资源管理的本质。

第二节 康乐部组织机构的设置

康乐部的组织机构是指按照一定的目的、任务和形式加以编制所形成的内部经营管理系统。其作用是通过运用适当的管理方法和技术手段,发挥康乐部组织中各种人员的作用,把投入康乐企业中的有限资金、物资以及信息资源转化为可供出售的康乐产品。

一、康乐部组织机构的设置原则

现代康乐服务项目多,消费方式、计价方式、服务方式差别较大,管理较为复杂,因此,合理的组织机构设置、明确的岗位责任、健全的规章制度、完善的服务规范,是保证饭店康乐经营管理处于良性循环的先决条件。

在设置康乐组织机构时,应遵循以下原则。

1. 组织机构和岗位设置适应经营任务的原则

康乐部的组织形式要为自身经营服务。其机构要适合经营业务,出于实际需要而设置。例如,有的饭店把康乐部设为餐饮部下属的一个分部,这可能是由于其康乐部规模较小,而卡拉OK厅又是与餐厅结合在一起,因此归到餐饮部便于管理;有的饭店把康乐部划归到客房部,这可能是因为其康乐项目较少,比如只有健身房;而较大的饭店则设置与其他部室平行的康乐部,这是饭店康乐部的主要形式。在这种形式下,各饭店康乐部内部机构设置又有所不同,例如有的康乐部设置桑拿分部,有的则把桑拿浴室的管理与游泳池的管理结合在一起,还有的是把桑拿与美容美发合在一起。对于上述几种形式,不能武断地说哪种机构形式好、哪种机构形式不好,因为这都是根据当地当时的实际情况确定的,是按需要所设置的。

2. 机构设置必须科学的原则

康乐部内部的机构设置,必须明确其功能和作用、任务和内容、工作量是否合理以及和其他项目的关系等。特别要注意发挥其正常运行的作用,即经营管理、控制、督导等作用。设立机构之后接着就应配备相应的管理人员。按照西方的管理模式,一般的职务都是一职一人,原则上不设副职。但国内往往设置副职,有的岗位甚至设多个副职。无论采用何种模式配备管理人员都必须注意,每个职务都应有明确的职责、权限和实际工作内容。

机构设置的科学性表现在能够适应有效的指挥跨度。根据饭店管理理论,一般情况下,一个管理人员的管理跨度不应超过八项,以三至六项为宜;要因事设职,而不是因人设职。

3. 等级链和统一的原则

等级链是一条权力线的链锁,在其每个环节上都应有相应的权力和职责,下级只接受一个上级的领导,不能有多个领导。例如,游泳池服务员只接受游泳池领班的领导;一般情况下,游泳池主管也应该通过领班去领导员工,不宜直接改变领班的安排(特殊情况除外),否则领班就成了摆设,主管也变成了领班。

统一的原则是指康乐部必须是个统一的有机体:统一划分各个分部门的职权范围,统一制定主要的规章制度,统一领导康乐部各项下属项目的工作。

4. 管理层次与管理范围适度的原则

等级链和统一领导必然产生管理层次,若管理层次过多,则降低了管理工作的效率;若管理层次过少,则降低了管理工作的质量;因而管理层次的设置应适度。而管理层次与管理范围又是相互对立的,即管理范围越大,管理层次就越少;管理范围越小,则管理层次越多。因此,康乐组织机构的设置应以达到管理工作质量与效率的最佳组合为目的,结合康乐经营的规模、档次、项目、特点以及员工素质而定。

5. 因才用人的原则

康乐部机构的设置应有利于发挥各级人员的业务才能,发挥他们的主观能动性,这一点在康乐部尤为重要。康乐部各个项目都有很典型的特点,需要有相应特长的人才来参与管理和服务。例如,应该选用懂得救生知识、有游泳救生技能的人担任游泳池的主管;应该选用了解保龄球知识、懂得保龄球管理的人担任保龄球馆的主管。

二、康乐部机构的设置方法

我国饭店的管理一般采用直线职能,其特点是把所有机构和部门分为两大类,即业务部门和职能部门。业务部门按等级链的原则进行组织,实行直线指导,如饭店的前厅部、客房部、餐饮部、商品部、康乐部等。职能部门是为业务部门服务的部门,是执行某种管理职能的部门,如财务部、人事部、总务部、工程部等。

康乐部在饭店属于业务部门,实行直线管理。

(一)康乐部机构的设置模式

康乐部作为饭店的一个业务部门,其机构设置原则与其他业务部门大致相同。重要的是要根据经营管理的要求来设置职务,因为各项目的要求是不同的,如图8-2所示。

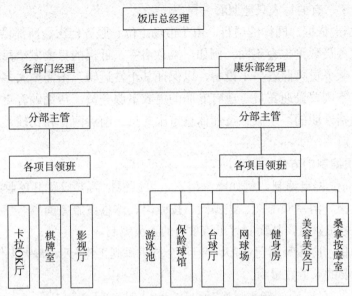

图8-2 康乐部独立成部的组织形式图

(二)康乐部机构的人员编制

1. 影响人员编制的因素

(1)营业时间的长短。一般情况下,康乐部的营业时间较为灵活:有的项目晚上营业,例如舞厅、歌厅;有的项目全天营业,例如健身房、游泳池;有的项目可能是从下午到第二天凌晨营业,例如保龄球馆。各个康乐项目的营业时间不尽相同,有的项目排一个班次,有的排两个班次,有的甚至需排三个班次,这是影响编制的因素之一。

(2)顾客流量的大小。由顾客流量的大小能够推算出某个项目某个岗位劳动量的大小,从而进一步推算出该岗位服务人员的数量。例如两个同样规模的游泳池,由于顾客流量的差异,配备的救生员的数量就不同。可以看出,顾客流量是影响编制的因素之一。

(3)营业季节的淡旺。很多康乐项目具有明显的淡旺季特点,例如室外游泳池和室外游乐场,淡季和旺季的客流量差异特别大。因此不同季节员工的数量也会不同,可以采用弹性编制予以解决。

(4)管理模式的差异。不同的国家、地区和饭店,由于经济体制、所有制形式、人们的道德观念等的不同,特别是管理人员的管理理念、管理模式的不同,康乐部机构的编制也就不尽相同。

2. 人员编制的依据

(1)政策依据。制订人员编制属于劳动管理工作,在做这项工作时,首先要贯彻执行劳动法。

(2)项目依据。不同的项目,需要的服务人员数量是不同的,即便是同一个项目,在不同区域所配备的服务员数量也不一样。例如游艺机厅,一个服务员可以照看10~20台框体式电子游艺机,而针对有些赠送游戏币或其他小礼品的游艺机,每个服务员所能管理的机台数量就较少了,有的每人只能照看一台。

(3)服务档次依据。同样的项目,由于市场定位、服务档次、所提供的服务细节的不同,所配备的服务员数量也会不同。例如,桑拿浴室,低档的只要发给每位顾客一把更衣柜钥匙就行了,服务员再照看一下设备,以保证其正常运转,不需要太多的面对面服务。而高档的桑拿浴室则要设迎宾员,还有专职的更衣室服务员,帮助顾客更衣,为顾客刷皮鞋等。另外也包括专职的浴室服务员和休息室服务员。前后两者相比较,所使用的员工数量会有很大的差别。

3. 制定人员编制的方法

(1)先定岗位再定编制。例如桑拿浴室,可以根据需要设置开单收款岗、换鞋引导岗、更衣室服务岗、浴室服务岗、搓澡岗、按摩岗、休息室服务岗等,然后再根据需要确定每个岗位的服务员数量,从而制订出该项目的人员编制。

需要说明的是,应按每周营业7天,但每个员工每周工作5天、每天工作8 h计算,因此每个固定岗位需要的人员数量为

$$(8小时 \times 7天) \div (8小时 \times 5天) = 1.4$$

再将每个岗位的固定员工数量乘以1.4,即为该岗位所需的员工数量。

(2)公式法定编。下面是几个模糊公式,可用来较快地求出某项目的编制数量。用这些公式计算出的结果不一定都是准确的编制数,在实际应用时应根据康乐部的具体情况加以修正。

保龄球馆编制 =(球道数 × 0.6 + n)× 班次数

台球厅编制 =(球台数 × 0.3 + n)× 班次数

游泳池编制 =(水面积 × 0.08 + n)× 班次数

卡拉OK厅编制 =(营业面积 × 0.026 + n)× 班次数

歌厅包房编制 =(房间数 × 2 + n)× 班次数

桑拿浴室编制 =(更衣柜数 × 0.28 + n)× 班次数

按摩室编制 = 按摩床数 × 1.4 × 班次数

电子游艺厅编制 =(机台数 × 0.14 + n)× 班次数

棋牌室编制 =(牌桌数 × 0.37 + n)× 班次数

健身房编制 =(设备台数 × 0.14 + n)× 班次数

网球场编制 =(场地数 × 14 + n)× 班次数

需要说明的是,上面列出的公式中除按摩室外都加了一个n,这里的是个修正值,是指服务台岗位的服务员数量,例如保龄球馆,无论是较大的或较小的,都必须设服务台,发放球鞋和控制球道开关,但这个岗位的编制受球道数量的制约较小,换句话说,无论球馆大小,都与这个岗位服务员人数的关系不大。因此,一般情况下,取值为1~3。按摩室的公式未加,这是由于在一般情况下,按摩室都是与桑拿浴室共用一个服务台,因此这个可以不加。

用公式计算出的数值虽是个近似值,但使用简便快捷,适合在某项目立项时进行可行性分析,计算劳动力成本。

第三节 康乐部员工的管理

一、员工的招聘

康乐部的组织机构确定之后，就需要通过招聘适当的人选来充实机构的岗位空缺。招聘工作就是按照康乐部相应岗位的职务所要求的条件选择合适的应聘者。职务是根据康乐部各个岗位的工作条件、内容、目标、责任、范围等方面的要求而提出的，后者是制定招聘标准的主要依据。

（一）招聘工作的重要性

1. 招聘工作是促进员工队伍优胜劣汰的重要手段

企业的招聘和录用工作有利于选拔优秀员工补充管理层，并对业绩不良的员工进行及时处理，促使员工队伍保持良好的状态。

现代企业的竞争焦点已趋向于人才的竞争，企业经营的好坏决定于人员的素质。由于招聘人员不当而造成员工不符合工作要求、对工作不感兴趣、工作效率低下等问题都会给企业带来不可估量的损失。

2. 招聘工作是增补新员工的有效途径

一般情况下，康乐部的员工流动性比较大，容易产生岗位空缺。员工流动性大的原因很多：在经营情况较好时，企业之间人才竞争激烈，竞相提高待遇以期招聘到有较强能力的员工；在经营情况明显不好时，员工待遇下降，导致抱怨并向往待遇高的企业；还有因意外事故而自然减员、老员工退休、企业扩建改造等而产生岗位空缺，弥补这些岗位空缺的主要途径就是招聘新员工，从而使员工队伍保持稳定，保证部门正常的经营。

3. 招聘工作有利于员工素质的提高

在招聘过程中实行德、智、体全面考核，择优录取，能够将竞争机制引入人事管理，为康乐企业补充新的血液，促成员工的合理流动，不断提高员工素质、提高服务质量、保证经营效果。

（二）员工招聘的渠道

1. 内部招聘

企业一有职位空缺时，应首先考虑提拔或调动原有的员工。由新员工担任现行人员的管理工作，往往会引起很多不满。一方面，如果机构内个别人所抱升迁希望破灭，他们会要求辞职或调动，或者在工作中发泄不满，制造人际矛盾，从而产生长期的不利影响；另一方面，内部招聘的员工对本企业经营情况比较熟悉，能够较快地适应岗位要求。通过这样的方法使人尽其才，并且调动员工的工作积极性。但是，内部招聘也有弊端：一是招聘时选择面较窄；二是容易导致人际关系复杂、墨守成规等不良情况的出现。因此，在选拔管理人员或补充岗位空缺时应兼顾内外来源的平衡。

2. 外部招聘

如果现有员工不能补充空职,则要考虑从社会上招聘员工。实际上,康乐企业的大部分员工都需要从社会上招聘。康乐企业内部员工的推荐是对外招聘中不可忽视的一个环节。当康乐企业某一个部门需要补充员工时,这一部门的现有员工最先得知,如果他(或她)喜欢该项工作,则会主动推荐其亲友或熟人。这些被推荐者往往具备良好的素质,喜欢从事该项工作,上任后很容易被原来的非正式团体所接受,其朋友即原有员工还会成为一位非正式的"教师",使新员工迅速适应该项工作。因此,康乐企业在对外招聘中,重视员工介绍推荐是有益的。当然,如果完全凭推荐招聘也有弊端,新员工上岗后会很快融于原有的非正式团体,原有员工的成见会影响新员工对康乐企业情况的客观分析,原有员工一些消极的工作方式也会直接影响到新员工的发展。除采用员工推荐之外,康乐企业还可以从以下几个途径招聘人员:

(1)职业学校。职业学校的学生是康乐企业专业技术人员或管理人员的来源之一。由于职业学校的毕业生拥有专业知识,企业可以招收到高质量的员工,这类员工能给企业带来新的知识和生机。

(2)登报招聘。康乐企业经常利用报纸广告招聘新员工。报纸广告对于招聘非技术工种的新职工特别有效,而对于管理人员和技术工人,则要视地区而定。

(3)电台广告招聘。电台广告主要用于招聘临时工和非全日制员工。这些人并不急于寻找固定的工作,如条件合适,他们往往会从事临时的工作或利用业余时间打工来增加收入。

(4)职业介绍所。康乐企业越来越多地利用职业介绍所来招聘员工。一些以营利为目的的职业介绍所为了尽量满足雇主就业,往往未经甄别筛选就予以推荐,不太考虑雇主的要求和条件。但一些良好的职业介绍所拥有第一流的人事资料,可供雇主选择,还可以帮助雇主制定招聘方案和进行有关测试等工作。有些还代理招聘和培训业务,为就业者提供各种信息和指导,起到了就业咨询和信息交流的作用。

3. 其他招聘来源

除上述来源外,还可以从其他社会阶层中吸收一部分合适的员工,如清洁工、勤杂工、洗涤工。也完全可以从具有必要劳动能力和技术的下岗工人中招聘,这些人往往工作勤奋、出勤率高、便于管理。

知识链接 内、外部招聘的优缺点对比

内部招聘的优点如下:

(1)招聘时间较为充裕,了解全面,能做到用其所长,避其所短。

(2)内部员工对组织情况较为熟悉,了解与适应工作的过程会大大缩短,上任后能很快进入角色。

(3)内部提升给每个人带来希望,有利于鼓舞士气,提高工作热情,调动员工的积极性,激发他们的上进心。

内部招聘也有缺陷，其表现为：
（1）容易阻碍模式更新。老员工有老的思维定势，不利于创新，而创新是组织发展的动力。
（2）容易在组织内部形成错综复杂的关系网，任人唯亲，拉帮结派，给公平、合理、科学的管理带来困难。
（3）内部备选对象范围狭窄。

与内部招聘相比，外部招聘的优点如下：
（1）来源广泛，选择空间大。特别是在组织初创和快速发展时期，更需要从外部大量招聘各类员工。
（2）可以避免"近亲繁殖"，能给组织带来新鲜空气和活力，有利于组织创新和管理革新。此外，由于新员工刚刚加入组织，与其他人没有历史上的个人恩怨关系，从而在工作中可以很少顾忌复杂的人情网络。
（3）可以要求应聘者有一定的学历和工作经验，因而可节省在培训方面所耗费的时间和费用。

外部招聘的缺点，其表现为：
（1）难以准确判断应聘者的实际工作能力。
（2）容易造成对内部员工的打击。
（3）操作过程费用高。

（三）员工招聘的实施

在确定了招聘计划和员工来源之后，康乐企业要具体实施招聘与录用。招聘与录用的过程是一项人事录用的决策过程，需要管理人员完成工作和人员的最佳组合决策。因此，该项工作不仅要求主管人员掌握一定的程序，而且要掌握招聘方法与技巧。

1. 招聘负责人具备的条件

招聘与录用工作的结果主要取决于负责人的素质与工作方法。一名合格的负责人应该具备下述条件：

（1）坦诚公平、礼貌热情。招聘负责人是康乐企业对外招聘的代理人，代表着康乐企业的形象。招聘与录用的过程同样是康乐企业的一个公关过程，申请人对负责人的印象即是对康乐企业的印象。无论申请人的条件如何，只要积极参加申请，康乐企业就应该给予积极的答复和热情的接待。负责人从开始接触申请人就应该做到坦诚公正、礼貌热情，即使申请人未被录用，他们也会给康乐企业做良好的宣传。反之，负责人态度冷淡、粗暴专横，则无异于在给康乐企业做一种负面宣传。

（2）知识丰富。负责人必须对康乐企业各项工作有一个全面的了解，并且熟知各项工作所要求的条件和资格。此外，负责人还应具有丰富的社会知识以及招聘与录用的工作经验。

（3）机智、富有想象力和创造力。负责人要能够顺利接近申请人，同他们讨论工作与录用的可能性。在这一过程中，负责人要机智细腻、富有想象力和创造力、通过敏锐的感觉观察和判断每一位候选人。无论申请人的社会地位、经济状况和教育程度怎样，负责人都要认真观察、客观评估，以期获得康乐企业需要的人才。

（4）能够克服主观偏见。每个人都有固定的世界观与方法论。在招聘与录用过程中要认识自己和了解自己，这与认识申请人同等重要。负责人必须能够了解自己的优点与缺陷，排除偏见。一位优秀的负责人是康乐企业重要的财富，他们不仅时刻代表着企业的形象，而且在不断为康乐企业选拔和录用到合格的人才，这对康乐企业的业务运转和未来发展将起到重要的作用。

2. 招聘的程序

（1）确定选用人员的基本原则。在工作分析的基础上，根据职务要求，确定具体的招聘标准、工种和人数。

（2）确定候选人的来源和招聘途径。即确定是采用内部招聘还是外部招聘；是员工推荐还是广告宣传；是招聘应届毕业学生还是其他人员等。

（3）填写职位申请书。职位申请书表是康乐企业同求职者最初接触时了解情况的一种手段，它作为员工永久性的、最初的人事档案，也是企业进行人事管理的资料。

职位申请书的内容要根据工作需要而定，所设每一栏目均应有一定的目的，要为招聘和进行人事管理服务。

（4）面试。面试是康乐企业招聘过程中面试者与求职者的面对面接触，是康乐企业与求职者相互了解的活动。面试的具体作用体现在：

①使企业深入了解求职者及其对职业适应能力的情况。

②使企业了解申请人的外表、举止、表达与社交能力，以及某些气质和对他人的基本态度。

③使面试人进一步评估申请人是否适合他要从事的工作，为是否录用提供依据。

④提供双方相互了解的一次机会。

⑤为企业树立公众形象提供一个机会。

面试是一项复杂的活动，面试人应了解面试的基本要求，掌握一定的技术，并具有敏锐的观察和分析能力。

（5）核查参考资料。这是指为了进一步了解申请人，到其原来所在单位、学校或街道去了解其一贯表现、群众关系、技术熟练程度等，以核实申请人的基本情况。

（6）测试。为了了解申请人的知识和能力水平，康乐企业要对申请人进行测试。测试的内容与方式以职务所要求的范围和标准为基础。通过测试达到客观评估的目的。

（7）身体检查。体检是康乐企业招聘与录用工作中绝不能忽视的一个环节。康乐企业的各项工作都关系到顾客的健康，为此要绝对防止传染病患者被录用。其次是尽可能挑选身体健康的员工，减少康乐企业的医药费支出。

（8）审查批准。将申请人的申请书、参考资料、面谈记录、健康卡片统一汇总，进行最后审查。

员工招聘

（9）录用报到。通过最终审批之后，再由人事部门用适当的形式通知应聘者按指定日期报到并签订劳动合同。

二、员工调配与人力资源控制

（一）员工调配

员工调配是人力资源管理的一项重要内容。其目的是通过合理的调配，选择合适的劳动组织形式，对人力资源进行科学的劳动分工并组织好协作关系，充分发挥和调动全体员工的积极性，合理、协调地进行康乐服务活动，使康乐企业创造效益。

劳动定额和编制定员是员工调配中的重要工作。劳动定额是指制订员工配备计划，调动员工积极性，开展劳动竞赛，评估工作成绩，是进行劳动报酬分配的重要依据；编制定员是在劳动定额的基础上确定饭店所需人力的标准。前者是员工配备和招收的基础，是合理及节约使用人力、提高劳动生产率的约束条件。

1. 劳动定额的类型

（1）时间定额。指在一定的设备和劳动组织的条件下，采取合理的劳动方法完成一项任务所需要的劳动时间。

（2）工作量定额。指在一定的设备、设施和劳动组织条件下，采取合理的劳动方法在单位时间内应完成的达到合格标准的劳动量。

2. 编制定员的方法

（1）按劳动效率定员。即根据工作量、劳动效率、出勤率来计算定员。凡是实行劳动定额管理、以手工操作为主的工种，都可以使用这种方法计算定员。计算公式为

$$定员人数 = \frac{每一轮班完成的工作量}{劳动效率} \times 出勤率 \times 每日轮班次数$$

（2）按岗位定员。即按康乐服务各岗位的工作特点、工作量、劳动效率、开工班次和出勤率来确定人员。

（3）按组织机构、职责范围和业务分工定员。这种方法主要用于确定管理人员和工程技术人员的数量。

（4）按比例定员，即按照与员工总数或某一类人员总数的比例，来计算另一类人员的数量。

（二）人力资源控制

康乐企业以服务为主，要提高劳动生产率，取得良好的经济效益，就必须加强人力资源的控制。

1. 人力资源控制的原则

（1）科学合理地安排工作。这是指在不影响工作质量，保证完成工作任务的前提下，让员工充分利用工作时间完成工作，而不是在工作时间无所事事，业余时间加班加点，导

致员工疲劳、效率降低，企业又徒增劳动成本支出。

（2）提高劳动效率。认真研究业务操作程序，使之合理简洁，提高员工劳动效率。

（3）运用员工个性差异提高工效。在实施工作简化方案时，需要考虑每个人的不同情况。人的性格与能力差别很大，有人对高度重复性的工作感兴趣，另一些人却并不适应。这就需要根据每个人的性格差异来安排工作，以提高工作效率，降低劳动力成本。

2. 人力资源控制的基本方法

（1）分、排班法。分排班法包括两个方面：其一，固定时间内的安排，即在正常营业时安排员工上班；其二，根据需要，把部分员工合理安排在不固定的时间内上班，但要尽量避免员工超时上班，并且不能给他们带来太多的不便。

（2）雇用兼职人员或临时工。一般情况下，康乐企业的工作量在晚上最大。如果拥有一支庞大的固定员工队伍，不但会大大增加劳动成本，且容易造成员工懒散的现象。为了节约开支，便于管理，只要一些固定员工起核心作用，再雇一些兼职人员或临时工，对他们稍加训练，多加引导，企业的经营活动也能照常进行，且不会对服务质量产生影响。

（3）制订人员安排表。这实际上是一种人员的预算。康乐企业要根据自己的经营情况、所能提供的服务及设备条件，制订适合本企业的人员安排表，以适应企业经营活动的需要。

另外，合理安排人员还须注意，劳动力安排在总体上应当保持弹性，使效果更明显。

三、员工的培训

培训是康乐企业的重要工作，是康乐企业加强管理、改善经营、提高档次、稳定客源、增加收入的重要手段。培训工作是服务员提高能力、发挥作用、争取晋升、体现价值的有效途径。

（一）员工培训的含义及形式

培训是指系统地提高从事某项专门工作所需的知识、才干和能力的活动。企业通过内部的提升和调职以及外部的招聘，可以获得基本适应企业服务工作与管理工作的员工。但要使之胜任工作，还必须进行各方面的培训。

康乐业作为一个新兴行业，其经营、管理和服务都缺乏成熟的经验和模式，特别是国内，这一行业一直面临着缺乏合格服务员以及由此产生的效益较低、人员流动频繁等问题。采用培训的办法，能够提高工作效率、降低成本、保证安全、加强沟通和改善管理。总之，培训是康乐企业得以发展的重要因素。

培训的形式和内容主要包括以下几个方面：

1. 岗前培训

岗前培训是指对新进入康乐企业的员工进行的基础性、全面性的培训。岗前培训工作一般由康乐企业的培训部负责，旨在让新员工了解本企业和康乐服务的一般知识以及各工种相关的知识，同时开展操作技能训练。新员工岗前培训是至关重要的一项工作，这是培养造就合格员工的开端。新员工经过各项服务程序和技能等的培训，考试合格后方能分配到岗开始工作。

康乐服务岗前培训课程的内容有：

（1）康乐企业的组织机构设置、规章制度。

（2）仪表仪容、礼貌礼节要求。

（3）康乐企业日常的主要工作。

（4）各班次、各工种的岗位职责及服务程序规范。

（5）各种表格的用途和使用方法。

（6）康乐活动安全知识。

2. 在岗培训

在岗培训是指对已上岗的服务员进行带有适应性和针对性的培训。在岗培训工作一般由督导层管理人员组织实施，其目的是弥补岗前培训的不足和解决实际工作中出现的问题，同时向员工灌输具体岗位的要求和服务技能以及本行业的新概念、新要求。主要包括：

（1）日常培训。日常培训通常是指为及时纠正在工作中发现的问题而穿插进行的一些个别指导或训示。其目的在于逐步强化员工良好的工作习惯，提高工作水准，使服务程序、操作规程趋于规范化。日常培训能有效地消除员工的惰性和陋习，应当坚持不懈地做好这项工作。

（2）专题培训。随着工作要求的逐步提高、工作环境和条件的改善，有必要对在职员工进行有计划的专题培训，以扩大员工的知识面，提高服务水平和技能水平。专题培训的内容有：

①康乐设施的维护保养。

②服务语言技巧及应变能力。

③处理顾客投诉的方法。

（3）岗位见习。对于具有一定管理潜能的人，管理者应该为他们提供机会，让他们在晋升前到相关部门和岗位进行见习锻炼。这样不仅可以提高见习人本身的能力和信心，对其他人也是一种激励和鞭策。

（4）脱产进修。对一些专业性较强的工种人员以及准备晋升提拔的人员，可以让他们参加一些研讨班或到专门院校进修学习，使其更加胜任现任工作或准备从事的新工作。

（二）员工培训的原则

1. 因材施教原则

人的智力不同、能力各异，所以在培训过程中要因材施教。应当针对不同的对象、不同的内容，合理安排培训过程，确定恰当的培训方式，以提高培训的质量。

2. 学习动力原则

要使员工重视培训、努力学习，就要求教师、管理者和人事部主任都要懂得如何调动员工的学习积极性。只有当员工具备学习的某种动力，才会把学习作为自觉行为。反之，学习往往成为一种负担。

3. 循序渐进原则

要根据员工的知识和能力水平制定培训计划，让员工在掌握一些必要的基础知识以后，再逐渐增加新的知识信息，以不断提高员工的知识和技术水平，收到良好的培训效果。

（三）员工培训的基本方法

1. 个别培训

岗位培训之所以广受欢迎，是因为花费较少，具有灵活多样的培训方式，但是它占用时间较多，有时需要受训人员专门安排时间。为了既节省时间又满足受训人员的特定需要，可采用个别培训方法。

（1）书本自学。这是一种自我管理的学习方法，即由管理人员或培训人员帮助员工制订学习计划，提出学习要求，采用精神的或物质的激励办法促进员工自我学习效率的提高。

（2）在实践中学习。成年人学习和培训的方法之一就是边干边学，也就是在实践中学习。实践证明，被动学来的东西（读书、听讲座）比主动学会的东西更容易遗忘。成年人如果能学以致用，在实践中运用所学的知识和技能，那么对新知识、新技能的记忆就会保持得比较长久。

（3）个别指导。个别指导是指为某个受训员工提供单独的、一对一的培训。这种方法在康乐服务员的培训中被经常采用，这是因为康乐项目很多，每个项目的不同岗位对服务员的知识和技能的要求都有很大差别，因此，对这些岗位服务员的培训往往可采用个别指导的方法。个别指导的培训者可以是管理者，也可以是专职培训人员，还可以是有经验的人员。

（4）函授教学。函授教学是培训部门将培训资料交给受训服务员，由其利用业余时间进行学习的培训方法。受训员工经考试合格后可获得结业证书。函授教学的最大特点是由受训人员自由安排学习进度，利用业余时间完成学习，因此不需要企业支付培训费用。函授培训与书本自学的区别在于：前者应按培训部门的规定内容完成学业，经考试合格才能获得结业证书；后者基本由自己选择学习内容，无须考试，也没有结业证书。

2. 集体培训

集体培训是指较多受训员工同时接受同样内容的培训，是最节省时间和费用的培训方法。集体培训的方法有很多，主要有以下几种：

（1）课堂讲授。即培训人员在课堂上以叙述、解释和传授的方式对较多人进行统一培训。它能够在短时间内把特定的信息传递给一大批人。但由于员工是通过听觉器官接受培训，许多信息容易被忘掉。

（2）实物示教。即培训人员利用实物向员工演示。它常被用于工作程序和设备使用技能方面的培训。在集体培训中，实物示教可以和讲授结合起来使用。

实物示教的优点是：强调实践教学法，通过刺激受训人员的视觉、听觉、感觉等器官来加强记忆，使受训人员对所学知识能长时间记忆。其缺点是：需要培训人员进行大量的准备工作,有的实物示教课须在特定的场地进行,例如,培训保龄球设备的维修保养技能时,实物教学课堂就应该选在保龄球场。

(3) 视听教学。即利用视听教具对受训员工进行培训的方法。它可以与课堂教学或案例分析等培训方法结合起来,视听教具的使用是其主要特点。视听教具包括电视机、录像机、录音机、投影机、影碟机、幻灯机等。使用视听教具有助于使教学活动变得生动形象,通过刺激受训员工的听觉和视觉等器官,帮助其加深对技能和知识的理解与记忆。

(4) 案例分析。即通过叙述或视听教具将案例再现出来,让学员分析、研讨并提出见解的一种培训方法。这种方法能将理论和实际紧密结合,使学员有充分的感性认识。案例应具有典型性、实用性、趣味性,可以是实际工作中发生的事情,也可以是根据培训需要编写的故事。每个案例可以用一种或多种办法解决问题,故宜于充分利用讨论、分析的形式,使员工畅所欲言。

案例分析的优点是能培养受训员工分析问题、判断事物、解决问题的能力。其缺点是编写案例比较费时间。

(5) 角色演练。即受训人员在一个仿造的或真实的工作环境中按照实际的岗位和标准,扮演各种角色,以接受培训的一种方法。这种方法多用于模拟训练,比较适合程序化、规范化内容的培训活动。例如,在桑拿浴室服务的培训课程中,可由一些受训服务员扮演顾客,另一些受训服务员分别扮演服务台接待员、更衣室服务员及浴室服务员,当"顾客"到达服务台时,模拟接待开单的服务程序:问候顾客→询问顾客的消费意向→向顾客介绍本项目的服务内容和特点→确认顾客的消费内容和付款方式→将更衣柜钥匙交给顾客并将顾客到来的情况通知更衣室服务员。下一步再演练更衣室的服务程序和浴室的服务程序。角色演练的培训方法比较有趣,容易被受训员工接受,因而经常被采用。

(6) 集体讨论。即以会议的形式发动员工对某一问题展开讨论,从而明辨是非,找到解决问题的正确途径。集体讨论的优点是培训现场气氛活跃,受训人员可以畅所欲言;可从不同的观点中找到解决问题的最佳方案。集体讨论适用于普遍性问题,如康乐项目的全员推销、如何对待不守规章的顾客、如何减少戏水乐园溺水事故等。

员工培训

四、员工的业绩考核

业绩考核是用科学的方法对集体或个人在某一段时间内的工作进行检验、评价,并与标准进行核对的工作。康乐部在日常管理工作中应及时地对员工进行业绩考评,并将结果以一定的形式进行公布,让员工知道自己的工作做得如何,怎样做才是对的,从而激励员工去更好地做好服务工作,这也是规范员工行为的必要方法。考评时应当注意以下几点。

1. 业绩考核应当具有统一标准

业绩考核必须公正才能有效,要公正就必须有正式规定的统一标准,因此康乐部必须预先制订出各岗位统一的考核标准。这种标准应通过对每一个工作岗位的工作方法进行科学的研究和广泛的讨论以后制定。标准要尽可能文字化、量化，对每一项内容确定相应的分值，并让全体员工都得以了解。这样，用同一套标准来考评同一岗位的员工，考评结果才令人信服。

2. 业绩考核标准应当体现管理上的侧重点

在制定考核标准时，要体现企业的策略、企业管理上所要强调的侧重点，将员工的行为引向管理者所需要的方向，使员工意识到管理者对此的重视。例如服务台人员的接待能力、服务态度；台球房人员的台球服务技能；吧台服务人员的营销能力、卫生情况等。在制定标准时要将这些内容分解成考核标准，并保证其占有较大的分量。

3. 业绩考核标准应当适应不同岗位、工种

康乐部门各岗位的员工都担负着为顾客服务，使顾客得到享受、娱乐的共同职责，但是不同岗位的工作内容和工作方法是不同的。若用同一个标准去考评所有员工，是无法来进行正确考评的，也没有实际指导意义。在制定考评标准时必须科学地划分康乐部门内不同工作内容的不同岗位，根据他们各自不同的特点分别制定不同的考核标准。例如，保龄球馆对一般服务人员的考核主要是服务态度是否令顾客满意，是否按服务规范进行服务等；而对营销人员的考核则主要是看其发展了多少客户及这些客户的消费水平等，当然，也包括对顾客的服务态度、服务规范等内容。

4. 业绩考核应当与奖惩相结合

业绩考核的目的是使好的工作态度、好的工作方法得到宣传和效仿，使不好的工作态度、不合乎要求的工作方法得到批评和改进。考核只是达到这一目的的手段之一，必须辅以相应的奖励和惩罚才能产生效果。奖励应当与管理者所期望的员工工作业绩紧密结合，通过奖励手段使员工尽最大努力达到管理者的要求，在实现目标的前提下得到可观的收益。当然，对员工来说，物质奖励是他们工作的目的之一，但绝不是唯一的目的。人们在工作中大多还希望得到自我价值的实现，得到社会的肯定和成就感。因此奖励应该采用多种方法，包括物质的和精神的。相反，对服务态度差、不按规范进行服务、索要小费、损公肥私等丧失原则的行为，应当严格按照规定进行处罚。

5. 要有稳定的考核机制

对员工的业绩考核不能由某个管理人员来进行，而应当由具有代表性的一组人来考核，这样能够保证考核的公正性。一般康乐部门对员工的业绩考核以每月进行一次较适合，再配以半年和年终考核则效果更好。考核时应当以员工累计的平日业绩分值为主，再考虑其他方面的评价，如员工个人的小结、同事的评价、顾客的反映等。这些方面的权重都必须事先确定，使考核工作公开、公平。

五、员工的激励

（一）激励的含义

激励在管理心理学中是指激发人的动机，使人有一股内在的动力，朝着一定目标行动的心理活动过程，或是调动人积极性的过程。激励是现代管理学的核心，特别是在康乐企

业中，管理者必须懂得如何激发员工的积极性、创造性，强调正确的引导，使员工满足社会交往、尊重及自我价值实现的需要，从而达到康乐企业的管理目标。

（二）激励的功能

随着康乐业竞争的加剧，如何发挥员工的潜力，有效调动其工作积极性，是康乐企业的一项重要任务。激励则是实现这一目的的主要管理手段。具体而言，激励主要有以下功能：

1. 激励有利于充分发挥员工的潜力

在康乐企业管理中不难精确地预测和控制财力和物力，而对于人力资源特别是对于人的潜力至今仍然无法精确地预测、计划与控制。唯一能充分利用人力资源、最大限度地挖掘员工潜力的方法就是实行激励性管理的措施。康乐企业在了解员工的基础上，使用合理的手段，转变员工的行为，可使表现好的员工保持其良好的行为，使表现一般甚至较差的员工转变为良好的员工。

激励可以使员工充分地发挥其内在的潜能，创造高质量、高效率的工作成绩，实现人尽其才、物尽其用，使员工与工作的能力达到一个最佳的组合。这样员工才能在心情舒畅的工作环境中发挥自己的能力，从而不断地吸收优秀的人才，为企业效力。

2. 激励能提高工作效率

康乐企业运转中存在的问题，员工是最为清楚的，而且员工存在着巨大的创造性和潜力。通过激励，有利于员工创造性地工作，以康乐企业主人公的姿态去工作，并积极提出合理化建议、建设性意见和措施。这样，不仅能够改进工作状况，从工作方式中挖掘潜力，而且还能使员工受到奖励和重视，从而进一步发挥创造性和革新精神。

（三）激励的方法

管理者可以依据行为科学理论，针对康乐部的服务对象、环境、现状等多种因素运用人员激励方法。通常有以下几种形式。

1. 物质激励

从人的需求层次来说，物质的和生理的需求是最初的需求，激励的最初和最基本的形式就是物质激励。主要方式有：

（1）基本收入激励，包括工资、补贴、奖金。其中工资可以反映员工贡献的大小、业务水平的高低，通过改革工资制度，用工资晋级择优原则、浮动工资等形式作为激励的方式。另外，奖金常作为奖惩的重要手段而被普遍采用，奖金的奖惩并不在于经济上的制约，重要的是心理上的提示作用，从人的自身需求层次上来激励员工。

（2）福利形式激励，如住房、旅游、出国观光等。

（3）其他物质激励，主要有基本收入以外的大额奖金、作用较高的实物奖励。这种形式多运用在员工有创造发明和重大贡献时，或在一定时期内成绩显著时。

2. 尊重和实现激励

这种属于精神鼓励的范畴，主要方式有：

（1）造就人才激励，如选送员工到大专学校、培训中心去学习，提高自我修养。员工学习与深造、具有一定的文化水准和实际能力后，饭店要给予相应的职称和待遇，使其负起责任和义务，时刻提醒员工实现自我。

（2）荣誉激励。授予荣誉时，要加以广泛宣传，以扩大影响，激励其他员工，可适当地与物质利益挂钩。

（3）晋升激励，如给予一定的职位升迁。说明个人价值在提升的同时，还要挑起更重的担子和承担更重要的职责，随之也会带来更高的社会地位和荣誉。

3. 目标激励

饭店有总目标，康乐部有部门目标，员工有个人目标，三者要有机地结合起来。主要内容有：

（1）要使员工的组织目标和个人目标相关联，使目标有激励性。

（2）目标不能太高也不能太低，以通过努力能达到者为佳。

（3）目标要有阶段性，激励及时。

（4）当组织目标达到时，和个人利益相关部分的承诺要及时兑付给个人。

4. 命运共同体激励

康乐组织的依托是员工，员工的依靠也应该是组织，双方有了共同的命运而同荣辱，这就是组织与员工的命运共同体。此方面的激励主要有以下几个方面：

（1）经常给员工灌输命运共同体的思想。

（2）实行民主管理，确立员工主人翁地位。

（3）创造良好的企业文化，形成良好风气。

（4）领导以身作则，以影响员工。

（5）关心员工生活、有组织地了解与解决员工生活中的各种具体困难，使员工有依托感。

（6）开展集体活动要有集体温馨感。

（7）经常开展谈心、座谈、恳谈、对话等活动，互相沟通，融合感情。

5. 领导行为激励

管理手段的使用者即领导是激发员工动机的第三大要素。领导者的激励手段不仅是在调动员工的积极性，而且是完成其本职工作。领导行为的激励主要表现在三个方面：

（1）情绪激励。管理者自身的心境和情绪具有传递和感染力，从而能对下属产生影响。管理者高昂的情绪、十足的信心和奋发的斗志往往能最大限度地调动员工的积极性。因此，管理者在要求员工树立斗志时，首先自己要情绪高昂。

（2）期望激励。管理者充分信任员工并对员工抱有较高的期望，员工就会充满信心。如果管理者对工作只有75%的努力，那么下属仅会付出50%的努力；如果管理者付出100%的努力，下属可能会付出110%的努力。如果管理者仅要求员工较好地完成工作，员工可能会一般通过；但如果管理者要求员工严格按标准一点不差地完成工作，员工就会绝对达到工作标准。正因为管理者的期望直接左右着员工的动力，因此管理者要注意运用这一激励手段。当然，如果对下属期望过高，员工可望而不可即，则仍然无法激发员工的工作热情。

（3）榜样激励。领导者的行为本身就具有榜样作用。为了引导下属，领导者必须树立起榜样。领导者的好恶绝不仅是个人的事，同样影响着下属的行为。管理者自身的榜样作用是无限的，要想有效地激励员工，就不要忘记树立良好的榜样。

总之，激励是现代康乐企业管理的重要手段，康乐企业工作性质在很大程度上决定了激励的作用。康乐企业管理者要针对自身的特点，广泛吸取现代激励理论的精华，采取行之有效的手段，激发员工的积极性和创造性，维持良好的经济效益。

知识链接

员工激励

知识链接　激励理论的类型

1. 奥德弗的生存、交往、发展理论

奥德弗认为人的需要只有三种，即生存需要、交往需要和发展需要。生存需要包括多种形式的生理和物质欲望，如饥、渴和睡眠。在组织环境中，它们表现为工资和其他物质条件。交往需要包括所有在工作场所中与他人之间的人际关系。个人的这种需要在与他人分享和交流感情的过程中得到满足。发展需要包括个人在工作中的创造性或个人成长的努力。成长需要的满足产生于个人所从事的工作，他不仅需要发挥他的才能，而且还需要培养新的才能。奥德弗认为各个层次的需要满足得越少，则这种需要就越为人所渴望。较低层次的需要越是能够得到较多的满足，对较高层次的需要就越渴望。而较高层次的需要满足越少，则越转向追求较低层次的需要。

2. 强化论

强化是指增强某种刺激与某种反应之间的联系。强化论认为，行为的结果对行为本身有强化作用，是行为的主要驱动因素。强化论并不考虑人的内心状态，只关注行为后的结果，认为人是在学习、了解行为与结果之间的关系。由于行为的结果的确对行为有着强大的控制作用，在应用于企业员工具体行为管理上是有效的。但强化论不考虑人的内在心理因素这一点是片面的。

3. 归因论

归因可以解释为人们对他人或自己的所作所为进行分析，指出其性质或推论其原因的过程。换言之，归因就是把他人或自己的行为动机加以解释和推测。不同的归因会影响人们的工作态度和积极性，进而影响到行为和工作绩效；对过去成功或失败的归因，会影响将来的期望和努力程度。一般情况下，人们做出的归因限于四类，即努力程度、能力大小、任务难度和运气机会。这四类因素可以按内因外因、稳定性和可控性三个角度来划分。成功和失败的不同归因会影响到人们当时的心理感受和对以后的期望以及今后的努力程度。

4. 挫折论

挫折是指个体从事有目的的活动，遇到障碍或干扰，使其需要和动机不能得到满足时的情绪状态。人在受到挫折后通常有两种表现，一种是知耻而后勇，采取积极态度，愈发努力；另一种是消极对抗，表现得更普遍。在日常生活和工作中遇到挫折是在所难免的，人们为了降低或减轻挫折带来的痛苦，会采取一些心理防卫。在企业管理中，员工遭遇挫折是正常的，如何处理好员工的挫折问题，使之不向破坏性方向发展，是管理者的责任。

针对康乐部员工的能力、人品的重要性，分组进行讨论。

将学生分成小组，分别扮演康乐部招聘主管及应聘人员，模拟面试过程。

课后习题

1．康乐部人力资源管理有哪些原理？
2．康乐部人力资源管理有什么特征？
3．康乐部组织机构的设置应遵循哪些原则？
4．康乐部人员编制的依据和方法有哪些？
5．培训对于康乐企业及员工各有哪些作用？

第九章　康乐部财务管理

本章导读

→ 随着经济的发展和企业制度的完善，企业财务管理的内涵、外延、功能及其地位发生了深刻的变化，强化企业的财务管理已经成为现代企业在激烈的市场竞争中得以生存和发展的重要保证。作为具有巨大潜力的康乐业，更应当不断完善其财务制度。本章就财务管理的具体内容展开讨论，包括营业收入管理、成本控制和利润管理等内容。

学习目标

→ 了解康乐部财务管理的概念。
→ 掌握康乐部财务管理的方法。
→ 了解康乐部营业收入管理的重要性。
→ 了解康乐部成本费用的组成。
→ 掌握康乐部成本控制的方法。
→ 熟悉康乐部利润考核的指标。

章前案例

KTV

　　康乐部的营业收入大多是以康乐场地、设施设备的出租为主要内容，一般按时间、人次或按活动内容的单位数量来计算、收费。由于这些活动项目没有实物的转移，在这些方面的营业收入上，如何做到有效管理是至关重要的。

　　现有某一饭店的康乐部，对康乐活动项目中的KTV包房、台球房、保龄球馆和舞厅的营业收入是用以下方式进行管理的。

KTV包房和台球房是按时计费。当客人来消费时，由服务台工作人员安排包房或球台，并开始计时。活动时由KTV包房或台球房服务人员进行服务。到活动结束时，由这些服务人员通知服务台工作人员，由服务台工作人员对客人的消费按活动时间来结算、收费或签单、计账。

保龄球活动是按局计费。当客人来消费时，由服务台工作人员通过电脑进行开道、计局。活动过程中如出现小故障需改分时，应由主管人员认可，进行电脑操作。康乐部有时为促销而在保龄球活动中采用积分达标奖励一局的方式，如出现这种情况也应由主管人员认可、进行电脑操作。客人活动结束后，由服务台工作人员通过电脑进行结算、收费或签单、计账。

在舞厅，其收费是按人次计费。客人需先到服务台购票，进入舞厅时，由服务人员检票。在舞厅内的饮料、食品等的消费由舞厅吧台服务人员提供并由他们进行结算、收费。

问题

如何看待不同康乐项目的不同收费方式？

案例分析

康乐活动是由不同的项目组成的，对这些项目采取不同的收费方式是非常必要的。但必须注意的是：要参考同行的标准，经过仔细的设计，对每个项目设置合理的收费标准。在具体的实行过程中应当灵活多变，如节假日可设置一定的折扣等。

第一节 康乐部财务管理概述

一、康乐部财务管理的概念

1. 财务管理的概念

财务管理是以货币、价值的形式，通过计划、控制、考核、分析，对企业经营活动进行综合管理的一种方法。从管理学的角度来说，财务管理也就是按照资金运行规律，正确处理同各个方面的经济利益关系，挖掘资金潜力，以保证企业实现较好的经济效益。在康乐企业中为了完成服务工作任务，必须具有一定数量的物质财产，如康乐设备、房屋建设、原材料等是完成服务工作任务的保障。在商品生产和商品交换的条件下，企业的各种物质财产都要用一种特殊价值来呈现——货币，而各种物质财产的货币表现形式追根溯源就是企业的经营资本。在企业经营的过程中，资金不断地运动周转并与各方面产生一定的经济关系，这种关系包括企业同财政、银行以及企业主管各个部门之间的资金转接和信贷关系；企业与消费者之间的等价交换关系；企业与其他企业，经济部门之间的商品交换和货币结算关系；企业同职工之间的分配关系以及企业内部各个部门资金管理的权责关系等。以上各种经济关系，一般统称为财务，它对企业的资金使用效果、成本、费用及盈利都有直接或间接的影响。因此，企业间各个部门必须加强对资金运动进行管理和监督。

2. 知识化理财观念

知识经济最根本的特征以及其存在和发展的基础是知识资本型经济。在知识经济社会，起主导作用的资本已不再仅仅是金融资本，还包括知识资本。在知识经济时代，酒店行业的经济效益越来越决定于知识和技术。知识与其他生产要素相比，可以重复使用，具有明显的报酬递增特征。知识经济时代康乐部的竞争力和发展力，更取决于它的知识资本拥有量。与此相适应，未来的康乐部财务管理将是一种知识化的管理，其知识含量将成为决定财务管理是否具有创新的关键因素。因此，酒店财务管理人员必须牢固树立知识化理财观念。

3. 信息理财观念

在现代市场经济中，信息成为市场经济活动的一种重要媒介，一切经济活动都必须以快、准、全的信息为导向。随着知识经济时代的到来，信息在以数字化技术为先导，信息高速公路为主要内容的新信息技术革命的推动下得到传播。处理和反馈的速度的大大加快，使得交易、决策可在瞬间完成，经济活动的空间变小，所谓的"媒体空间"和"网上实体"随之出现。因此，在知识经济时代里，未来康乐部的财务管理人员必须牢牢树立信息理财观念，具备全面、准确、迅速地搜集、分析和利用信息，进行财务决策和资金运筹的能力。

4. 人本化理财观念

人本化理财观念要求充分协调好主体之间的财务关系，主要包括：

（1）重新确立财务管理目标。人本化理财观念的树立要求康乐部重新审视和确立自己的财务管理目标。首先，要实现财务目标的多元化。财务目标不仅要考虑财务资本所有者的资本增值最大化、债务人的偿还能力最大化、政府社会经济贡献最大化、社会公众的社会经济责任和绩效最大化等财务要求，更要考虑人力资本所有者的薪金收入最大化和参与企业税后利润分配的财务要求。其次，要实现财务责任社会化。在知识经济时代，康乐部要全面考虑资本投入者的财务要求与自身履行社会责任时的财务要求，并在这两种财务要求之间谋求平衡。这样既有助于酒店实现其经营目标，也有助于其在社会大众中树立良好的形象。

（2）建立多元化的财务主体。应进一步细分和多元化康乐部的理财主体。他们大致可以分为两类：一类是指与酒店之间拥有正式、官方或者契约关系的理财主体，包括财务资本所有者、人力资本所有者、政府、顾客等；另一类包括社会公众、环境保护组织、消费者权益保护组织及所在社区等。这些利益相关者及其财务要求都应当被看成是康乐部理财的重要内容，其中第一类是最主要的。

（3）建立反应知识资本价值的财务评价指标。随着知识经济的到来，建立起对知识资本价值进行评价的财务指标已是必然趋势，它有两个方面的作用：一是反映康乐部今后的发展潜力及趋势；二是反映酒店存在缺点和潜在的风险。酒店康乐部的管理者、投资者、债权者、员工等利益相关者，必须关注反映该酒店的知识资本价值财务指标，以了解某些有价值的东西，或发现一些酒店中潜伏的危机，做出科学的决策。

5. 风险理财观念

随着我国经济快速的发展，在酒店行业的竞争将愈加激烈的形势下，酒店应树立风险理财观念，应对不断扩大的风险。风险理财观念的树立，将有助于酒店有效地防范和避免各种风险，实现企业的平稳运营。风险理财观念的树立主要体现在以下几个方面：

（1）强化风险管理。首先，财务管理人员应具有及时发现风险、防范风险的能力。要强化财务管理人员的风险意识，及时调整财务人员适应新环境的知识结构，使他们能够具有及时发现风险、防范风险的功能。其次，要提高投资决策的科学性和可靠性。充分利用信息网加强调查研究，运用科学方法对投资项目进行预测，提高投资决策的科学性和可靠性，减少和避免因投资失误给酒店带来的风险损失。

（2）促进竞争与合作相统一。随着信息的网络化、科学技术的综合化和全球经济一体化时代的到来，必然要求各酒店康乐部之间进行相互沟通、交流与协作，实现资源共享。因此，在进行酒店财务决策与日常管理中，酒店财务人员既要善于抓住机遇，在激烈的市场竞争中从容应对风险，趋利避害；也要灵活处理好与其他酒店的合作关系，做到竞争与合作相统一，以增强酒店自身及其他酒店抗风险的能力，使各方的利益达到和谐统一。

风险

二、康乐部财务管理的任务

通俗地讲，康乐企业财务管理的任务就是管好、用好资金，通过对资金科学合理的利用，提高利用率，降低经营成本，正确分配收益，为经营决策提供依据。具体分为以下几个方面。

1. 管好用好资金，完成企业总体目标

企业总体目标的实现要在正确执行国家政策、经济法规、财经纪律的前提下，根据企业的经营目标，管好用好企业的财务资金，做好财务计划，合理组织资金运动，使资金运动与企业经营相适应。

2. 正确分配利润，及时缴纳税款

企业在进行分配收入时，要正确处理好国家、企业和员工的利益关系。在计算成本、计算收入的基础上，合理分配利益，及时上缴属于国家应得的部分，同时保证属于企业和职工应得的利益。

3. 降低成本，增加积累

企业要加强经济核算，加速资金周转，在保证服务质量的前提下，降低成本费用，增加合理的资金积累。

4. 参加经营决策

经营决策是企业管理的首要环节，决策正确与否对经营效益的好坏起着举足轻重的作用。因此，财务部门必须掌握资料，测算指标，提供可靠数据，参与企业的经营决策，保证经营效益。

5. 加强财务监督，执行财务制度

财务监督是利用价值形式对企业经营活动进行监督。具体来说，财务部门通过控制财务收入和分析，检查财务指标来进行监督。企业要实行严格的财务监督，加强法制观念，维护财经纪律，保护企业财产安全。只有加强财务监督、控制财务收支，才能及时发现和制止违反制度规定和违反财务纪律的行为。

知识链接　任务的类型

任务的类型多种多样，一般可以分为以下几种：
对话型：A——B或者A——B——A。
杀怪型：A——杀怪——A（B）。
收集物品型：A——收集物品（杀怪或者采集）——A（B）。
探索型：A——探索地区。
使用道具型：A——使用道具——A（B）。
引导型：进行某些操作完成。

三、康乐部财务管理的内容

财务管理是对资金运动的管理。资金在运动过程中要经过不同的阶段，采取不同的形态，产生消耗，取得收入，并且取得盈利，这样就形成了财务管理的具体内容。财务管理的内容主要有以下几个方面。

1. 资金管理

（1）筹资管理。酒店筹资构成主要有两种，即自有资金和借入资金。自有资金主要包括资本金、资本公积金和留成收益，借入资金主要有长期负债（长期借款、长期债券、融资租赁、营业租赁）和短期负债（应付货款、商业承兑汇票、短期借款、票据贴现、抵押担保借款等）。

筹资管理

酒店筹资管理的主要内容，即资金筹措和对筹资金的管理，资金筹措重点考虑的是筹资方式的选择，酒店康乐部在选择筹资方式时主要根据资金成本来进行筹资决策。

（2）投资管理。投资管理的主要任务是对投资项目进行财务评估和投资风险管理。

（3）资产管理。康乐部的资产主要有长期资产、流动资产、递延资产和其他资产等类别，对康乐部的资产进行管理，要求做到既保证各类资产数量的完整，又保证资产质量的完整，确保资产处于良性运行状态。

知识链接 资产管理的功能优势

（1）结构化数据。

①从服务台、金融计划、系统管理等多个来源聚合数据，提供有关资产背景和责任的单一视图。

②按部门或成本中心组织数据，以用于研究与规划。

③维护每项资产的服务历史记录，有助于收集一段时间内的成本和维护数据。

④同时执行自动化工作流程与资产变更，以保持相关工具和数据库的新鲜度并将重要变更告知利害干系人。

（2）简化工作流程。

①支持直接从存储库获取最新数据的资产请求，以确保基于事实的决策的制定与审批。

②根据用户的角色和权限范围控制每位用户界面中的信息，以确保数据安全并最大限度地减少意外变更。

③将硬件、软件、许可证、发现和权限数据联系在一起，这样，可根据真正合规性管理的发现来协调软件权限。

④访问跟踪所有状态变更、操作、时间、人员和日期的完整审核历史记录，以实现责任管理并为资产和变更审核提供支持。

（3）掌控全局获取回报。

①发现、验证、协调数据以及将数据从多个来源聚合到一个中央资产存储库，从而进行成本控制与问责。

②管理软件许可证的合规性，以及法规、安全、隐私和税收要求。

③查看硬件、软件、合同、用户和组织单位之间的关系，实现综合资产报告。

④跟踪每项托管资产的生命周期状态，使用状态变更触发自动化工作流以确保一致地执行关键业务流程。

⑤维护资产整个生命周期中的变更历史记录，包括连接到服务台以生成事件和服务历史记录。

⑥坚持严格控制投资与成本数据聚合。

⑦使业务管理、财务和IT员工随时访问当前精确的资产数据，进而提供更有效的服务。

⑧通过定期从多个资源同步数据并在关键数据发生变化时自动通知利害干系人来保持数据新鲜度。

2. 成本费用的管理

成本费用的管理就是对服务过程中发生的人力、物力、财力的消耗进行管理。即对成本管理要进行成本预测、编制成本计划、监督成本核算、控制成本形成、分析成本计划完成情况和搞好日常管理。康乐部成本费用管理是经营管理尤其是财务管理的重要内容。酒店经营活动的一切支出最终都要从成本费用上得到反映。成本费用作为经营耗费补偿的最低界限是制定酒店价格的依据，是影响酒店康乐部经营预测和决策的重要因素，其控制与管理是否有效、成功，直接影响到酒店的盈亏，决定着酒店经营效益的高低，反映出酒店经营管理水平。因此，酒店经营管理和财务管理的一项重要任务就是要通过预测、计划、控制、核算、分析和考核等途径来加强成本费用发生的各个环节，使成本费用管理达到预计的目标，不断降低成本费用，提高成本费用管理水平和经济效益。

成本费用

3. 营业收入、税金、利润管理

营业收入是对资金消耗的补偿，收入减成本费用支出的差额就是利润，它是资金使用和企业经济活动的最后成果。营业收入管理的主要内容有：在市场调查和销售预测基础上，编制销售计划，开展日常管理，监督企业销售合同执行情况和商品发展情况，及时办理结算。盈利管理的主要内容有：正确计算和缴纳各项税金，正确分配盈利，完成上缴任务，分析各盈利指标完成情况等。酒店营业收入管理主要是对酒店营业收入进行内部控制，要求设计出适合酒店内部控制的技术方法。酒店应按照国家规定进行税金核算与缴纳。

4. 财务分析

酒店财务分析主要包括酒店业务经营活动分析和酒店财务状况分析，酒店业务经营活动分析是对酒店经营过程进行全方位的财务审视，尤其在对酒店财务运行现状调查的基础上分析酒店财务管理过程中的问题，找出酒店与其他酒店或全行业平均水平的差距，并提出改进的措施。酒店财务状况分析主要是着眼于酒店长远的财务发展战略，即对酒店的财务结构、资产结构、资产与负债及所有者权益的关系进行深入分析，提出酒店长期发展的财务战略。

财务分析

四、康乐部财务管理的方法

酒店财务管理的方法常见的有财务计划、财务预测、财务决策、财务预算、财务控制、财务分析和财务审计7个方面。

财务计划是指编制财务计划的过程。计划过程主要包括搜集信息资料，根据已掌握的资料提出不同的计划方案，通过对方案的评估和筛选，做出决策，然后再对所选择的方案，进行可行性的分析和研究，定案后就成为企业的执行计划。因此，计划程序是由这若干步骤组成，这种审编定案的方法就是系统分析的方法。

财务预测是对酒店未来的财务状况做出的预计，常见的有以下两种方法。

1. 定性预测法

定性预测法即判断预测法，其中，包括意见汇集法、专家小组法和专家调查法。

2. 定量预测法

定量预测法包括趋势外推法，因果关系法和统计规律法。

财务决策包括筹资决策和投资决策。
财务预算包括业务预算和财务预算。
财务控制包括收入控制和成本费用控制。
财务分析包括业务经营活动分析和财务状态分析。
财务审计包括资金审计、收支审计和经济效益审计。

第二节 康乐部营业收入管理

一、康乐部营业收入管理的重要性

现代饭店康乐部门的利润像其他企业一样，是营业收入去除一切经营成本和费用以后的余额。营业收入的多少直接关系到企业利润的大小。饭店康乐部往往由很多康乐服务项目组成，每个服务项目又由几个服务环节组成。在服务过程中，每个顾客的消费千差万别。康乐部消费中现金支付较多，又有很大一部分是劳务收费或按时计算的场地租用费，由于这些收入不产生有形物品的转移，使收入的凭据缺乏核对标准，因而给舞弊制造了机会。康乐部的营业收入问题比较复杂，必须科学、严格地管理康乐部营业收入。

二、康乐部营业收入的分类

康乐部门的营业收入有许多种，不同类型的营业收入需要用不同的管理方法，所以，为了便于对营业收入的管理与控制，应当首先对营业收入进行科学的分类。

（一）按经营项目分类

这是一种比较直观的分类方法，可细分为以下三种形式。

1. 按项目的重要等级区分

将经营收入分为主营项目收入和辅助项目收入，将具体项目分别列于这两个大项目之下。由于各企业的主营项目不同，收入分类也不尽相同。

例如，某单一经营桑拿浴的康乐企业的营业收入分为：主营收入包括桑拿收入、按摩收入、搓澡收入、吸氧收入；辅助收入包括酒水饮料收入、自助餐收入。

2. 按项目的活动方式区分

将营业收入分为康体项目收入、娱乐项目收入、保健及美容项目收入，将具体项目分别列于这三个大项目之下。这种方法不会因企业不同而使收入分类不同，所以便于横向比较。

例如，某综合康乐企业的营业收入分为：康体项目收入，包括戏水乐园收入、健身房收入等；娱乐项目收入，包括电子游戏厅收入、夜总会收入等；保健及美容项目收入，包括桑拿浴室收入、美容美发厅收入等。

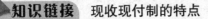

知识链接 现收现付制的特点

（1）完全依靠当前的收入去支付现在的支出，以支定收，基金没有结余，从而避免了完全基金制下基金遭受通货膨胀而贬值的风险，也能够对基金进行有效的管理。由于现收现付制是下一代人养上一代人，因此具有代与代之间的收入再分配功能。

（2）这种模式在人口年龄结构年轻、保障范围较窄、支付标准较低的情况下，尚可正常运行；在经济不景气、人口出现老龄化、支付范围和标准不断提高的情况下，就会出现缴费比例过高、当代负担沉重、资金筹集困难等问题。

3. 按项目规模大小区分

将营业收入按规模大小顺序排列。这种方法简单明了，比较直观，但由于企业不同，其排列顺序也不同。例如某室外游乐场的营业收入分为：观光摩天轮收入、过山车收入、碰碰船收入等。

（二）按营业收入的结算方式分类

1. 预收结算

预收结算是顾客在进行康乐消费之前预先支付一定的消费金额，之后，在进行消费认可时可以抵消预付金额。这种结算方式在较高档的康乐活动项目上是常见的，如高尔夫俱乐部的会员制形式等。还有是规定预付一定的金额即可获得该康乐部的贵宾卡，持卡的顾客在消费时不仅可以签单冲账，还可以获得折扣优惠。对企业来说，预收结算有着十分显著的优点，它为企业利用资金的时间价值提供了机会，也为企业销售收入的实现提供了保障。因此，康乐部应当设法多用这种结算方式。

2. 现收结算

现收结算是指顾客在康乐部消费结束时，康乐部即可得到的并可即时支配的营业收入。有的项目是在消费开始时结账的，如顾客要玩电子游戏机时应当先购买游戏币；有的项目是在消费结束时结账的，例如桑拿浴、美容美发项目。通常现收结算都是以现金的形式进行。由于现金具有不记名和流通性强的特点，这种营业收入的管理就要保证其在收费过程中的安全。

3. 赊账签单结账

赊账签单结账是指顾客先欠账进行康乐消费，结束之后根据签单来结账。这种结账方式与前面提到的即时结账有很大区别：即时结账虽然可以在消费结束时结账，但仅限于当时，并且仅在个别项目实行；赊账签单可以在消费结束后结账，甚至可以延迟一定时间，并且除特殊约定外没有项目限制。要求以这种方式结算的多为较大额度的消费，允许使用这种结算方式的仅限于有良好信誉的顾客或团体客户，顾客的支付形式以转账支票或信用卡居多。

这种营业收入管理的重点在于，采取各种措施，及时催讨，以保证准时结账，杜绝坏账的出现，避免营业收入受损。

（三）按计价方式分类

1. 计量收入

计量收入是按顾客使用服务设备或消费产品的数量收费所形成的康乐营业收入。适用于一些便于统计数量的康乐项目，如保龄球馆一般是以局为单位收费的；电子游戏机是以使用次数为计费单位的。

2. 计时收入

计时收入是按顾客消费时间收费而形成的收入。有很多康乐项目是以出租设备使用权的形式来经营的，因而采用计时收费的方式，如麻将房、氧吧、按摩室、健身房、乒乓球室、枪战城、壁球室、网球场等场所。

计量

> **知识链接**　计时的方法
>
> 我们每天都要通过钟表来掌握时间，合理安排一天的学习与生活。你知道古人是用什么方法计时的吗？
>
> 人类社会早期对时间没有精确的计量，只能用"太阳出山""鸡叫3遍""月挂树梢"等模糊概念计时。直到进现代社会，一些地方还沿用"吃晚饭时""一袋烟的功夫"等提法。
>
> 我国春秋时期已经用圭表、漏刻等计时器，对一天的时间做比较精确的划分和记录。
>
> 圭表即日晷，有日晷针盘组成。晷针插在盘中心，晷盘上刻着表示时刻的分划。太阳照射的针影投射在晷盘的分划上，就能指示出时刻。
>
> 阴雨天和夜晚则用漏刻。漏刻又称漏壶，包括下有小孔的铜壶和带有刻度的刻箭两部分。水匀速流下，通过刻度观察水位变化，即可确定时刻。
>
> 唐代僧一行发明了最早的自鸣钟，用漏水激轮，一日一夜转一周，29转多为一个月，365转为一年。同时装有2个木人，每一刻一击鼓，一个时辰（相当于2 h）一撞钟。元代郭守敬也曾发明出不同声音的机械报时钟。民间更多使用燃香、蜡烛等计时方法。
>
> 现代机械钟、电子钟、石英钟等钟表是从西方国家传入的。

3. 计人次收入

计人次收入是指按顾客消费的人数和次数为计费单位而取得的收入。这种计费方式适用于多人共同消费同一项目，如夜总会、舞厅、部分游泳池以及绝大部分室外游乐项目。

需要指出的是：按计价方式分类的方法会因企业或时间的不同而有所不同，例如：有的游泳池计时收费，有的计人次收费，有的游泳池在平季和旺季计时收费，在淡季则计人次收费；卡拉OK厅的公共厅计人次收费，其包厅则计时收费；保龄球既可以以局为单位计量收费，也可以以小时为单位计时收费。

（四）按营销方式分类

1. 常规销售收入

常规销售收入是指按平日的一般价格销售形成的营业收入，这是康乐营业收入的主要成分。常规销售收入可分为两种情况，即单项收入和综合收入。

（1）单项收入。指顾客消费单项服务而累加起来的收入。

（2）综合收入。指为顾客提供多项康乐服务或多次服务而一次性结账所形成的收入。

2. 优惠销售收入

许多企业为了稳定客源、拓展市场，在特定时期或特定时间优惠销售，如节假日的优惠活动；在平时对特定的人士或团体实行优惠价。一般有三种优惠形式：

（1）折扣优惠收入。按顾客消费额的一定百分比优惠计算，即通常说的打折。如八折优惠，即按原价的80%收费。

（2）金额优惠收入，即在顾客实际消费额的基础上少收一部分，通常是抹去零头。如消费额是680元，实收600元。

（3）赠送优惠收入。一般有两种情况：一种是根据顾客对象赠送饮料或带有本企业标志的小纪念品，如打火机、小玩具等；另一种是赠送适量的消费额度，如保龄球买10局赠2局，游戏机币买10枚赠3枚等。

无论哪种优惠形式，都应当进行经营成本核算。因此，在收费过程中应该有准确的记录，有些优惠方式还必须请有关销售、管理人员签字认可。

（五）按消费者的支付方式分类

消费者的支付方式通常有三种，即现金结算、转账支票结算、信用卡结算。

三、康乐部营业收入的管理

（一）康乐部营业收入的管理方法

1. 建立营业收入的目标管理体系

康乐部营业收入管理的第一个环节就是确定企业收入的总目标，即总投资额加目标回收额，并将这一目标分解到每一年、每一月，甚至每一天。根据这些目标，并根据不同时期康乐市场客源及价格等方面的变化情况，编制出切实可行的年度营业收入指标、月营业收入指标及每天的营业收入指标。当然，这些指标不是总目标的简单平均分解，而是总目标与具体康乐消费市场情况相结合的产物。在不同部门、不同时期，用不同的方法去完成不同的指标。管理者应定期检查指标完成情况，及时调节、修正，使营业收入的管理做到有的放矢。

2. 设计科学的收款单据

营业收入管理表单设计的内容一般包括表单的格式、表单的内容、表单的联数等。和其他管理表单的设计一样，在康乐部营业收入管理表单的设计中，首先，表单的设计内容应当全面，包括所需要的管理信息，同时也应当简洁、明了，避免繁杂。其次，设计时必须注意使表单填写者能准确理解填写要求，不能模棱两可或含义不清，应当尽量减少需要书写或描述的内容，尽可能设计成只要用"√""×"或数额来填写就能完成的内容。表单的设计应尽量美观、规范、清晰，重点突出，一目了然。

3. 科学地设立收费点

康乐部营业收入管理的重要任务是在顾客进行消费时照价收进每一笔款，但康乐部的项目较多，对顾客来说设立的收款点越少越好。许多高档饭店、度假村的康乐部一般都采用一次性结账方式，即在每个活动项目设立账台，这些账台不直接向顾客收款，只是及时将顾客在本部门的消费记录下来，并请顾客在账单上签字确认。同时在总服务台设立总账台，专门汇总顾客在所有部门的消费账单。顾客消费结束离店之前，向顾客收取全部费用。这种方式使顾客感到方便，也适合高档顾客的消费心理。同时，由于接触现金收入款的只有总账台一个岗位，作弊、漏账的可能性较小，是一种良好的营业收入管理方式。但是，对社会开放的康乐部门来说，特别是客流量大、人员杂、活动项目多的康乐部，就不一定适合。若不是及时收款，漏账的可能性就加大了。因此，根据情况可采用在各个消费点设立收款点，及时收回每一笔营业收入款，减少漏账。但这种方式也有缺点，有时使顾客感到不便，另外接触收入款的人员过多，会造成作弊和营业收入流失，给管理带来较大难度。所以，首先要注意在能够控制漏账发生的前提下，尽量减少收入口。同时要尽量避免由服务员充当收款员的做法，特别是现金收款工作，必须由收款台操作。而服务人员只能是账台与顾客之间账单、钱款交割的传递员。

4. 应设立科学的收款程序

康乐部的营业收入是通过各康乐项目的销售收入来达到的，一般可分为两类：一类是有形的，如食品、饮料等物品的销售收入；另一类是无形的，如康乐设施设备、康乐场地的出租及服务等非物品销售收入。不同内涵的营业收入应当设计不同的收款程序加以管理，但是，要坚持在方便顾客、服务到位的前提下，做到环环相扣、互相控制，确保准确、高效地做好收款结算工作。

（1）有形物品销售的收款程序。这种收款程序的原则就是要做到所售物品数量必须与收入款相符。以康乐部门常见的食品饮料销售收入为例，其收款程序如下：

①由值台服务员根据顾客所点的食品、饮料的名称和数量开出三联单，而后将三联单送交账台，账台留一联记账，在其余两联上加盖账台章后交还值台服务员。

②值台服务员留下其中一联，以备顾客查询。将另一联送至吧台，领取食品、饮料等物品。酒水员在收到盖有账台章的点用单后，按单上的种类、数量发货。

③顾客要求结账时，由值台服务员通知账台，账台将所有该顾客消费的单据金额加总，开出结算单，请顾客核对后付款。收入款及找零都由值台服务员传递。

④当班服务结束后，吧台酒水员还必须填写进销存日报表，将他当班接手的、本人从仓库领取的以及当班销售的货物、品种、数量填写清楚，并计算出应有的留存货物、品种、数量，作为与下一班交接的依据。

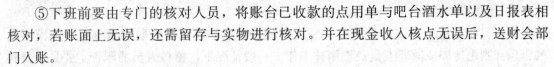

⑤下班前要由专门的核对人员,将账台已收款的点用单与吧台酒水单以及日报表相核对,若账面上无误,还需留存与实物进行核对。并在现金收入核点无误后,送财会部门入账。

（2）非物品销售的收款程序。

①按时计价方式。康乐活动项目中有许多是按顾客使用康乐设施、设备的时间来计算费用的,如KTV包房、网球场等。这种收款的程序设计要点在于客观、准确地记录使用设施、设备的起止时间,所以,最好使用电脑计时结算。

顾客进入康乐活动场所时,在账台打卡计时。卡单一式两份,一份留账台,一份由服务员留存或给顾客备查。当顾客要求结账时,由服务员通知账台和设施、设备控制部门（停止设施、设备的运行）,账台即在卡单上打出结束时间,让服务员转顾客核查付款。当班服务结束后,由账台按结算收款单逐笔登记营业收入日报表,经与当班收入总额核对无误后,送财会部门入账。

②按人次计价方式。康乐活动项目中有的是按顾客人次计价收费的,如舞厅等。这种收入的收款方式一般有两种:一种是设立门房,出售门票,顾客按人次购票,然后经检票口验票入场。这种方式适用于对社会开放的舞厅等,人数较多,且顾客也可随意地转换舞池,只有用这种方式才能保证入场费收入没有遗漏。另一种是不出售门票,值台服务员在顾客落座后,根据顾客所点饮品,开具食品饮料单并填写人数后送至账台。在顾客消费结束离场时,账台在向顾客收取饮品、服务费用之外,还按顾客人数收取入场费。这种方式先消费后付款,能迎合顾客希望得到充分尊重的消费心理,所以,被许多饭店康乐部的舞厅等场所采用。这种收费方式在管理上应当经常巡视和记录每批顾客的人数并及时与账台核对,以避免作弊和漏收入场费。

③按量计价方式。在康乐部,有的项目是以顾客消费量来计算费用的,如保龄球收费是按顾客打球的局数计算,高尔夫球练习场是依据顾客最后练发了多少盒球来计算收费（一般每盒为20只球）。目前这种计价方式多数是通过电脑来控制,顾客来消费时在电脑上为顾客开户,顾客在消费时每增加一个活动量,都可以及时在顾客面前的电脑和账台电脑屏幕上同时反映出来。如保龄球加道或加局,只要球道服务员在电脑台上作相应的操作即可,这样既不会漏账,也使顾客感到方便。

5. 对营业收入进行有效的控制管理

康乐部的营业收入通常是计时计人的无形服务产品的销售收入,而且收款人员又频繁接触现金。所以,首先,应当建立良好的监督机制,做到收款环节分人负责,禁止"一手落"。每班钱款交接应当有严格的签字收受手续,并建立核查员统计核查制度。其次,要严格对现金的管理,尽量减少现金的交接次数。交款时必须有三人在场,工作结束后现金营业款必须在规定的地点进行缴纳。对游戏机房等场合使用的代用币的管理,也应当像管理现金一样在领用、发售、回收等环节注意账币相符,游戏机的储币箱必须由财务部专职人员在有关管理人员的见证下开启,并记录箱号、取币时间、代用币数量,同时请见证人签名。收银员应当定人定岗,也可在工作一定时间后进行适当的调动,以免出现串通作弊现象。

6. 加强稽核管理

稽核是指对账目的查对计算。一些大型康乐企业往往设有专职的稽核组，规模不大的康乐部则由专职或兼职人员负责稽核工作。一般情况下，稽核人员的职责主要是监督和检查收款员的工作，负责查对核算收款员的账目，并负责票据以及代用币的清理查收。加强稽核管理能弥补很多收款方面的漏洞，对"窃款""跑账"和错账能起到较好的预防作用。但任何单一的措施或制度都不可能是万能的，稽核制度也是如此，还应该与其他措施和制度结合起来进行管理。在开展稽核工作时，必须特别注意选聘素质优秀的员工担当这项工作，并且应该经常对稽核人员进行培训。

（二）康乐部营业收入的管理方式

1. 折扣销售的管理

折扣销售是康乐部常用的公关活动方式，一般康乐部对折扣销售进行管理的方式有这样几种：有的是由总经理统一控制，给顾客折扣时必须经总经理同意；有的是用分级控制来管理折扣销售，如八折以上直到免费的决定权归总经理，部门管理者有打九折的权力等；还有的是用额度来进行控制，把这些部门或人员进行折扣销售的权力限制在一定的额度内（如销售额的百分比等）。这几种管理方式各有利弊，应当结合企业具体情况来考虑。当然，还有将折扣额与销售额联系在一起的方式，做到一分折扣要发挥一分以上的促销作用。

2. 赊销方式的管理

赊销方式可以使顾客的消费行为变得十分轻松，如人们使用信用卡消费购物比使用现金购物轻松、方便，迎合消费心理，能够有效地刺激消费、增加客源。这种赊销方式已被许多康乐企业所采用。但是，赊销也会给企业带来许多不利和风险。要避免间接存在的经济损失，首先应当明确能进行赊销的客户范围，只有对信用好、支付能力稳定的客户才能运用。其次应当确定赊销的幅度（即赊账金额的限额）和信用期限（即结账期限）。最后，还要确定能进行赊销的项目，一般可选变动成本较低、消耗较少的项目，如棋牌项目、健身、游泳项目等。赊销是一个过程，当中有许多环节都不同程度地影响着赊销的效果。所以应当对其进行严格管理，以免出现风险。

第三节　康乐部的成本管理

一、康乐部成本管理的意义

1. 成本管理影响康乐部的经济效益

一个企业的经济效益等于收入与成本之差，当收入达到最大值时，企业效益就决定于成本的高低。成本越高，企业效益越小，而成本越低，企业效益就越大。所以，成本管理的好坏直接影响着康乐部的经济效益。

2. 成本管理影响着康乐部的市场竞争力

在康乐部经营管理中，对康乐部的成本进行严格的控制，既能制定出既适合市场情况，又能给企业带来最大效益的康乐活动价格。同时，因为成本价格低，定价也就得以降低，在市场上的竞争力也就会增强。

3. 成本管理是制定和实现企业经济目标的基础

成本管理是评价一个企业经营管理水平状态诸多因素中一个十分重要的财务指标。其能为制作正确的财务报表提供依据，为制定康乐服务项目的价格和劳务收费标准提供数据资料，并及时、有效地监督和控制企业经营过程中的各种项目费用的支出。所以，对成本进行有效的管理是制定和实现企业经济目标的基础。

二、康乐部成本费用的构成

康乐部成本是指康乐部向康乐消费者提供康乐产品、进行康乐服务所发生的各种支出和各种消耗。它由以下几个部分构成。

1. 经营成本

经营成本是指在经营过程中产生的各项直接支出。其具体包括：

（1）食品饮料成本。即向顾客直接零售或制作出售的食品、配料、调料和饮料。

（2）客用消耗品。即顾客在进行康乐消费时消耗的一次性用品。

（3）洗涤成本。指客用棉织品在洗涤时消耗的洗涤用品或委托洗涤的洗涤费。

经营成本

2. 经营费用

经营费用是指各部门在经营过程中产生的各项费用支出。

娱乐企业的经营费用主要有运输费、装卸费、保管费、燃料费、水电费、广告宣传费、差旅费、清洁费、低值易耗品摊销、物料消耗、经营人员的工资（含奖金、津贴等）、职工福利费、经营保险费（如各种康乐设施的顾客安全保险）、工作餐费、设备折旧费、修理费及其他费用。

3. 管理费用

管理费用是指康乐部为组织和管理所属康乐场所的经营活动而发生的费用以及由企业统一负担的费用。这部分费用包括企业行政管理人员的工资、福利费用、工作餐费、服装费、办公费、差旅费、会议费、物料消耗等经费，还包括工会经费、职工教育经费、劳动保险费、待业保险费、劳动保护费、董事会费、外事费、租赁费、咨询费、审计费、诉讼费、排污费、绿化费、土地使用费、土地损失费、研究开发费、税金、折旧费、修理费摊销、无形资产摊销、低值易耗品摊销、开办费摊销、交际应酬费、坏账损失、存货盘亏和毁损、上级管理费以及其他管理费用。

4. 财务费用

财务费用是指康乐企业为筹集经营所需资金所发生的一般财务费用。这部分费用包括企业经营期间的利息净支出、汇兑净损失、金融机构手续费、加息以及为筹集资金所发生的其他费用。

三、康乐部的成本控制

1. 日常成本控制

康乐部每个部门或班组所辖范围内的总成本是固定成本与可变成本之和。对于不随业务量的变化而变化的固定成本来说，其控制就只能是不断地扩大业务量，增加客源，增加营业收入，因为业务量越大，分摊到单位业务量上的固定成本就越小，就能直接降低产品的总成本；而对于变动成本的控制则必须依靠消耗定额管理。成本计划中对单位业务量所允许的各种消耗品的定额是可变成本控制的依据，应当使这些定额在保证服务质量的前提下做到标准化、科学化，并将定额落实到每个相关岗位、相关人员的相关工作中。还要对各种消耗品的采购、保管、领用等进行严格的控制，减少损耗与丢失，杜绝浪费，积极开展综合利用，有效地降低变动成本，以达到增加盈利的目的。

知识链接 日常成本控制的主要内容

日常成本控制的主要内容，概括为以下五个方面：

（1）事前制订产品的标准成本，并为每个对成本负有经管责任的单位编制责任预算，作为日常成本控制的依据。

（2）日常由各个对成本负有经管责任的单位遵照成本控制的原则，对成本实际发生的情况进行计量、限制、指导和监督。

（3）各个成本责任单位根据实际需要定期（按月、按旬、按周或按天）编制实绩报告，将各自责任成本的实际发生数与预算数或标准成本进行对比，并计算出"成本差异"。

（4）各个成本责任单位结合具体情况，针对实绩报告中产生的成本差异，进行原因分析，并提出相应的改进措施，来指导、限制、调节当前的生产经营活动，或据以修订原来的标准成本或责任预算。

（5）企业管理当局根据各责任单位实绩报告中计算出来的成本差异，实事求是地对他们的业绩进行评价与考核，以保证责、权、利相结合的经济责任制的贯彻执行。

2. 定期的成本核算

在各种成本费用实际发生之后，有必要对其进行定期的总结、分摊和汇总，以供管理人员对各级、各部门的管理实效进行客观全面的评价，这就是成本核算。

康乐部的成本核算要从基层做起。一般有日报表、月度报表、季度报表和年度报表。其中日报表和月度报表对班组核算尤为重要，通过它们可定期核算出部门班组的各项成本指标。企业的成本核算则按成本费用项目汇集所有部门直接成本的支出情况，形成这些成本的支出总额。同时，对所有间接成本费用向各部门进行分配，可以按营业额分摊，或按场地占用面积分摊，也可以按部门工资比例分摊。对这些也要进行核算，并将各数据编制成企业的成本报表，由管理人员进行分析研究。

3. 成本的分析评价

成本的分析评价是将核算材料与成本计划进行对比，从而评价一定时期内成本管理工作是否达到预期的目标，分析这一时期管理工作的成功与不足。

第四节　康乐部的利润管理

康乐部的利润是指康乐部在一定时期内全部收入抵消全部支出后的差额。收入大于支出的差额表现为利润，支出大于收入的差额表现为亏损。它集中反映了康乐部经营活动的成果，或称财务成果。所以，必须要加强康乐部的利润管理。

一、康乐部的利润构成

康乐部利润的构成，一般分为三个层次：一是经营利润，反映企业经营的毛利；二是营业利润，体现企业经营者与全体工作人员的经营成果；三是利润总额，反映企业的全部经营成果。

1. 经营利润

经营利润是指企业开展基本业务活动所取得的利润。它是以企业实际发生的主营业务收入减去与主营业务直接相关的业务成本。用公式表示为

经营利润＝营业收入－营业成本－营业费用－营业税金及附加

公式中，营业收入是指企业的各项经营业务的收入；营业成本是指企业各项经营业务的营业成本；营业费用是指企业经营中各营业部门发生的各种费用。

营业税金及附加是指企业中与营业有关的、应由各项经营业务负担的税金及附加，包括营业税、城市维护建设税及教育费附加等。

2. 营业利润

营业利润是指经营利润减去管理费用、财务费用。用公式表示为

营业利润＝经营利润－管理费用－财务费用

公式中，管理费用是指康乐企业经营中发生的各项管理费用；财务费用指康乐企业经营过程中发生的一般财务费用。

3. 利润总额

利润总额是企业在一定时期内开展各项经营活动所实现盈亏的最终结果。影响利润总额大小的因素很多，除上面提及的"营业利润"外，主要有以下几个部分。用公式表示为

利润总额＝营业利润＋投资收益＋营业外收入－营业外支出

公式中，投资收益是指企业作为独立法人，以各种形式对外投资所取得的净收益，即投资收益扣除投资损失后的数额。它包括对外投资分得的利润，取得的股利、债券利息，投资到期收回或中途转让取得的款项高于账面净值的差额以及投资到期收回或中途转让取得款项低于账面净值的差额等。

营业外收入是指与企业经营业务没有直接联系的收入，包括固定资产盘盈和变卖的净收益、罚款净收入、礼品折价收入和其他收入等。

营业外支出是指与企业经营业务没有直接联系的支出，包括固定资产盘亏、损毁、报废的净损失，赔偿金、违约金和公益救济性捐款等。

知识链接

利润构成

二、康乐部的利润考核

康乐部利润的高低可以通过各种利润率来进行比较、分析与考核，能全面、准确地评价企业经营成果的好坏。利润率的考核指标一般有经营利润率、资金利润率和人均利润率。

1. 经营利润率

经营利润率是指利润总额占营业收入的百分比，即每百元营业额所获得的利润份额。在正常情况下，营业收入的多少直接影响利润的高低，所以扩大营业收入是提高企业盈利的主要途径。

2. 资金利润率

资金利润率是指每百元资金（包括固定资金和流动资金）所获得的利润份额。用公式表示为

$$资金利润率 = \frac{利润总额}{固定资金占用额 + 流动资金占用额} \times 100\%$$

资金利润率与利润总额成正比，与资金占用额成反比。在利润总额不变的情况下，资金占用额越多，资金利润率就越低。因此，用这一指标可以考核企业资金的利用情况，促使企业改善管理，加速资金周转，提高企业盈利水平。

3. 人均利润率

人均利润率是指康乐部员工人数与利润总额之比。能反映每个员工平均的创利水平。用公式表示为

$$人均利润率 = \frac{利润总额}{员工人数}$$

企业人均利润率水平与员工劳动效率有密切的关系。劳动效率高，人均所创造的利润就高。

知识链接　如何在营业收入管理中减少漏洞

康乐部的营业收入有很多是以出售康乐场地、设施设备的使用权为主要内容,也有一部分项目是以出售服务员的劳务为主要内容,一般是按时间、人次,或者按活动内容的单位来计价的。由于康乐消费基本上不存在实物的转移,所以在营业收入上,做到有效管理是有一定难度的。

某大型饭店康乐部经营的康乐项目有卡拉OK包厢、台球厅、保龄球馆和电子游戏厅。其营业收入是用以下的方式进行管理的。

对卡拉OK包厢和台球厅,采用计时收费,即当顾客来消费时,由服务台的工作人员安排包厢或者球台,并开始计时。顾客活动时由服务员随时提供服务。到活动结束时,由服务员通知服务台工作人员,由服务台的工作人员按活动时间对顾客的消费进行结算。

对保龄球活动,是计局收费。当顾客来消费时,由服务台工作人员通过电脑进行开道、计局。活动时如出现小故障而需要修改记分时,应该由主管认可,再由服务员进行电脑操作。康乐部有时采取积分达标奖励和幸运分的活动,即顾客累计积分达到某一规定分数时,或者单局打出某个事先确定的幸运分时,奖励一局。这时也应该由主管确认,由服务员进行电脑操作。顾客结束活动后,由场地流动服务员通知服务台,由服务台工作人员通过电脑进行结算。

在舞厅和旱冰场,收费是按人次计算。顾客需先到服务台购票,入场时,由服务员验票并撕下副券。在场内的饮料和食品消费由吧台服务员提供,并由吧台即时结算和收费。

在桑拿浴室,沐浴是按人次收费,而沐浴过程中的附加消费则是计时或计量收费,例如按摩是计时收费,饮料是计量收费。这些收费大多是在消费结束时由服务台统一结算。

在电子游艺厅,是以顾客购买游戏币进行结算的。

在以上几种收费方式中,比较容易在营业收入上出现漏洞的是哪几个环节?如何减少营业收入结算和收银环节的漏洞?

通过分析可以看到容易出现漏洞的环节:在卡拉OK厅和台球厅,要注意计时是否准确;在保龄球馆,要注意排除设备故障时的记录,例如有的顾客在设备出现故障时要求赔偿,也不排除有个别员工借排除故障自己玩球或给熟人提供方便;在舞厅和旱冰场,要防止个别人无票进入;在桑拿浴室,因为是在相对封闭状态下经营,从管理模式上看,几乎无懈可击,但也正因其封闭,也给管理带来一定难度,例如男经理不便检查女浴室,要注意个别员工私自放人进入或私下收钱;在电子游艺厅,顾客通过投币玩游戏机,管理看似简单,但这里经常出现漏洞,绝大多数游艺厅在清点游戏币时都能捡出伪币,这是收入的流失。更有甚者,在正常游戏币上打个小孔,再用细线拴上,放进游戏机的投币器内来回拉动,每拉一次,投币器就动作一次,也就相当于投了一枚币,这种做法业内称作"钓鱼"。还有时发生内部人员"切币"(截流游戏币)的现象。

三、康乐部增加利润的途径

（1）积极开展业务，增加营业收入。康乐部要积极地开展公关促销活动，吸引更多的顾客前来消费，使康乐设施设备得到充分、合理的利用，扩大服务，增加营业收入。这是增加利润最主要的途径。

（2）提高服务质量，实行薄利经营。适当降低毛利和售价，由此所减少的收益将在扩大的营业额中得到补偿。康乐部不能不顾企业自身设施设备的条件和顾客的消费能力，盲目地抬高价格，这样顾客就会减少，直接影响经营。所以，应该用较合理的价格吸引顾客来消费，扩大营业收入，增加利润。

（3）建立健全的责任制，加强财产管理。康乐部设施设备的损坏、财产的损失，是一种直接的利润损失，建立健全责任制，减少损失、浪费，等于增加了康乐部的纯利润。

（4）合理使用资金，加快资金周转。加快资金周转，就能减少利息负担和其他开支，提高资金利润率。

（5）减少消耗，降低费用开支。在经营活动中，采取措施减少人力、物力、财力的消耗，可减少费用开支，获得最大的利润。

课堂讨论

从财务的角度讨论，如何提高康乐部的收益？

技能操作

将学生两两配对，分别扮演顾客及前台接待人员，向顾客介绍不同康乐项目的收费方式。

课后习题

1．康乐部财务管理的方法有哪些？
2．按结算方式分类，可以把康乐部营业收入分成哪几类？
3．举例说明康乐部成本费用的构成。
4．康乐部的利润构成有哪些？
5．如何考核康乐部的利润？

第十章　康乐部物资及设施设备管理

本章将主要介绍康乐部物资及设施设备管理。其中，康乐企业提供服务是以设施和设备为条件的。康乐设备一般由康乐部负责管理，设施一般由工程部负责管理。康乐设备的质量水平除了取决于采购环节外，还取决于包括保养维修在内的管理环节。所以，加强设备管理对康乐企业很重要。

- 了解康乐物资的种类。
- 熟悉康乐设施设备管理的任务。
- 了解康乐设施设备管理的特点。
- 掌握康乐设施设备管理的基本程序和方法。
- 了解康乐设施设备的维修方法。

章前导读

优质的网球场服务管理

一天，客人在网球场打完网球后，服务员小朗把客人带到总服务台退还所租用的网球设备，客人在退还的时候总服务台人员发现所租用的网球拍线断了，服务员小朗就告知了客人，按照酒店康乐部规定，客人租用的器具被损坏需照价赔偿。在服务员告知客人这个消息后，客人非但不承认，还说在租用的时候就是这样的。服务员小朗开始耐心地向客人解释，并把客人租用球拍的记录拿出来。当客人看到租用记录上确认球拍完好一栏自己的签字，也不再好说什么。服务员小朗马上说："球拍断线是小问题，酒店的赔偿价格是按照市价来制定的，不是太贵。"客人听后才放下心来，对自己损坏的球拍进行了赔偿。

问 题

从该案例中,你能得到什么启示?

案例分析

在康乐部租用物品时,服务员最重要的就是要细致,做好详细的登记,请客人确认物品完好后在租用物品记录单上签字。在客人损坏物品后也不要过于着急地让客人赔偿,应先向客人做耐心的解释,让客人知道这是酒店的明文规定。如果是一些很小的问题且可以修复,视情况可以免去客人的赔付。

第一节 康乐部物资管理

康乐部物资管理是康乐管理中的一项重要内容。康乐部日常使用的物资用品,多数是单件价值不高的生活用品,这些低值的消耗品需要量大,如果不加强控制和严格管理,必然会造成大量的浪费,给康乐经营管理和效益带来不利的影响。

一、康乐物资的种类

康乐物资是指康乐企业业务经营活动中所需要的各种物品,包括以下几大类。

1. 供应用品

供应用品属一次性消耗品,如卫生用品、化妆用品、文具用品。

2. 食品及其原料

食品及其原料包括水产品、干鲜果品、调味品、各种饮料及罐头制品、酒水类、食用油及食品原料。

3. 生活用品

生活用品包括顾客进行康乐活动时需要的布件或棉纺织品、运动鞋、吹风机、衣架等,这类物品属多次性消耗品。

4. 工具材料

工具材料包括康乐活动用具(如球杆、球拍、各种球)、清洁工具、五金工具、电料器材、水电暖配件、办公用品等。

生活用品

二、康乐物资的保管

在康乐物资的供应和需求之间常常存在着空间和时间上的分离,为保证物资供应和康乐经营活动的正常进行,就要做好康乐物资的保管工作。主要从以下几方面进行。

1. 做好康乐物资的验收

运到仓库的物资,在正式入库前,要按照一定的手续严格检查,查清所购进物资是否与订货要求相符合，包括数量、质量、品种、规格的检查验收。验收工作要做到准确、细致，确保入库物资准确、完整无损。

2. 做好康乐物资的仓库管理

物资的保管必须经过仓库管理这一环节。仓库管理要根据各种物资的不同性质、特点，对库存物资科学合理地存放、保管。物资的存放要便于检验、发放和盘点，且要合理利用仓库空间。可根据物资类别不同，合理规划各种类别物资的储存区域；根据物资不同性质及对环境适应性，做好仓库温度和湿度的控制调节。对于一些特殊原料，还要做好防腐、防虫蛀、防霉变等工作。

3. 做好康乐物资的发放

根据康乐企业经营活动的需要，仓库管理部门要及时、按质、按量地做好供应工作。物资发放要坚持凭单发放，先进先出，确保及时、合理发放。

4. 做好康乐物资的清仓盘点

物资管理人员应对库存物资进行定期或不定期的清查和盘点，及时掌握库存物资的变动情况，及时解决库存物资的不足或超储问题，并通过清仓盘点，检查康乐物资的账、卡、物是否相符。

知识链接

物资验收

三、康乐物资的领发

1. 领用物品计划或报告

根据规定，凡领用物品须提前若干天做出计划报告物资管理部门。这就要求在领发日之前，康乐部门人员应将本部门库房的消耗及现存情况统计出来，按康乐部库房规定的配备标准填好康乐物资申报表，报主管审批。

仓管员按照报来的计划将每天发货的顺序编排好，做好目录，准备好物品，便于领货部门的人员领取。

2. 发货与领货

各部门各单位领货一般要求确定专人负责，以便于沟通。领料员要填好领料单（含日期、名称、型号、规格、数量、单价、金额、用途）并签名，仓管员凭单发货。领料单一式三份，领料部门自留一份给部门负责人凭单验收；仓管员一份，凭单入账；会计一份，凭单记明细账。发货时仓管员要注意先进的物品先发，后进的后发。

第二节 康乐部设施设备管理

顾客到康乐场所来，要得到物质与精神上的享受，很大程度上依赖于完善的设施与设备。否则就没有服务质量，失去客源。康乐设施设备的管理水平将直接影响康乐部门的经济效益，管理好、使用好、维修好、改造更新康乐设施设备也是康乐部门经理不容忽视的问题。因此，熟练掌握康乐设施设备的基本性能，正确操作机器，了解设施设备管理的基本方法与程序，对于提高康乐产品质量、提高服务水平、延长设施使用寿命、提高经济效益有着十分重要的意义。

一、康乐设施设备的含义

康乐设施设备是指康乐部门所拥有的基础设施、机器设备装置等。主要包括以下内容。

1. 康乐设施

康乐设施包括建筑、装潢和家具等方面。例如，康乐场馆的外墙、屋顶、水池、道路、室内装饰、装潢（天花板、地毯、墙布、瓷砖、地砖、花岗岩、大理石、门窗、隔断、窗帘轨）、室内家具等。

2. 康乐设备

（1）饭店基础设备。如机械、电气设备及系统（输配电系统、上下水系统、空调系统、冷冻系统、通风系统、电子计算机系统、消防系统、音像系统、电话、电传传真通信系统、电梯、自动扶梯及升降机、各类清扫清洗设备等）。

（2）健身康体设备。健身器材包括踏步机、跑步机、划船器、综合多功能力量训练器；游泳池池水循环系统包括循环泵、过滤罐、池底吸尘器等；球类包括保龄球全自动红外线对焦计分系统、磁力置瓶机、球道系统、室内模拟高尔夫球场设备、电脑主机、高解像投影机、全方位红外线追踪系统、壁球、网球、台球等设备。

知识链接

康乐设施

📖 **知识链接**　健身器材挑选建议

首先，明确多功能健身产品的使用效果。应该具备一两种功能的产品，如想锻炼臂部肌肉就选臂力器，想锻炼腰腹部和腿部就选健骑机或健腹轮等。至于想进行全身性、综合性的锻炼，除了选择去专业健身房，可以辅助有规律的室外器械锻炼。

其次，考虑居住环境与居住条件。一个适合自己家庭氛围和居住条件的器材，才会提升生活品质。一般来说，单一功能的健身器占地较小，一些功能比较多的健身器在家中使用时，有些功能由于空间的限制，并不能真正发挥作用；而且如果占地过大，每次使用都需要安装或者搬动，也会大大降低健身的热情。

第三，价格适中。不要盲目崇拜国外产品，国内企业生产的产品，价格相对较低，种类较多，这些产品的功能也是完全可以满足锻炼的需要，而且由于加入了一些本土化的元素，有些功能甚至是国外健身器材所缺乏的。

第四，售后服务要注重。购买健身器时也要像买其他产品相同，不要忽视售后服

> 务的问题，特别是零部件较多的健身器，更要问清楚售后服务的具体办法，国外产品要问清是否有维修点。

（3）消闲康体设备。桑拿干/湿蒸房系统、蒸汽炉、全自动恒温器、按摩浴池循环系统、自动过滤砂缸、水泵连隔发器、全自动池水消毒器、空气泵、加热及制冷系统、热水发生器或水冷（风冷）制冷机组件、按摩喷射龙头、池底灯连低压变压器等。

（4）娱乐设备。卡拉OK音响、舞厅音响、音像、灯光系统、CD机、LD机、VCD机、功放器、调音台、棋牌室（自动洗牌机）、形式各样的灯具等。

（5）美容美发设备。焗油机、吹风机、电剪、电动转椅、奥桑蒸汽机、高频率仪、蜡疗机、综合美容仪、纹眉机等。

除此之外，接待服务时的服务车、行李车、冰箱、果汁机、制冰机，打扫卫生时用的吸尘器、地毯机，管理及办公设备等，均属于设施设备管理内的范畴。

二、康乐设施设备管理的作用

1. 能有效地提高服务质量

康乐企业是以出售设备的使用权和服务人员的劳务为主要经营方式的企业。科学、先进的管理能使设施设备完好、正常、安全地运行，并保证其完美性和豪华性，为顾客提供舒适、享受、安全的康乐活动环境。这对创设良好的康乐消费条件、提高康乐服务质量是至关重要的。

2. 能促进企业经济效益的增长

一方面，康乐企业的收费水平，是建立在相应的设备条件和劳务条件之上的。只有提供完好的设施设备和令人满意的劳务，才能保持较高的收费水平，从增加收入方面促进企业经济效益的增长。

另一方面，设备维修费用是康乐企业的一项重要支出。做好设备管理工作，可以节约设备维修费用支出，降低营业成本，增加利润，从减少支出方面促进企业经济效益的增长。

3. 能树立企业良好的形象

豪华、舒适的康乐活动环境，完好、安全的康乐活动设施设备，是正常进行康乐消费的基础。康乐部活动环境不好、设备运转不正常等，将直接影响康乐部的声誉、形象。通过科学的管理，维护好设施设备，保证顾客舒适、安全地进行康乐活动，才能保证客源，树立起良好的企业形象。

三、康乐设施设备管理的任务及特点

（一）康乐设施设备管理的任务

1. 合理配置设施设备

康乐设施设备的配置应和饭店或度假村的等级、规模以及接待对象相适应。康乐部的设施设备在运行中是受价值规律支配的，设备的使用性能、科技含量、完好程度是决定企业等级的主要指标之一，等级越高，设备越豪华、先进，接待对象的消费水平也越高。因此，要根据企业的等级规模、目标市场的需求、实际支付能力及企业业务经营的需要，在分析了所需设施设备的数量、性能、豪华程度和实用价值的基础上，再进行选择、配置。

2. 保证设施设备正常运行

由于康乐设备种类多、数量大、涉及面广，其管理的工作量也较大，管理的方法应该比较科学。一般采用分级管理、分工协作、专人负责的方法。康乐企业要建立科学的管理体系，制定完善的管理制度，培养优秀的服务和维修人员，以保证设备在营业时间内能正常运行。

3. 制定科学的保养维修制度

康乐设施设备的保养和维修是保障其正常运行、延长其使用寿命的重要环节，应该引起管理人员的重视。在管理中，还应该制定相应的制度。制度的内容主要应包括：要求设备管理人员加强责任心，经常对设备进行检查，及时发现和解决出现的问题；提倡钻研精神，熟悉设备的性能、特点、使用方法、操作规程；制定出小修、中修、大修的计划并规定具体的时间安排。通过制度管理，促进员工做好设备保养维修工作，为康乐经营的正常进行提供良好的物质条件。

4. 加强对康乐设施设备的更新改造

随着社会的进步与发展，人们对健康娱乐的要求、方式不断提高和更新。为了保证康乐项目能适应目标市场的要求，提高市场竞争力，必须不断地对原有设施设备进行更新改造，追求康乐设施设备的先进性、时代性，适应人们的康乐消费要求。

（二）康乐设施设备管理的特点

1. 要求管理效率高

有些康乐设备属于易损设备，例如保龄球的公用球、台球的球杆和台呢等。因为使用频率高，损耗较快，而且往往是在使用当中出现故障，所以及时维修或更换便要求管理效率要高。有些设备虽然不是易损设备，但由于长期运行，随着累计使用时间的延长，其损坏的概率越来越大，而且这类设备修理难度也比较大，例如保龄球的球瓶复位系统、台球桌的石板部分、桑拿浴室的水处理系统等。但这类故障应该尽快排除，更要求管理效率要高。

2. 损耗大，更新周期短

康乐企业的设备在经营过程中的损耗有两种情况：一是有形磨损，即在使用时造成的机械磨损；二是无形磨损，即经过一定时间经营，有些设备已经陈旧过时，其使用价值已经降低。上述两种损耗达到一定程度时，设备就应当更新。康乐设备的更新周期比较短，这就要求管理者随时分析设备的投入产出率，及时更新那些磨损严重、投入产出率低的设备。

3. 管理和维修涉及面广

一方面，康乐设备的种类多、数量大，各类设备的使用方法又有很大差别，设备及其零件的更换频率比较高；设备生产和使用所涉及的技术门类比较多，包括机械原理、自动控制、电子线路、计算机技术、电视技术、音响技术等，所涉及的知识面比较广，因此需要较多的、有较丰富相关知识的技术人才来管理和维修。另一方面，康乐设备使用于经营活动的全过程，设备管理和维修随之贯穿于经营活动的始终。

四、康乐设施设备管理的基本程序和方法

（一）康乐设施设备管理的基本程序

康乐企业的设施设备管理与其他企业的设施设备管理一样，按管理中的不同阶段可分为四个基本程序。

1. 设备的更新规划

设备的更新规划是指从设备更新的计划、决策、选型、订购到日常管理的运行程序。具体包括：

（1）制订设备更新计划。

（2）申报、审批。

（3）收集资料，选定型号。

（4）联系商家，订购设备。

（5）设备到货，入库保管。

（6）安装调试。

（7）办理设备的移交、入账和建档手续。

（8）进行使用方法的培训。

（9）日常管理。

2. 设备的定期检修

设备的定期检修具体包括：

（1）一级保养。

（2）二级保养。

（3）设备大修，包括局部大修。

3. 设备的技术改造程序

（1）收集在设备使用中所发现的结构、配套、安装等方面不适应经营需要的问题。

（2）召集由管理人员、使用人员、工程技术人员参加的设备改造研讨会，制订设备改造方案。

（3）设备改造施工。

定期检修

> **知识链接** 技术改造的基本原则
>
> （1）坚持以技术进步为前提，以内涵扩大再生产为主的原则。
>
> （2）从实际出发，采用既适合企业实际情况，又能带来良好经济效益的技术方案。
>
> （3）在提高经济效益的前提下，实行技术改造，扩大生产能力。
>
> （4）资金节约原则。针对企业的薄弱环节改造，把有限的资金用在最急需的地方。
>
> （5）全员参与原则。调动各方面的积极性，参与到企业的技术改造当中。

4. 设备的报废程序

（1）制订设备报废的原则。

①国家指定的淘汰产品；

②超过使用期限，损坏严重、修理费用昂贵的设备；

③受自然灾害或事故损坏，而修理费接近或超过原设备价值的设备；

④虽能运转，但有严重隐患，而修理费用昂贵的设备；

⑤无法修复的设备。

（2）办理设备报废手续。

①使用部门提出报废申请；

②由工程部会同有关部门进行技术鉴定和确认；

③价值较大的设备，报请总经理审批；

④将设备移出经营场地，到固定资产管理组办理销账手续。

（二）康乐设施设备管理的方法

康乐企业的现代化设施设备是实现康乐企业豪华、舒适和一流服务的保证。要管理好现代化设施设备，除了需要拥有较高专门技术、技能的工程技术人员和技术工人外，还必须有一套严格的、科学的检修、保养计划及细致周全的岗位责任制。设备的正确使用和维修保养，是保证设备完好的两个不可忽视的环节，也就是说，要科学管理企业的设备，仅仅靠工程部门检修和保养是不够的，还必须制定相应的操作规程和管理制度。工程部的职能首先是管理，其次才是检修。工程部必须制定人为损坏设备的经济责任制和合理的检修程序，对重要设备的使用，还应制定严格的设备交接班制度。

康乐企业的设施设备管理方法主要包括以下几个方面。

1. 建立设备技术档案，做好分类编号

康乐企业的设备种类多，使用范围广，更新周期各不相同，为了便于统一管理，降低物化劳动消耗，各种设备采购、配置完成后，要由工程技术人员和财务人员共同建立设备技术档案，做好分类编号工作。这样，财务人员负责设备使用过程中的经济技术评价，工程技术人员负责维修保养，才能管好、用好设备。

分类编号的方法一般要按设备类型分类，单项同类设备分级，同时区别不同的使用部门，采用三节编码法：第一节表示设备种类，第二节表示使用部门，第三节表示设备编号。例如，康乐企业娱乐部的电视机编号可以表示为D3-3-31，其中，D表示电器类，前面3表示电视机级，中间3表示娱乐部门，31表示设备号码。在分类编号的基础上，建立设备技术档案，将设备的品种、名称、数量、价值、使用部门和使用技术说明等技术资料统一分类归档，这就为管好、用好设备提供了基础数据。

2. 分类归口，制定维修保养规程，执行岗位责任制

各种设备在建立技术档案以后，要按部门分级，按种类归口，划片包干，将设备日常管理和使用层层落实，直到班组和个人；同时要制定各种设备的维修保养规程，建立维修保养制度，使用部门负责日常维护，工程技术人员负责日常维修保养，财务人员检查使用效果。各种设备落实到班组和个人后，要执行岗位经济责任制，才能始终保持设备完好，保证顾客需要和业务活动的正常开展。

3. 考虑设备使用效果，提高设备利用率

康乐企业的设备管理状况与设备技术性能发挥得如何，对业务经营活动的开展与企业经营效益有着十分重要的影响。因此，必须随时考核设备管理状况和使用效果，其主要考核内容有：

（1）设备完好率。康乐企业设备都是直接或间接为顾客服务的，各种设备必须随时处于完好状态。因此，可以采用设备完好率来考核工程技术人员对设备管理的好坏。假设在用设备的总台数为 Q，完好设备的总台数为 X，则设备完好率 R 的计算公式为

$$R = X/Q \times 100\%$$

设备完好率的最佳值是1，但是保持最佳值是很难的，因此，设备完好率应该趋向于1；当完好率明显小于1时，就需要加强维修管理，以保证正常营业。

（2）维修的经济性。设备在使用过程中每年都需要支付一定的维修费用，在一定的经营条件下，维修费用越低，说明设备保养越好，管理效果越好。康乐企业设备维修的经济性可以用年度百元营业额维修费用率来考核，如果年度设备维修费用为 X，营业收入为 P，则年度百元营业额的设备维修费用率 Q 的计算公式为

$$Q = X/P \times 100\%$$

（3）设备有效工作度。设备有效工作度是以时间为单位考核设备管理好坏的，主要用于考核生产性设备。假设某种设备应该工作的时间为 T，因损坏维修而不能工作的时间为 t，则设备有效工作度 Q 的计算公式为

$$Q = T/(T+t)$$

康乐企业的设备管理越完善，有效工作时间就越长，设备有效工作度就越强。

五、康乐设施设备的保养与维修

康乐设备的保养与维修是设备管理的重要组成部分，它直接决定着设备的完好率和使用寿命，也影响到企业的经营成本和整体经济效益。因此，康乐部的管理者要重视设备的保养与维修。

（一）康乐设施设备的维护保养

康乐部的康乐设备在运转使用过程中，会由于经营环境中的尘土、空气中的各种化学成分、设备运转中的相对运动，使设施设备的外观变得陈旧，机械产生磨损、松动或变形，使设备运转状态变差。这就要求管理人员对设备进行有计划的清洁、润滑、检查、调整等工作，即设施设备的维护保养；通过制度来明确规定由何人在何时负责对设备进行何种程序的保养，要求达到什么目的；规定企业在一段时间内必须用于设备保养的资金数量。只有这样，才能使设施设备长期保持良好的工作运转状态。设施设备的维护保养一般分为日常维护保养和定期维护保养。

1. 设备日常维护保养

康乐设备的日常维护保养工作由专业服务人员负责实施。按照工程部的有关操作规定

和保养标准，在每天的服务工作中，对所管的设备进行规范的清洁、润滑、检查和必要的调整工作。一般的维护保养程序是：

（1）班前维护保养。

①检查电器控制装置和各设备的安全保护装置，保证其安全可靠；

②擦拭设备，保持清洁，保证各操纵机构正常良好，对运转滑动的部件，应检查润滑情况，并注意无油污滴漏；

③认真阅读上一班的交接记录。

（2）运行中的维护保养。

①严格按操作规程进行操作；

②精神集中，工作认真，注意观察设备运转情况和仪表数据；

③禁止设备带故障工作，如有故障应立即停机检查，及时排除故障，并做好设备故障原因记录。

（3）班后维护保养。

①做好场地的整理和设备的保洁工作；

②保证各设施设备及其相关系统完好无损，非连班运转的设备应按规范要求回复到设定位置，并切断电源；

③认真填写设备运行记录和交班记录。

2. 设备定期维护保养

定期维护保养是在日常维护保养的基础上，在设备运行了一段时间后对设备从更深层次上进行的保养，以便减少设备磨损，消除事故隐患，保证设备长期正常运行。定期维护保养一般由专业工程人员会同服务人员一起实施，对康乐部各设施设备进行定时间、定对象、定内容、定方法、定标准的维护保养。定期维护保养的时间间隔长短根据设备的不同而定，一般可分为月保养、季保养、年保养等。定期维护保养的主要内容为：

保养

（1）彻底清洁、检查设施设备及其内部的管道；

（2）清洁设备的电机、接触器、继电器等处的积尘，并检查各电器线路，保证各处线路连接完好、无松动；

（3）彻底检查设施设备运转情况，给各机械传动装置添加润滑油或润滑脂，调整机械部件间隙，必要时更换磨损、老化零配件；

（4）对调整、更换零部件要逐一进行记录，并由主管人员检查验收定期保养结果。

（二）康乐设施设备的维修

设施设备的修理和维护保养，是不能互相代替的两项工作，两者的工作内容不同，要达到的目的也不同。修理主要是修复和更换已经磨损或锈蚀的零部件，维护保养则是处理设施设备在运转过程中随时发生的技术状况的变化，如脏、松、缺等。设备运行中，即使设施设备的保养工作完全按规定、计划进行，各种设施设备的自然消耗磨损仍然会不可避免地产生。自然的侵蚀、不规范的使用和各种意外，都会使设施设备在运转过程中发生各种故障，使其不能正常工作。要使其恢复正常功能和运转，就必须对磨损部位进行修复，更换失效的零部件，并调整各部件之间的连接关系，使之协调。这种技术活动就是设施设备的维修。在康乐部中，设施设备的修理可按确定修理日期和修理内容的复杂程度进行分类。

1. 按确定修理日期分类修理

（1）标准修理法。标准修理法又称强制修理法或主动修理法。这种方法是根据设备零件的使用寿命，在修理计划中明确规定修理日期和调整、更换零部件等修理内容。设备在经过规定的一段运行时间后，不管零部件的实际磨损及运转情况如何，根据标准工艺要求，都要进行强制修理，零件也须强制更换。

标准修理法的优点是便于在修理前做好准备工作，组织工作简化，停机时间短；缺点是需要经常检测零件的磨损情况，修理费用大。

这种方法一般适用于必须严格保证安全运转和特别重要的设备的修理，如大型室外设备、桑拿设备、按摩设备、水处理设备等。随着检测手段的不断进步，这种方法有不断扩大应用的趋势。

（2）日常检修法。康乐设备在运行过程中，零部件的磨损都有一个从量变到质变的过程，故障的产生一般是先有苗头的。康乐部的专业维修人员，在设备运行过程中应当经常巡查检测，即时发现、解决问题和消除事故隐患。

日常检修法的优点是对保证设备的安全运行、防止事故的发生能起到很好的作用，而且所需要的工作量也相对较少。适用于一般设备的修理，如台球设备、网球设备等。

（3）即时修理法。即时修理法是指设备发生故障，不能正常工作或完全停止运转后而进行的修理。康乐设备发生故障是很难避免的，故障发生后应当及时查清产生故障的原因并尽快修复。修理工作结束后，必须认真填写修理记录表单，同时，应由管理人员对修理工作进行检查、验收。

这种修理方法虽然是一种被动的方法，但在现实中却是一种经常使用的方法，也确实能解决一些问题。但是这种被动修理法不如前两种主动修理法的效果明显，因此，如果能用主动修理的方法解决问题时，尽量不采用这种被动方法。

2. 按修理内容的复杂程度分类修理

（1）部件修理法。即将需要修理的部件拆下来，换上事先准备好的部件。这种方法可以明显缩短停机时间，但需要储备一定数量的部件用于更换，占用一些资金。因此，这种方法适用于那些具有一定数量同类设备的康乐企业或部门，也适用于修理一些虽然数量不多但属于关键性的设备。

（2）局部修理法。即将整体设备划分成几个独立的部分，按顺序修理，每次只修理其中的一部分。这种方法的优点是可以把修理的工作量化整为零，以便利用较分散的时间，从而提高工效和设备利用率。它适用于具有一系列构造上相对独立的设备或修理时间比较长的设备。

（3）同步修理法。这是将若干台在功能上相互紧密联系而需要修理的设备，安排在同一时间段内修理，以减少分散修理所耗费的时间。这种方法常用于配套设备的修理，如保龄球的自动记分系统、回球系统、升瓶系统、置瓶系统，其中哪个系统出了故障，都会影响整条球道的运行。

 知识链接 鱼骨图形分析法

　　鱼骨图形分析法简称鱼骨图，又名因果图，是一种发现问题"根本原因"的分析方法，如图10-1所示。
　　顾名思义，鱼骨图有些像鱼骨的形状，应用时将某项事务的问题或缺陷标在鱼头（箭头）外，将按出现概率罗列出的产生问题的原因标在鱼骨部位，再根据图形由大到小逐一查找原因和解决问题。

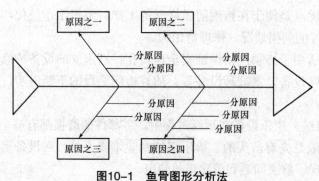

图10-1　鱼骨图形分析法

　　应重点从哪几个方面着手对康乐部物资进行有效管理？

　　组织学生到康乐部不同项目室进行实践，如何清洁、保养及维修康乐设备？

1. 康乐物资的保管需要进行哪些方面的工作？
2. 康乐设施设备管理的作用有哪些？
3. 康乐设施设备管理的基本方法有哪些？
4. 如何进行康乐设备的保养？
5. 简述按确定日期分类的修理方法和按修理内容复杂程度分类的修理方法。

第七章　康乐服务质量管理

本章导读

➲ 随着社会的进步，康乐项目的设施规模不断扩大，项目种类越来越多，康乐经营管理中的安全工作也越来越重要。作为康乐部的管理者，不仅要加强安全意识，而且要学习和掌握安全防护知识。

学习目标

➲ 了解康乐部安全管理事故产生的原因。
➲ 掌握康乐部安全管理的任务和目标。
➲ 掌握康乐部安全管理事故预防的方法。
➲ 掌握康乐部安全事故的处理措施。
➲ 熟悉康乐部卫生安全管理。

圣诞狂欢夜的急救

2009年12月24日，某地某四星级酒店夜总会迎来了一年一度的圣诞狂欢夜，除了准备精美的装饰和礼物外，酒店还聘请了当地颇有名气的演出队登台献艺，一切正如火如荼地展开。正当全场气氛达到高潮时，突然意外发生，一位酒店常住顾客——56岁的台商林先生突然手捂胸口倒于舞池中，引起周围一片惊呼声。据其朋友提供，他曾有心脏病，可能是剧烈的活动引发所致，此时，离他最近的服务员立即采取相关的急救措施，对其进行抢救。

> **问题**
> 当康乐部发生类似的意外事故时，工作人员应如何应对？

> **案例分析**
> 康乐工作人员遇到此类事故时，首先应做到镇静、处事不惊，尽量控制现场客人的情绪，并迅速向上级主管人员反映。面对意外事故的具体类型，准备相应的处理措施对意外事故进行处理。总之，总的处理原则是尽量保证客人的生命财产安全，同时尽量减少康乐部的损失。

第一节　康乐部安全管理事故的发生

康乐部安全管理事故发生的原因主要有四个方面，即设施设备质量方面的原因、设施设备维修保养方面的原因、顾客在使用设备设施方面的原因、康乐部在管理和提供服务方面的原因。

一、设施设备质量欠佳

1. 大型游乐设备的质量问题

据了解，目前全国有200多家大、中型游乐设施生产厂家，但只有约70家取得了生产合格证，许多企业不具备生产条件却在进行无证生产。2005年国家技术监督局、建设部等六个部门联合组织了对全国大型游乐设施的大检查。检查结果表明，当前正在使用的游乐设备大部分存在着老化、陈旧的问题，另外还有很多设备属于无证产品和自制产品，存在着设计和配置不合理的现象，这些问题都影响着设备的安全运行。前几年，北京某游乐场的观光摩天轮就发生过因电器发热起火而烧死游客的事故。国外的游乐场也时有安全事故发生。从上面的现象可以分析出，由游乐设备而造成的事故中，恶性事故所占的比例较高。因此，大型游乐设备的质量一定要严格控制好。

2. 室内游艺设备的质量问题

存在质量问题和安全隐患的游艺设备多来自无生产许可证的生产厂家，这类厂家往往为追求利润和产量而轻视安全质量，致使产品存在安全隐患。这类产品的安全隐患主要有两方面：一方面是电器绝缘性能太差，并且电源线不带保护地线，这样的设备很容易发生漏电事故；另一方面是一些设备的外观非常粗糙，棱角处的装饰条和螺钉等有毛刺或尖锐锋利面，很容易划伤顾客。

3. 游泳池设施的质量问题

游泳池池底、池壁、地面和墙面多用瓷砖铺成，瓷砖质量和施工质量如不严格控制就可能引发安全事故。瓷砖的棱角处如果太尖锐，就很容易划伤顾客，特别是人的皮肤经水浸泡后更容易被划伤。另外，地面瓷砖应采用具有较强防滑性能的，这样才能有效防止事故的发生。

4. 水滑梯的质量问题

近些年来，各地相继建起了一些戏水乐园。水滑梯是戏水乐园的主要设施之一，但是水滑梯的质量却不尽如人意，并曾造成过一些伤害事故。例如沈阳某戏水乐园开业初期就曾发生过因水滑梯设计施工问题而造成的伤害事故：该戏水乐园的水沿梯出口端的角度过陡，坐滑梯的顾客下滑速度非常快，由于惯性大，滑出的距离较远，而出口处的溅落池却较小，有的顾客滑入溅落池后撞到池壁上，发生了撞伤的事故。

另外，有的水滑梯的设计者为追求刺激，把滑梯拐弯半径设计得较小，使坐滑梯的顾客感受到较强的离心力的作用。根据运动原理，人在滑梯中会被离心力"悠"起来，在滑梯壁上滑动，而滑梯壁上出于没有水流润滑和散热，这种"干磨"会产生较多的热量，因而顾客的皮肤往往被烫伤或泳装被烫坏。

水滑梯安全质量

二、设施设备维修保养不到位

1. 台球厅保养不当造成的安全事故

一般情况下，台球厅环境幽雅、设施豪华，打球人员无剧烈动作，不容易出现伤害事故。但是如果保养维修不当也难免造成事故。北京某高档康乐场所台球厅的球台是从外国进口的高档球台，这种球台的袋口是用铜条嵌入木框而形成的，由于保养不当，袋口铜条的一端脱落，导致一位顾客的高档西裤被划破。

2. 保龄球馆保养维修不当引发的安全事故

保龄球设备每天都需要认真保养，否则容易发生故障，引发事故。按照规定，保龄球道应该每天除尘、打磨、涂油。涂油的区域和油膜的厚度都应按规定要求操作，但在发球区和发球区近端，球道是不应涂油的。可是有的保养人员操作随意，在转换球道时将油拖布或落油机很随意地从发球区拖过去，使发球区沾染上球道油，这样当打球的顾客踩上去时，就很容易滑倒摔伤，有的球馆就曾因此摔伤顾客，造成骨折。

另外，保龄球的球体在长期使用过程中会出现破损，如不及时维修或淘汰，也可能引发安全事故。特别是指孔边缘如果碎裂，会出现较锋利的碴口，很容易划伤顾者的手指。

3. 游泳池和戏水乐园的安全事故

游泳池和戏水场所的保养维修工作也非常重要。水池四周的地面应保持清洁，否则细菌很容易繁殖，水藻、青苔也容易生长，地面因而很滑，顾客容易滑倒摔伤。

水质的保洁也很重要，否则水的透明度就会变差，而服务人员可能看不清水下发生的事故。某游泳池的潜水区就曾发生过因水浑而未能及时发现水下溺水者，因而造成溺亡事故。

其他设备的保养也很重要，例如戏水池的回水口。一般戏水池因有鼓浪等戏水形式，所以不会将回水口设在池边岸上，而是装在较浅处的水面下。当游泳池开放多次以后，人们脱落的毛发就容易堵住回水口，如不及时清理，就会出现不良后果：一是回水量减少，水质的清洁度降低；二是容易引发安全事故。某戏水乐园规模较大，因而回水量也较大。由于毛发堵塞了回水口，回水功率又较大，回水的负压很大，一位游泳的顾客无意间在回水口用臀部靠了一下，这就给本来负压很大的回水口子增加了一个外力，不耐腐蚀的塑料回水口一下子粉碎了，这位顾客也像拔罐子一样被回水口吸住。当其他人将其救起时，他因伤重已无法自由活动。此事虽是偶然事故，但原因确是保养不善。

三、顾客使用方法和活动方式不当

1. 准备活动不充分

有很多康乐项目是由运动项目转化来的，有些活动比较剧烈，因此在进行这些运动之前，应当先做好预备活动，否则就可能出现安全事故。例如游泳前如果没做好准备活动，就容易出现抽筋；在进行健身锻炼、保龄球运动、网球和壁球运动前，如果没做好准备活动，就容易出现扭伤和拉伤。

2. 身体情况欠佳

顾客在身体情况欠佳时，应当注意不要参与危险性和刺激性强的项目，也不要参加较剧烈的运动，例如酗酒后游泳或戏水就很危险。某戏水乐园就曾发生过一位顾客酗酒后坐水滑梯，结果被自己的呕吐物呛死的恶性安全事故。患有心血管病、脑血管病的顾客不宜参与过山车之类的强刺激项目，否则容易使病情加重，严重的甚至会由于病情突然恶化而猝死。身体状况不好时也不宜较长时间地洗桑拿，否则会引起严重的后果。

3. 技术水平欠佳

有的顾客的运动水平欠佳，因而动作协调性、运动持久性都很有限，在这种情况下，出现安全事故的概率就相对大一些；再加上人们在康乐场所的环境里都比较兴奋，往往忽视安全，出现安全事故的概率进一步加大。例如在保龄球场，有些顾客由于动作很不协调，又用力过猛，而经常滑倒，其中个别的可能会摔伤；在游泳池和戏水乐园，往往会发生溺水事故，严重的甚至溺水而亡，而发生溺水事故的多数是游泳技术不好的人，也有的是在发生意外时，例如肌肉痉挛（俗称抽筋），因不会自己解脱所致。

第二节 康乐部安全管理的任务和目标

一、保证顾客的人身和财产安全是康乐安全工作的首要任务

在康乐消费的场所及活动区域，要安装先进的安全设施、设备。与此同时，康乐中心还要让顾客在心理上获得安全感，使顾客的合法权益得到保障。心理安全感，是

指顾客到康乐中心进行消费时对环境、设施和服务的信任感。有时虽然顾客的人身和财产并未受到伤害和损失，但顾客却受到不安全的威胁，存在一种恐慌心理，比如健身设施、设备安装不合理或不牢固，电器设备有漏电现象，地面光滑易摔倒，舞厅有人起哄等。

二、做好安全管理的组织工作，保证业务经营活动的顺利开展

在安全管理的组织工作上，首先，要配备必要的保安人员，包括值班人员、巡逻人员、安全检查人员等，分工负责，加强巡逻保卫。其次，要制定安全措施，包括设备、设施安全措施，消防措施，安全事故的处理措施等，使安全工作管理有客观依据。再次，要发动全体员工做好安全工作，各部门、各班组要配备安全员，调动广大员工的积极性，及时发现事故苗头和事故隐患，保证顾客人身及财产安全。最后，在安全管理的组织工作中，要加强内紧外松的原则，加强安全教育。

三、加强设施设备的技术管理，保证安全

安全管理和设备管理及技术管理的关系十分密切，一些安全事故，特别是重大事故常常是由物质或技术设备管理不善引起的，如电器设备、煤气设备、易燃和易爆物品管理不善等。因此，安全部门要和工程部门密切配合，提出安全措施和要求，工程部要严格遵守技术操作规程，加强物资设备的技术管理。比如，变压器和各种电器设备、煤气设备等要随时检查线路，防止超负荷使用，保证设施安全。

四、做好消防检查和维修工作，预防火灾事故

康乐部内的各种电器设备和生活用品很多，管理不善则容易发生火灾。饭店必须配有防火消防设备，如灭火器、水龙头、烟感器、自动喷淋系统、安全通道、监控系统等，安全管理必须切实做好这些设备、设施的消防检查和维修工作，根据不同要求，要坚持专人负责。随时检查它们的位置摆放是否合理，有无损坏、失效，取用是否方便等。注意平时的维修工作，消除火灾隐患。

五、加强食品卫生管理，预防食物中毒和疾病传染

加强食品卫生管理，预防食物中毒和疾病传染是康乐安全管理的重要任务。这就要求饭店康乐部制定食品卫生管理措施，加强食品卫生检查工作，建立责任制度，只有这样，才能保证食品卫生安全，才能预防食物中毒和疾病传染等事件发生。一旦发生事故，餐饮部和安全部要密切配合，及时抢救病人和查明原因，分清责任，总结经验教训。

第三节 康乐部安全事故的预防

旅游饭店或康乐场所安全事故的预防工作显得尤其重要。预防工作做好了，可以减少很多事故及其所带来的麻烦和损失，从而降低营业成本，这对企业是十分必要的。

一、增强安全意识，加强安全管理

1. 加强对管理和服务人员的安全培训，强调以预防为主的安全管理原则

康乐部的全体工作人员都应该强调以预防为主的安全管理原则和安全服务意识。提高安全服务意识的手段之一是培训。通过培训，使服务员认识到安全服务的重要性，认识到安全服务给企业、顾客、服务员带来的益处，提高服务员贯彻以预防为主的安全管理原则的自觉性；通过培训，使服务员认识并熟悉安全管理制度，并且提高处理安全事故的能力。培训的内容应涉及设备安全、人员安全、消防安全、治安安全等方面。

2. 加强对顾客的疏导服务

安全管理涉及的重点场所和重点部位，特别是对社会开放的公共康乐场所，由于顾客流量较大，有时会出现拥挤现象，容易发生安全事故，如挤伤、踩伤等。另外，人多拥挤也给小偷作案提供了方便。这时，管理和服务人员就应该特别注意加强疏导服务，维持好现场的秩序，以防止发生伤害或失窃事故。

在一般情况下，人们到危险的地方时会非常谨慎，但也有例外。例如，让一个游泳不熟练的人独自到深水区去游泳，他会有恐惧感。但当浅水区几乎没有人，而深水区人又很多时，那个不太会游泳的人也会想到不妨到深水区玩耍，他的恐惧感由此减少。其实，危险因素对他来说一点也没有减少。反而由于人较多，个别人出了事却不容易被岸上的救护员发现，增加了危险。这种时候，服务人员就更应该注意疏导和提示，以减少出事故的可能性。

在康乐部的安全管理中，还应该注意总结经验、摸索规律，找出容易发生安全事故的地点和时间，以便及时发现引发事故的起端，采取相应防范措施，防患于未然。某戏水乐园总结出容易引发溺水事故的13种现象，并用于提示服务员，对防止溺水事故的发生起到了很好的作用。这13种现象如下：

（1）坐水滑梯者落入溅落池后站立不起来；
（2）游泳技能较差的人误游到深水区；
（3）鼓浪时惊慌失措者；
（4）恋人相拥在水中；
（5）大人背着小孩游泳；
（6）小孩独自游泳或独自在泳圈中漂流；

（7）老年人独自游泳；

（8）在水中忘情地嬉戏打闹者；

（9）体质较弱者独自游泳；

（10）随便跳水者；

（11）仰卧在大型泳圈里的成人漂流者；

（12）较长时间潜泳者；

（13）鼓浪时仍坐在浅水平台的老人和儿童。

对于这些现象，救护员应采取主动式服务，即主动提示顾客防止发生危险，注意游泳安全，或将其引导到安全地带。

3. 加强与饭店安保部、公安、消防部门的合作

安保部是大型饭店或康乐企业专门负责安全保卫的职能部门。安保部全面负责安全保卫工作，包括营业场所的治安管理、企业的财产安全管理和消防安全管理。安保部的工作与康乐部的工作有密切联系，康乐部为顾客提供服务的过程中需要安保部的协作与配合，在预防和处理安全事故或消防事故时应接受安保部的指导与帮助，以便共同为顾客提供安全的服务。

公安部门和消防安全部门是政府的执法部门，是制定治安管理制度和消防安全管理制度的权威机关。在检查治安保卫工作和消防安全工作及处理相关事故的工作中具有权威性，拥有执法权。康乐部在经营工作中经常与公安部门和消防部门发生联系，接受监督、检查、指导，这对维持正常营业秩序、做好经营工作具有非常重要的意义。特别是游泳场馆和歌厅、舞厅，更要做好与公安机关的合作。

二、建立完善的安全制度和安全管理体系

康乐部安全管理工作贯穿于康乐接待服务过程的始终，是一项复杂、持久、专业性很强的工作，没有安全，一切服务和生产就无从谈起。康乐企业在实行安全责任管理的同时，应当制定出一整套的安全管理制度，才能保证康乐活动的顺利进行。这些安全管理制度包括：

知识链接

安全管理

1. 门卫管理制度

康乐企业是为消费者提供各种康乐服务项目的公共场所，既要欢迎每位顾客，又要防止不良分子进入康乐场所。因此，康乐企业必须把各入口的安全工作做好。具体措施可以在入口设置安全门卫或闭路电视监视设备。

2. 访客管理制度

为维护康乐企业的治安秩序，保障顾客的安全，对来访人员必须进行来访登记。一般在服务台设访客登记岗，由台班服务员负责来访登记工作。

3. 巡逻管理制度

以保安人员为主、服务员为辅组成巡逻小组，不间断地在康乐场所进行巡逻，注意检

查以下内容：
(1) 康乐场所内是否有闲杂人员；
(2) 烟火隐患及消防器材是否正常；
(3) 门窗是否已上锁或损坏；
(4) 房内是否有异常声响及其他情况；
(5) 设备、设施损坏情况是否处理。

4. 顾客行李物品安全保管制度

寄存及发放行李应遵循规定的程序进行，如给每个寄存的行李挂上寄存牌，发给顾客领取凭证；顾客领取时，核对行李牌号，并收回凭证。对于贵重物品，必须严格存取手续，并设有保险柜来存放。

5. 顾客遗留物品保管制度

凡在康乐公共场所内拾到的一切无主物品，均视为遗留物品。任何人拾到，必须马上登记好拾者、日期、时间、物品等内容，上交有关部门，由有关部门登记造册，统一存放，私留遗留物品的作为盗窃处理。

6. 交班制度

各当班人员须填写交班簿（表），认真填好各项内容，签上自己的姓名、交班时间，以书面内容为准。

7. 要害部门安全检查制度

康乐企业的要害部门，如锅炉房、配电间等，应根据有关部门的规定，制定相应的安全操作标准，制定定期检查及维修制度；工程设备部门应严格按照安全标准，进行检查及维修，确保使用安全。

8. 员工安全工作制度

员工在康乐场所工作的安全也是康乐企业安全管理的主要内容。康乐企业应结合各个工作岗位的工作特点，制定出员工安全操作标准及各种保护手段和预防措施。另外，在工作中应提倡员工之间的互相配合，即工种与工种之间、上下程序之间，都应考虑到对方的安全。

9. 治安事件报案制度

当遇有行凶、抢劫、团伙斗殴事件，发现爆炸可疑物品或发生爆炸及其他突发性事件时，要立刻通知保安部和上级，或按报警铃，并做好记录（案发地点、时间、过程），保护好现场，提供线索，填写报案表。

10. 火警火灾报案制度

发现火警，楼层服务员立即报告消防中心，并向上级汇报，控制现场，保证信息的准确畅通。

11. 财产安全管理制度

康乐企业的设备物品很多，每天康乐企业的员工及顾客都在接触和使用这些设备物品，任何设备物品的被盗和浪费都会给企业造成很大的损失。因此，必须加强对康乐财产安全的管理。具体地说，康乐财产安全工作的内容有防止顾客的偷盗、防止员工的偷盗、防止外人的偷盗。

安全管理工作还必须做到组织落实,要建立完善的安全管理体系,即安全操作保证体系和安全维护保证体系。

第四节 康乐部安全事故的处理

对安全事故的处理虽然属于被动管理,但是在康乐部的运营过程中,却是不可避免的。对安全事故的恰当处理,能避免事故扩大,有效地减少事故带来的损失。这主要表现在以下几个方面:

一、溺水事故的处理

溺水事故是水上乐园、室内外游泳场馆易发的事故,严重者往往导致溺水者死亡。一旦发生溺水事故,进行现场急救十分必要。其过程如下:

(1)立即清除口鼻内的污物,检查溺水者口中是否有假牙。如有,则应取出,以免假牙堵塞呼吸道。

(2)垫高溺水者腹部,使其头朝下,并压拍其背部,使吸入的水从口、鼻流出。这个过程要尽快,不可占过多时间,以便进行下一步抢救。检查溺水者是否有自主呼吸,如没有,应马上进行人工呼吸,方法是:使溺水者仰卧于硬板上或地面上,一只手托起其下额,打开气道,另一只手捏住其鼻孔,口对口吹气,每分钟16~18次。

(3)在做人工呼吸的同时,检查溺水者的颈动脉,以判断心跳是否停止。如心跳停止,则应进行人工呼吸的同时进行体外心脏按压,方法是:双手叠加对溺水者心脏部位进行每分钟60~80次的挤压。

(4)迅速将溺水者送医院急救,在送医院途中不要中断抢救。

二、骨伤的处理

若骨伤有出血现象时,应先止血,然后包扎。包扎出血伤口后再固定,可用木板、杂志、纸板、雨伞等可找到的物品作支撑物,固定伤骨。不要试图自己扭动或复位。固定夹板应扶托整个伤肢。固定时,应在骨突处用棉花或纱布等柔软物品垫好,以减少伤者痛苦,然后用绷带包扎。包扎的绷带要松紧适度,并要露出手指或脚趾,以便观察血液流通情况。包扎后应当立即送医院治疗。

在康乐服务中,有可能遇到颈椎创伤,这时候更要认真对待,

知识链接

骨伤处理

切不可掉以轻心。应急处理时应将伤者平移至担架或木板上，并迅速送到医院治疗。

三、烫伤与烧伤的处理

发生烫伤事故时，首先要局部降温。一般，只有红肿的为轻度烫伤，这时可用冷水冲洗几分钟，再用纱布包好即可；重一些的烫伤，局部已经起水泡，疼痛难忍，这时须立即用冷水较长时间冲洗，一般情况下，注意不要碰破水泡，以防止细菌感染。如果烫伤的局部很脏，可用肥皂水清洗，但要特别注意不可揉搓擦洗，以免碰破表皮，否则，不利于以后的治疗，而且也会增加伤者的痛苦。清洗之后，蘸干表皮的清水，盖上纱布，用绷带包好，送到医院作进一步治疗。

烫伤

烧伤，由电击或火灾引起。可先用生理盐水冲洗一下，如果伤口被脏物污染，可先按烫伤清洗办法处理，再用生理盐水冲洗，保持伤口及其周围皮肤的清洁，再盖上消毒纱布，用绷带包扎，并尽快送医院治疗。

四、扭伤和拉伤的处理

扭伤和拉伤多因顾客在参与康乐活动中姿势不正确或用力过猛所致。由于肌肉或韧带已经损伤，会伴有较强的疼痛感。发生这类事故时，服务员应该马上扶顾客坐下，然后查看扭伤或拉伤的部位，观察伤势；如果伤势不严重，可以使用局部外用药，并嘱咐顾客注意休息。此时，如果顾客决定终止消费，服务员应协助办理相关手续；如果伤势较重，服务员在对伤者进行简单护理后嘱咐他马上去医院治疗。同时应立刻将事故情况逐级上报，由康乐部经理决定是否派服务员陪同顾客去医院。

五、擦伤或切割伤的处理

擦伤，一般伤口较浅，出血不多，因而可用卫生棉稍加挤压，以挤出少许被污染的血液；如果伤口很脏，则可用清水冲洗后再用酒精消毒，然后再用创可贴或纱布包扎。

切割伤，多为锋利物所伤，其伤口比擦伤要深。如果伤口较浅，可参照擦伤的应急处理进行；如果伤口较深或很深，流出的血是鲜红色的且流得很急，甚至往外涌，则可判断为动脉出血，这时首先是设法止血。可采用压迫上血点的方法，即压住伤口近心部位的动脉，再经简单创面处理后迅速将伤者送医院治疗。如果手指或脚趾被全部切断，应马上用止血带扎紧伤口，或用手指压住受伤的部位止血，将断指用无菌纱布包好，把伤者连同断指立即送医院手术治疗。注意在夏天最好将断指放入冰桶护送，禁止用水或任何药液浸泡，也不要做其他处理，以免破坏再植条件。

六、停电事故的处理

停电事故可能由于外部供电系统引起，也可能由于饭店内部设备发生故障引起。停电事故随时都可能发生，因此，饭店须有应急措施。发生突然停电事故应做以下处理：

（1）当值员工安静地留守在各自的工作岗位上，不得惊慌。

（2）及时告知顾客是停电事故，正在采取紧急措施恢复供电，以免顾客惊慌失措。

（3）如在夜间，应用应急灯照亮公共场所，帮助滞留在走廊及电梯中的顾客转移到安全的地方。

（4）加强公共场所的巡视，防止有人趁机行窃，并注意安全检查。

（5）防止顾客点燃蜡烛而引起火灾。

（6）供电后检查各电器设备是否运行正常，其他设备是否损坏。

（7）做好工作记录。

七、顾客报失的处理

员工接到顾客的报失报告后，应立即向保安部或本部门上级领导汇报。

保安部接到报告后，应立即派人了解情况。在了解情况时，应详细记录失主的姓名、房号、国籍、地址，丢失财物的名称、数量以及型号、规格、新旧程度、特征等。

要尽量帮助顾客回忆来店前后的情况，丢失物品的经过，进店后最后一次使用（或见到）该物品是什么时候，是否会错放在什么地方。在征得顾客的同意后，协助顾客查找。

如一时找不到顾客报失的物品，请顾客将事件经过填在"顾客物品报失记录"上。

要及时同其他部门联系，询问是否有人拾到。如果顾客的物品是在饭店或康乐企业范围以外丢失，应让顾客亲自去公安部门报案。

八、顾客死亡、意外受伤的处理

顾客死亡是指在店内因病死亡和自杀、他杀或原因不明的死亡；顾客意外受伤是指在店内因特殊原因而受到的身体伤害。康乐部员工如遇这种情况应采取以下措施：

（1）发现者应立即报告，并保护现场。

（2）保安人员到达现场后，应向报告人问明有关时间、地点，当事人的身份、国籍、房号等情况，认真记录并立即向上报告。

（3）发生自杀、他杀，应立即向公安机关报案，派保安人员保护现场，严禁无关人员接近，等待公安人员前来处理。若顾客未死亡，则应及时送医院抢救。

（4）对于已经死亡的顾客，安全部门值班主管要填写死亡顾客登记表。如死者是外国人，应通知所属国驻华使馆或领事馆。

（5）对于顾客死亡的情况，除向公安机关和上级管理部门报告外，不得向外透露。

知识链接 顾客意外受伤的处理

（1）安抚顾客并检查顾客受伤的程度。发现顾客受到意外伤害后，视情况将受伤顾客移至安全位置或原地救援，并确保受伤顾客周围通风情况良好；向顾客表示歉意，检查顾客伤势，并尽量安抚顾客；如情况紧急（如发生顾客休克、骨折事件等），服务员应利用已有急救知识立即组织抢救。

（2）通知管理人员，并维护现场秩序。将顾客受伤经过和伤势迅速通知场地相关管理人员；征询顾客意见或视当时具体情况，决定是否到医院治疗；维护现场秩序，避免无关人员围观。

（3）视顾客受伤的程度，进行简单处理或护送至医院。顾客受伤程度较轻者，可利用场地医疗箱进行简单处理；如需将顾客护送至医院的，需通知当班经理到场，由当班经理组织人员护送顾客至医院，并安排人员留守。

（4）将事故发生处理经过记录。将事故发生的经过和处理结果详细记录在值班日志上，以备日后查阅。

九、火灾事故的应急处理

在发生火灾时，康乐部员工应该立即采取应急措施，以防止火灾的扩大和蔓延。应急措施如下：

（1）当发现煳味、烟味、不正常热度时，应马上寻找产生上述异常情况的具体部位，同时将发生的情况逐级上报。

（2）当火灾情况紧急时，应马上打店内报警电话。报警时要讲清火灾的具体地点、燃烧物质、火势大小，报警人的姓名、身份和所在部门及部位。

（3）如有可能，则应立即扑救，然后再报警。在扑救过程中应注意保护现场，以便事后查找失火原因。

（4）如果火情十分紧急，应立即打碎墙上的报警装置报警，同时拿上本区域的轻便灭火器进行自救灭火。

确认火情时应注意：不要草率开门，可先试一下门体，如无温升可开门察看；如温度已高，可确认门内有火情。此时如房间内有顾客，则应设法救人；如果房间内无人，则应做好灭火准备后再扑救。开门时不要把脸正对开门处，以免烧伤。

十、食物中毒事故的处理

食物中毒以恶心、呕吐、腹痛、腹泻等急性肠胃炎症状为主。如发现顾客同时出现上述症状，餐饮部应立即报告本部门经理，经理应立即通知医生前往诊断。初步确定为食物中毒后，餐饮部应通知保安部经理、总经理。医务室应立即对中毒顾客紧急救护，并将中毒顾客送医院抢救治疗。餐饮部要对顾客所用的所有食品取样备检，以确定中毒原因，并通知当地卫生防疫部门；还应对可疑食品及有关餐具进行控制，以备查证和防止其他人中毒。

发生食物中毒事故后，应由餐饮部负责、保安部协助，对中毒事件进行调查，查明中毒原因、人数等。做好有关善后工作。

十一、治安事故的处理

对顾客在康乐场所内的流氓、斗殴、嫖娼、盗窃、赌博、走私、吸毒等违法行为，均应视情节轻重按照国家有关法律、法规进行处理。当班的保安人员在接到顾客违法的报告后，应立即向领班汇报，同时视情况采取相应的处理措施。

领班应前往现场了解情况，保护和维持现场秩序，记录当事人的姓名、房号、身份等。对一般纠纷，保安部可出面进行调解；对于较严重的事件，应立即通知保安部经理到场；对重大违法案件，保安部经理应立即通知总经理和公安部门。

保安部应安排人员对违法人员进行监控，等候公安人员到达；不得对被监控人员进行关押，要对其说明需等候公安人员前来处理；保安部人员也不要对犯罪嫌疑人进行搜身。对正在实施犯罪行为的人员，可将其制服并立即送公安机关，或通知公安部门派人前来处理。事件处理完毕后，把事件全过程及处理情况向上级主管机关报告。

第五节　康乐部卫生安全管理

一、康乐部卫生安全管理概述

随着康乐经营的发展，康乐项目的设施规模不断扩大，项目种类越来越多，康乐经营管理中的卫生管理工作也越来越重要。康乐卫生管理关系到顾客的卫生安全，也关系到企业的声誉和形象，在很大程度上影响到康乐的经营。

1. 康乐部卫生安全管理的特点

康乐部卫生工作的特点是工作量大，重复率高，各项目要求存在差异：工作量大是由于康乐部项目种类多、设备数量大，设施设备与顾客接触多；重复率高是由于顾客流动量大、设备使用频率高，有的设备每换一位顾客就要打扫一次卫生（如按摩和美容等设备），同样的卫生工作每天都要多次重复；各项目要求存在差异是由于各项目在康乐内容、设备结构、使用方法等方面都存在很大差异，卫生要求和工作内容也不一样，有的地方需要对水质消毒，如游泳池；有的地方需要对器具消毒，如更衣室的坐垫、游戏机的手柄；有的地方需要对地面吸尘；有的地方需要甩拖布擦拭；有的地方需要专用工具除尘和打磨，如保龄球道。

2. 康乐部卫生安全管理的要求

康乐部所辖区域工作卫生方面的监督维护是每位员工的责任，主管及以上人员兼负管理责任。部门管理人员应当重视对设施设备的检查，每天要写工作日记，在日记上写清工作问题；每天有专人查阅，填写工作单后跟踪工作问题；卫生由各班次经理带主管领班定时对各岗位检查。员工更要多加注意设施设备的安全问题，给客人一个安全整洁的休闲环境。

（1）营业场所厅面卫生实行"三清洁制度"，即班前小清洁、班中随时清洁和班后的大清洁；部分区域实行计划卫生制度和每周大清理制度。

（2）每日的班后卫生清洁包括以下几项。

①地毯和沙发等软地面的洗尘。

②硬地面的湿拖。

③茶几、吧台、窗台、灯具、器械设备和营业场所的所有横截面的抹尘。

④对各类杯具进行每日消毒，严格执行消毒制度，做到"一客一换一消毒"。

⑤客人用的拖鞋等做到"一客一换一消毒"。

⑥客用布草做到"一客一换"。

⑦客人使用的麦克风每日进行清洁和消毒一次。

（3）使用有效方法使厅面空气随时保持清新。

（4）做好灭蚊蝇工作，发现蚊蝇及时驱赶，如果不能控制，及时通知专业灭蚊蝇公司。

（5）食品分类存放，每周对冰箱进行彻底清理和整理，对即将过期的食品饮料要按规定撤换退库。

（6）要随时对客人用过的杯具进行消毒，消毒方法：将洗刷干净的杯具杯口朝下装入器皿，再放进消毒柜内，并启动开关，消毒时间为15～20 min，温度可达100 ℃，消毒后等温度下降后方可取出杯具，然后放置在柜内，用干净的布巾盖好备用。

（7）消毒柜进行计划清理；康乐领班每天须记录消毒情况，写明消毒时间、数量、种类、消毒人。

（8）服务员每天要对更衣室进行消毒。消毒可以使用紫外线消毒车或化学药剂消毒。

（9）主管每天要对消毒的杯碗、房间的消毒情况做检查，如发现有不按规定消毒或不进行消毒的，要按《奖惩条例》中的有关规定予以处理。

（10）康乐部经理必须定期对卫生进行全面的检查，并将检查结果记录在案，作为各班组卫生评比的重要依据之一。

（11）康乐经理对部门所辖区域的卫生负有最后责任。

知识链接

酒店康乐部卫生管理制度

二、运动健身类项目卫生管理

1. 游泳场馆的卫生管理

（1）游泳池及戏水乐园的卫生清洁规定。

①打扫迎宾服务台卫生，擦拭台面、镜面，整理抽屉、票箱，清理服务台附近地面及垃圾箱。

②打扫更衣室，营业前冲洗地面，营业中发现卫生情况不良随时擦洗，营业结束后清理更衣柜，清理垃圾桶。

③打扫泳池周围场地卫生，清理地面及垃圾桶，冲洗地面防滑砖；擦拭沙滩椅、茶几，清理烟灰缸。

④打扫强制喷淋通道和浸脚池卫生，刷洗强制喷淋通道，清理下水道箅子；浸脚池换水冲洗干净后放入新水，并按规定的剂量投入消毒剂。

⑤打扫淋浴室卫生，营业前用清洗剂刷洗地面和墙面，然后用清水冲洗。经常清理下水道箅子；随时补充浴液。

⑥打扫卫生间卫生，冲洗地面，刷洗马桶和小便池，刷洗洗手池，并对马桶、小便池、洗手池进行消毒，擦拭镜子。补充手纸和洗手液。

⑦打扫周边卫生，洗刷台阶、假山，擦拭窗台、通风口。

⑧做好水质卫生处理，每天营业前用水下吸尘器吸掉水下污物，为加药泵添加消毒剂，清除回水口的毛发和污物。

（2）游泳池及戏水乐园卫生标准。

①迎宾服务台的台面清洁干净，无灰尘、无杂物，台内及周围无垃圾、无散乱的废票根。

②更衣室地面干净，无污物，无鞋印，无水迹；更衣柜内外整洁，柜内无杂物、无顾客遗落的物品、无蟑螂等害虫。镜面光洁明亮，无水印、无手印。

③淋浴室墙面和地面的瓷砖光洁，无污渍；下水道流水通畅，水箅子无堵塞现象；浴液补充及时。

④强制喷淋通道和浸脚池的墙面、地面无污迹，喷头喷水通畅，下水道口无堵塞现象；浸脚池壁无污迹，池水无污物，消毒液浓度符合要求，余氯含量保持5～10 mg/L。

⑤游泳池四周场地，地面无垃圾、无积水、无青苔；茶几、沙滩椅整洁干净，无污迹；营业前烟灰缸内无烟头，营业中烟灰缸内的烟头不得多于4个；垃圾桶外表干净、无污迹，桶内垃圾要经常清理。

⑥卫生间地面无积水、无污迹，马桶内外无污迹，小便池无尿渍，洗手池无污迹、无水垢。镜面光洁明亮，无水迹、无手印；卫生间内无异味。

⑦游泳池内，游泳池壁无污迹、无水垢；水质清澈透明，无污物、无毛发；消毒药投放及时、剂量准确，余氯保持为0.3～0.5 mg/L，pH值保持为6.5～8.5（如果用其他消毒方法和药剂，检测标准会有不同）。

知识链接 游泳池水消毒剂的投放剂量应当该认真控制

某戏水乐园在接受卫生防疫站的例行检查时，发现池水消毒剂的含量未达到要求。该园是采用化学药品次氯酸钠作为消毒剂，检查时检测水中余氯含量是0.1 mg/L（按规定应该是0.3～0.5 mg/L）。如果不能尽快改变这种现象，戏水乐园就有可能被停业整顿。

戏水乐园的管理者认为可能是由于次氯酸钠为水状物，溶解和挥发速度都很快，致使投药的短期内氯含量较高，过一些时候氯气挥发掉，余氯含量就会降低。经过咨询，他们将消毒剂改用优氯净，这是粉状的含氯消毒剂，这种药的溶解速度比次氯酸钠要慢。为了保证氯含量，管理人员还关照操作人员：加药量宁多毋少。经过一段时间的运行，发现水中余氯的含量已达到或超过了规定数值，并且有时是大幅度超标。与此同时，服务员和顾客都纷纷反映，戏水池及其周围有强烈的漂白粉的气味，而且还有呛眼睛的刺激感。经测试证明，这些气味和刺激感都是由于水中的消毒剂投放量过大所致。大量消毒剂会产生过多的氯气，氯气过多就会对人体器官产生刺激，还会对身体健康造成损害。但为了保证池水消毒要求和维持营业，管理者还是要求照此数量投药。又过了一段时间，检查发现戏水池壁的水平面处每天都产生棕黄色的黏稠污迹。为了解决这新的问题，管理者一方面组织人员每天擦拭池壁，另一方面请来环保局的科研人员研究这种污迹的产生原因，经科研人员确认，这种污物是由消毒剂——优氯净的副产物带来的。原来优氯净是由一种有机物作为载体吸附大量的氯而形成的。大量使用这种药剂后，氯挥发成气体被释放出来，作为载体的有机物漂浮在水面附着在池壁上，使戏水池的卫生情况变差。

为了保证水中的余氯含量达到标准，又不致含量过高对人体健康造成危害，还不出现副产的污物，经研究决定，将原先由人工每天多次投药改为自制一种加药泵持续缓慢投药。经过一段时间的试验，戏水池的投药量得到有效控制，各项指标达到了理想状态。

该事例充分说明，卫生管理工作也应该高度重视并投入较大精力才不至于影响正常经营。

2. 健身房的卫生管理

（1）健身房卫生清洁规定。

①服务台及接待室，服务台台面擦拭干净，服务台内物品摆放整齐，地面用拖布擦拭，墙面除尘，沙发、茶几清理、擦拭干净。

②更衣室，地毯吸尘，更衣柜用抹布擦拭，然后喷洒清新消毒剂，更衣坐凳每天用消毒药液浸泡消毒。

③健身房，地毯吸尘，墙面除尘，器械用抹布擦拭，器械与身体频繁接触的部分如手柄、卧推台面等，每天用消毒药液擦拭。

④淋浴室，每天冲洗并消毒，淋浴器手柄擦拭干净。

⑤卫生间，每天冲洗地面、墙面、马桶，然后用消毒药液擦拭消毒，镜面、马桶盖、水箱手柄、洗手池手柄等都要用干抹布擦净。

⑥休息室，地面吸尘，墙壁除尘，沙发吸尘，电视柜、电视机、茶几擦拭，烟缸清洗，垃圾桶内的垃圾随时清除。

（2）健身房的卫生质量标准。

①服务台及接待室的天花板光洁无尘，灯具清洁明亮，墙面干净，无脱皮现象，地面无污迹，无废弃物；服务台面干净整洁，服务台台内无杂物；沙发、茶几摆放整齐，烟缸内的烟头及时清理。

②更衣室地面干净无尘，无走路留下的鞋印；更衣室内无卫生死角，无蟑螂等害虫，更衣室柜表面光洁，摆放整齐，柜内无杂物；为顾客提供的毛巾、浴巾等物摆放整齐。

③健身室天花板和墙面光洁无尘，地面干净，无灰尘，无废弃物；健身设备表面光洁，无污迹，手柄、扶手、靠背无汗迹，设备摆放整齐；光线柔和，亮度适中。

④淋浴室墙面、地面无污迹，下水道通畅，室内无异味；淋浴器表面光洁，无污迹，无水渍。

⑤卫生间墙面、地面光洁；马桶消毒符合要求，无异味；镜面无水迹，光洁明亮；水箱手柄、洗手池手柄光洁。

⑥休息室墙面、地面无灰尘，无杂物，沙发无尘，茶几干净，用品摆放整齐；电视机表面干净无尘，荧光屏无静电吸附的灰尘，遥控器无灰尘、无汗迹；室内光线柔和，亮度适中，空气清新。

3. 台球厅的卫生管理

（1）台球厅的卫生清洁规定。

①台呢要每天用背负式吸尘器吸尘，吸尘后用呢刷将台呢的绒毛刷顺。

②台边及台脚要每天用抹布擦拭干净。

③球杆、架杆、记分牌要每天用干布擦拭。记分牌的铜字和架杆的铜头如有锈迹，可用擦铜油擦拭。

④台球要每天用干净的软布擦拭。

⑤高椅、沙发、茶几的木质部分和玻璃部分用抹布擦干净，布质部分或沙发面用吸尘器吸尘。

⑥球台照明灯泡及灯罩要每周用半干抹布擦拭一次。

⑦服务台及吧台。服务台每天擦拭、整理；吧台应当每天擦拭并消毒，酒具和饮料杯每使用一次都要消毒一次。

⑧大厅地面及墙壁。地面每天吸尘；墙壁应当视质地不同而采用相应的清洁方法。

（2）台球厅卫生标准。

①台呢无污迹，无尘土，色泽鲜艳，绒毛柔顺。

②台边及台腿光洁无尘，无污迹。

③球杆、架杆、记分牌，球杆、架杆光洁滑润，无汗迹。记分牌无尘土，铜质部分无锈斑、无汗迹。

④台球球面光洁，色彩鲜亮。

⑤高椅和沙发、茶几的木质部分光洁无污迹，布质和皮质部分无灰尘、无污迹、无褪色。

⑥服务台及吧台的台面干净整洁、无杂物，玻璃和石质部分光洁明亮。吧台用具除直观干净外，还应当符合卫生检疫标准。

⑦灯泡和灯罩保持光洁，无灰尘。

⑧地面和墙壁。墙面壁饰整洁美观，无蛛网、灰尘、污迹，无脱皮现象；地面洁净，无废弃物和卫生死角，地毯上无污迹。

4. 保龄球馆的卫生管理

（1）保龄球馆的卫生清洁规定。

①发球区要用尘拖除尘，然后用地面抛光机打磨，每天一次。使用频率不高时可用尘拖除尘，不必每天抛光打磨。

②球道要用专用拖除尘，然后用打磨机打磨，再用涂油机涂油，无涂油机的球馆可用油拖人工上油。

③置瓶区要每天用除油拖除油，然后用除尘拖擦净。

④球沟及回球道盖板要每天用半干拖布除尘，每周一做彻底清洁。

⑤回球机要每天用抹布擦拭，每周二做彻底清洁。

⑥球员座椅要每天擦拭椅面和靠背，每周三做彻底清洁，包括擦拭椅腿及清理座椅附近的角落。

⑦记分台及电脑显示屏要每天擦拭。

⑧公用球及球架要每天擦拭，由晚班员工下班前操作。

⑨服务台要每天吸尘、擦拭，每周四做彻底清洁。

⑩公用鞋要每用两次喷一次消毒除臭剂，每晚下班前再统一擦拭、消毒一次。

⑪大厅地面要每天工作前用半干拖把擦拭，营业期间发现污迹随时清理，每周请绿化卫生管理部彻底清洗一次。

⑫布景板要每周五用尘拖除尘，然后用抹布擦拭。

⑬保龄球机房要每天用拖布擦拭一次，每周做一次彻底清洁。

⑭维修工作间要每天打扫卫生一次。

⑮置瓶机要每天擦拭机台总数的1/15，即每台机器每半个月擦拭保养一次。

⑯保龄瓶要每月用清洁剂擦洗一次。

（2）保龄球馆的卫生清洁标准。

①发球区平整光亮，无粉尘，无油迹（主要指球道涂油时不要把球道油遗落在发球区）。

②球道平整光亮，无粉尘，球道油的油膜厚度符合要求。

③球沟及回球道盖板整洁无尘，无杂物。

④回球机干净无尘，无污渍，无油腻。

⑤球员座椅整洁干净，无污迹，座椅及其附近无杂物、无烟头、无饮料渍。

⑥记分台及电脑显示屏保持干净，无静电吸附的尘灰，无手迹。

⑦公用球及球架光洁整齐，无尘，无汗渍或污迹。

⑧服务台的台面干净整洁，台下无乱放的杂物和垃圾。

⑨公用鞋的鞋面无污迹，皮面颜色新鲜，鞋内无杂物，无脚臭味。

⑩大厅地面及墙壁，整洁无尘，无污迹，无杂物及垃圾。

⑪布景板整洁干净，用手拂拭不应有明显灰尘，色彩鲜明。

⑫保龄瓶整洁干净，无污迹。
⑬维修工作间整洁干净，井然有序，地面无垃圾。
⑭置瓶机无明显油污和灰尘，无杂物。
⑮室内场地平整光洁，墙面、地面无灰尘、污物、废纸、杂物。

三、保健类项目卫生管理

1. 桑拿浴室的卫生清洁规定

（1）前厅及服务台的地面要每天吸尘，墙面及天花板每月除尘，服务台内外每天擦拭，皮面沙发每天擦拭，布面沙发每天吸尘，茶几每天擦拭，摆放的绿色植物经常喷水。

（2）更衣室地面经常擦拭，更衣柜每天营业前消毒一次，营业中每使用一次就整理一次，更衣凳每天消毒一次，客用拖鞋每天刷洗并消毒，梳妆台和梳妆镜经常擦拭，梳妆用品摆放整齐。

（3）淋浴室要冲洗墙面和地面，擦拭淋浴隔断，整理、擦拭洗浴用品台，擦拭喷头开关，清理下水道箅子。

（4）桑拿浴室在营业前通风换气，木质桑拿台每天营业前擦拭消毒，擦拭墙面，清理地面，对墙面、浴台、地面及浴台下面冲洗消毒。

（5）水按摩池在每天营业前对循环过滤的沙缸和碳缸进行返洗，放掉池水，刷洗池底和池壁，清理排水口和进水口，然后放入新水并开始加热，同时向水中投放消毒剂。

（6）卫生间要刷洗墙面、地面、马桶、洗手池，然后给洗手池和马桶消毒，擦拭镜子及水龙头和水箱开关。

（7）按摩室要墙面除尘，地面吸尘。整理按摩床，将用过的浴巾、毛巾、按摩布放入布草车中待洗。擦拭茶几，擦拭踩背的把杆。

（8）休息室要墙面除尘，地面吸尘。沙发清理干净并摆放整齐，换上新的垫巾。擦拭茶几和电视机，擦拭电视遥控器。

2. 桑拿浴室的卫生清洁标准

（1）前厅及服务台墙面及天花板整洁，无灰尘，无蛛网。地面地毯无灰尘、无废弃物。服务台面干净光亮，服务台内整洁、无杂物、无垃圾。沙发上无灰尘，茶几干净、光亮。

（2）更衣室地面干净，无污迹，无灰尘，无积水。更衣柜摆放整齐，柜子内外擦拭干净，柜内无杂物、无蟑螂。为顾客提供的毛巾、浴巾须经过消毒处理，整齐地摆放在柜内。

（3）淋浴室墙面、地面无污迹，下水道通畅，室内无异味。淋浴器开关表面光洁，无水垢。洗浴用品台整洁，无污迹。

（4）桑拿浴室墙面、地面无污迹、无灰尘，桑拿室内无异味。

（5）水按摩池的池底无沉积的污物，池壁光洁，池边无污迹。台阶无污迹，扶手光洁。池水消毒符合要求，游离性余氯$0.3\sim0.5$ mg/L，pH值为$6.5\sim8.5$，细菌总数$\leqslant 1\,000$个/mL。水温符合要求，冷池水温$10\,℃\sim12\,℃$，温池水温$25\,℃\sim30\,℃$，热池水温$40\,℃\sim45\,℃$。

（6）卫生间无异味，墙面、地面光洁。马桶、洗手池消毒符合要求。金属手柄光洁，无水迹、汗迹，镜面光洁明亮。

（7）按摩室内无异味，墙面、地面干净无尘，茶几整洁，把杆光亮，无汗迹。按摩床整洁，按摩布、浴布、毛巾都经过消毒，并且一客一换。

（8）休息室墙面、地面无污迹，无灰尘。沙发和茶几的木质部分和玻璃擦拭干净、无灰尘、无印迹，沙发面无灰尘、无污迹。电视柜和电视机无污迹、无灰尘，电视屏幕无静电吸附的灰尘，电视遥控器无污迹、无汗迹。

四、娱乐类项目卫生管理

1. 歌舞类项目卫生规定与要求

室内顶棚、墙面及装饰物光洁明亮，无蛛网、灰尘、污迹、印迹。地面整洁，无废纸、杂物、垃圾和卫生死角。室内温度保持为21 ℃～22 ℃，相对湿度为50%～60%。通风良好，空气新鲜，无异味，换气量不低于30 m^3/h，细菌总数不超过3 000 个/m^3。

舞厅、卡拉OK厅室内外过道整洁。

各种机械设备摆放整齐，擦拭干净，无灰尘、污渍。

客用杯具、餐具每餐消毒，未经消毒不得重复使用。

2. 游艺厅卫生管理

（1）游艺厅卫生清洁规定。

①室内环境卫生。每天营业前清扫并拖擦地面，营业中随时清扫地面，每周墙面除尘，每月天花板及其角落除尘，每天营业前将门、窗擦净。

②售币服务台卫生。每天清理、擦拭服务台面和玻璃围栏，将服务台抽屉内的物品摆放整齐，并将服务台下面清理干净。

③游戏机设备卫生。每天将游戏机外表擦拭干净，带荧光屏的游戏机的屏幕要用除静电液擦拭，游戏机的手柄应每天用消毒剂擦拭，凳子和座椅用抹布擦拭，烟灰缸冲洗干净。

④麻将房的卫生。地面、墙面清扫并吸尘，麻将台面及椅子面吸尘，烟灰缸冲洗干净，麻将牌每天擦拭并消毒，自动洗牌麻将机除台面吸尘外还应对机器内部吸尘。

（2）游艺厅卫生清洁标准。

①室内天花板、墙面光洁，无蛛网，无灰尘，无污迹；地面平整光洁，无污迹；边角无废纸、杂物，无卫生死角。

②售币服务台的台面光洁平整，无印迹；玻璃光洁明亮，物品摆放整齐；服务台下干净整洁，无杂物，无垃圾。

③游戏机设备表面光洁，无尘土，无污迹；屏幕上无静电吸附的灰尘，手柄消毒后符合检测要求。

④麻将房的天花板、墙壁清洁无尘，无污迹，地面无垃圾、无痰迹；麻将台面平整干净，无灰尘、无污迹；麻将牌无油污、汗渍，消毒后符合检测要求。

课堂讨论

如何预防康乐部安全事故的发生?

技能操作

学生以小组为单位,选择一项康乐安全事故,模拟进行关于该事故的处理活动。

课后习题

1. 产生康乐安全事故的原因有哪些?
2. 康乐安全管理需要达到的目标是什么?
3. 怎样预防康乐安全事故的发生?
4. 针对常见的康乐安全事故应当采取哪些措施?
5. 健身房卫生清洁有哪些规定?

参 考 文 献

[1] 雷石标. 康乐服务与管理 [M]. 北京:北京师范大学出版社,2011.
[2] 李久昌. 酒店康乐服务与管理 [M]. 郑州:大象出版社,2010.
[3] 李玫. 康乐服务与管理 [M]. 上海:上海交通大学出版社,2011.
[4] 牛志文,周延兰. 康乐服务与管理 [M]. 北京:中国物资出版社,2014.
[5] 李玫. 康乐经营与管理 [M]. 重庆:重庆大学出版社,2009.
[6] 龙京红,齐天峰. 康乐服务与管理概论 [M]. 郑州:郑州大学出版社,2009.
[7] 刘江海,侯国勇. 康乐服务与管理 [M]. 桂林:广西师范大学出版社,2014.
[8] 荆新,王化成,刘俊彦. 财务管理学 [M]. 北京:中国人民大学出版社,2009.
[9] 刘哲. 康乐服务与管理 [M]. 北京:旅游教育出版社,2014.
[10] 杨晓琳. 康乐服务与管理 [M]. 北京:中国铁道出版社,2009.
[11] 孔新华. 康乐服务 [M]. 上海:上海人民出版社,2008.
[12] 杨海清. 康乐服务与管理 [M]. 北京:对外经济贸易大学出版社,2011.
[13] 张智慧,闫晓燕. 康乐服务与管理 [M]. 北京:北京理工大学出版社,2011.
[14] 费明卫,唐燕. 饭店康乐服务 [M]. 重庆:西南师范大学出版社,2014.
[15] 张庆菊,朱瑞明. 康乐服务与管理 [M]. 北京:高等教育出版社,2014.